Jürgen Prott

Grundkurs Soziologie

Eine Einführung für Studienanfänger

Für den kunstsinnigen Yves Eigenrauch,
dessen tödlicher Steilpass auf Ingo Anderbrügge
den Sieg der Königsblauen am 23.10.1992
im Volksparkstadion erst möglich machte.

Jürgen Prott

Grundkurs Soziologie

Eine Einführung für Studienanfänger

Autorenverlag K. M. Scheriau

Die Deutsche Bibliothek – CIP-Einheitsaufnahme
Ein Titelsatz für diese Publikation ist bei Der Deutschen Bibliothek erhältlich.

Die Deutsche Bibliothek – CIP Cataloguig-in-Publication-Data
A catalogue record for this publication
is available from Die Deutsche Bibliothek

Jürgen Prott;
Grundkurs Soziologie. Eine Einführung für Studienanfänger

Autorenverlag K. M. Scheriau, Spessartstraße 4, 14197 Berlin
Umbruch und Gestaltung: K. M. Scheriau, Berlin
Herstellung: Book on Demand GmbH, Norderstedt

Bestellungen über den Buchhandel
oder im Internet über www.bod.de oder www.libri.de.
ISBN 3-8311-2983-5

Inhaltsverzeichnis

Einleitende Bemerkungen

Der vorliegende Text ist das Resultat meiner langjähriger Erfahrungen mit Einführungskursen in die Soziologie an der Hamburger Universität für Wirtschaft und Politik (HWP). Er will Menschen, die sich mit diesem Fach notgedrungen oder aus innerer Neigung herumschlagen wollen, einen allgemeinen Zugang zu soziologischem Denken erleichtern. Schon der begrenzte Umfang erzwingt einen Mut zur Lücke: Es geht nicht darum, Leserinnen und Leser mit der gesamten Bandbreite soziologischer Erklärungsversuche der gesellschaftlichen Wirklichkeit zu konfrontieren; vielmehr konzentriere ich mich auf wichtige, prominente begriffliche und theoretische Annäherungen an den Gegenstandsbereich. Ich möchte die Leserinnen und Leser deshalb auch mit ausladenden Darstellungen von Befunden empirischer Sozialforschung zu einzelnen Aspekten verschonen. Eine weitere Einschränkung ist am Platze: An unserer Hochschule differenziert sich das soziologische Kursangebot im Anschluss an den zweisemestrigen Grundkurs in vier „Stränge", die über einen Zeitraum von drei Semestern in einem bestimmten Rhythmus mehr oder weniger regelmäßig angeboten werden. In den Segmenten „Politische Soziologie", „Soziologie der Arbeitswelt", „Sozialphilosophie und Gesellschaftstheorie" und „Sozialpsychologie und Sozialisationstheorie" werden zumeist in einem ersten Schritt (3. Semester) allgemeine Grundlegungen zu den jeweiligen „Bindestrich"-Soziologien vermittelt, auf denen sich im 4. Semester problembezogene Vertiefungen aufbauen. Das 5. Semester dieser Stränge mündet, unterstützt von einem Kurs „Grundlagen empirischer Methoden", in ein empirisch-soziologisches Praktikum ein, in dem die Studierenden lernen sollen, in überschaubaren Projektzusammenhängen theoretisches Wissen mit dem Handwerkszeug der empirischen Sozialforschung zu verknüpfen. Weil ich diese alles in allem bewährte Lehrplanstruktur im Hinterkopf habe, entlaste ich den vorliegenden Text an einigen Stellen von solchen begrifflichen Vertiefungen, die in den jeweiligen Teildisziplinen gründlicher behandelt werden. Dazu gehören beispielsweise detaillierte Zusammenhänge von Arbeit und Organisation („Soziologie der Arbeitswelt") oder von Macht und Herrschaft („Politische Soziologie").

Dieses Buch setzt bei dem Versuch, neugierig für soziologisches Denken zu machen, nicht bloß auf die komprimierte Darstellung von mehr oder weniger gesicherten soziologischen Erkenntnissen in gleichsam lexikalischer Diktion. Die Behandlung von Problemen in begriffsklärender Absicht steht gewiss im Mittelpunkt der einzelnen Abschnitte; doch diese *Kernelemente* schließe ich in aller Regel einerseits durch *beispielhafte Bezüge* zu Beginn der jeweiligen

Abschnitte auf, um sie dann durch mehr oder weniger tief gehende *Erläuterungen* zu illustrieren. Verschiedene *Dokumente*, vor allem Auszüge aus wichtigen soziologischen Texten, aber auch *schematische Darstellungen* baue ich in die Kapitel ein, um die Sache zu veranschaulichen und das Interesse an der Beschäftigung mit den Originalquellen zu wecken. Schließlich sollen *Übungsfragen*, die an manchen Stellen kapitelübergreifende Bezüge herstellen, der vertieften Aneignung des Textes zugute kommen. Nach meinen Erfahrungen hat es sich an unserer Hochschule bewährt, sich mit ihrer Hilfe in Kleingruppen über den Gegenstand des Faches auszutauschen oder sich auf die Klausur vorzubereiten.

Noch ein Wort zur im Vergleich zu manchen anderen Einführungen in die Soziologie recht ausgeprägten beispielhaften Anlage dieses Buches. Sie hat Vorteile und Nachteile. Ihr Nachteil besteht gewiss darin, dass die exemplarische Vorgehensweise den Blick verengen kann: Der von einem soziologischen Begriff umschlossene Ausschnitt der sozialen Realität ist oft so vielgestaltig, dass er sich nicht ohne weiteres auf ein simples Exempei reduzieren lässt. Vor allem dann, wenn die gewählten Beispiele aus unserem sozialen Alltag den Erfahrungen der Leserinnen und Leser zuwiderlaufen, können sie die davon ausgehenden begrifflichen Verallgemeinerungen mit mangelnder Plausibilität belasten. Solche Irritationen nehme ich um der Vorteile der gewählten Darstellungsform willen in Kauf. Jeder von uns hat Bilder über die gesellschaftliche Wirklichkeit im Kopf. Sie resultieren aus unseren recht spezifischen Lebenserfahrungen und Grundanschauungen. Wenn wir uns mit anderen über solche Erfahrungen austauschen, greifen wir gern auf solche Bilder und Beispiele, aber auch Redensarten zurück, in denen solche verallgemeinerten Bilder zusammen gezogen sind (z.B.: „Man kann es nicht jedem recht machen" als Metapher für Rollenkonflikte; „Die da oben machen mit den kleinen Leuten sowieso was sie wollen" als Gleichnis für stabile Machtverhältnisse; „Jeder ist seines Glückes Schmied" als Vertrauen auf Erfolg durch Individualismus usw.) Je häufiger wir uns im alltäglichen Gespräch gegenseitiger Wertschätzung durch den einvernehmlichen Austausch solcher Stereotypen vergewissern, um so größer wird die Gefahr eines verengten Blickwinkels auf die soziale Realität. Wenn wir uns im *assoziativen Denken*, also in exemplarischer Bildhaftigkeit, beim schwierigen Versuch erschöpfen, die soziale Welt zu verstehen, laufen wir Gefahr, uns im Kreise zu drehen. Es kommt aber darauf an, die hinter den Bildern und Beispielen verborgenen Regeln und Muster freizulegen, die uns erst mit dem Wesen einer Sache vertraut machen. Dazu ist *begriffliches Denken* unerlässlich. Es zieht wichtige Erscheinungen einer Sache in einer oft abstrakten Sprache zusammen und bringt sie in Beziehung zu damit korrespondierenden Sachverhalten, ermöglicht also die Konstruktion von *Theorien* als problemübergreifende Erklärungsmuster.

Für den Studienanfänger kommt es nun vor allem darauf an, beides zusammenzubringen: Die Bilder in seinem Kopf, also das lebensgeschichtlich angeeignete Vorverständnis von Gesellschaft, und die Erklärungsangebote der Soziologie. Einem Missverständnis möchte ich von vornherein vorzubeugen versuchen: Es geht hier nicht darum, das Vorverständnis des Studienanfängers von vorn herein als eine Art „notwendig falsches Bewusstsein“ zu diskreditieren, dem es mit der hochgereckten Fackel der soziologischen Erkenntnis gleichsam heimzuleuchten gilt. Wie andere Disziplinen auch, hat sich die Soziologie in ihrem schwierigen Bemühen, unsere Kenntnisse über die gesellschaftliche Wirklichkeit zu erweitern, in der Vergangenheit häufiger blamiert als ihr lieb sein kann. Manche ihrer Theorien haben einen dauerhaften Bestand, andere gerieten (aus guten oder schlechten Gründen) rasch in Vergessenheit, und nicht immer kann man das Verfallsdatum eines komplexen Erklärungsansatzes daran erkennen, ob er vor langer Zeit entwickelt wurde oder erst seit kurzem das Licht der Welt erblickt hat. Es ist also eine gewisse Bescheidenheit am Platz. Dieses Buch will nicht zweifelsfreie Weltbilder aufbauen, verfolgt aber durchaus den Anspruch, manche liebgewordenen Vorstellungen unserer alltäglichen Deutungsmuster mindestens zu irritieren. Wenn die Leserinnen und Leser sich durch die Lektüre herausgefordert fühlen, ihre Fragen an den Gegenstand der Soziologie genauer zu fassen und – wichtiger noch – den vorschnellen Antworten zu misstrauen lernen, ist schon viel gewonnen.

A. Was ist Soziologie?

Nehmen wir ein *Beispiel* aus dem akademischen Alltag. Nach anstrengendem Tagewerk treffen sich einige Soziologieprofessoren in einem italienischen Restaurant. Ihr lebhaftes Gespräch kreist zunächst um die Mühen des beruflichen Alltags. Die akademische Selbstverwaltung mit ihren offiziellen und inoffiziellen Sitzungen („Kollege X hat sich mal wieder selbst gern reden gehört"), die unzureichende Ausstattung mit modernen Lehrmitteln („Im Seminarraum Y war wie immer der Overhead-Projektor defekt"), vor allem aber das Kreuz mit den Studenten („Man hat manchmal den Eindruck, dass Fachbücher einfach nicht mehr gelesen werden") bieten reichlichen Anlass für wechselseitige Übereinstimmung. Aber auch der schwüle Geruch akademischer Eitelkeiten hängt im Raum. Einer erwähnt betont beiläufig seinen jüngsten Auftritt bei einer Fachtagung, ein anderer berichtet von aussichtsreichen Berufungsverhandlungen an eine andere Hochschule, der Dritte kann wenigstens mit der Bemerkung mithalten, sein vorletztes Buch mausere sich wahrscheinlich zu einem Standardwerk, weil es von einem renommierten Verlag in der dritten Auflage herausgebracht werde. Eher missmutig stochert der Vierte unterdessen, in freundliches Schweigen versunken, in seiner Vorspeise herum. Die Stimmung ist zunehmend aufgekratzt. Der Ort des Zusammentreffens inspiriert den Austausch von Urlaubserlebnissen. Empfehlungen über Weinbauern in der Toskana („Bei dem frische ich schon seit Jahren meinen Getränkevorrat auf"), Geheimtipps über besonders „schöne Ecken" in Südfrankreich machen die Runde. Man ist unter sich. Der italienische Kellner nimmt die Bestellungen gern in seiner Landessprache entgegen, die die Professoren melodiös zu intonieren verstehen. Einer von ihnen kann nicht recht mithalten. Auf die Ansprache des Kellners reagiert er mit achselzuckendem Unverständnis. Er ist offenbar des Italienischen nicht mächtig. Seiner hilflosen Gebärde entspricht die Schamesröte, die ihm ins Gesicht steigt. Die anderen sind einen Moment lang peinlich berührt, überspielen die Hilflosigkeit ihres Kollegen aber mit aufmunternden Belanglosigkeiten. Vielleicht wird sich der eine später über sich selbst ärgern, während die anderen ein wenig schadenfroh tuscheln.

Mit Soziologie hat dieses Beispiel nicht schon deshalb zu tun, weil es von Vertretern dieses Faches handelt. Ähnliches soll auch in aufgeräumten Runden von Juristen oder Medizinern vorkommen, bei Verkäuferinnen oder Busfahrern aber sicher sehr viel seltener. Welche Menschen sich in geselliger Runde versammeln, worüber sie miteinander sprechen, wie sie sich dabei gleichzeitig ihrer Sympathie versichern, aber auch um Anerkennung werben, sich gegenüber den anderen in ein rechtes Licht zu setzen verstehen, das haftet nicht allein ihren unverwechselbaren Persönlichkeiten an, sondern das hat mit bestimmten Selbstverständlichkeiten des sozialen Austausches zu tun, die zu unseren Gewohnheiten geworden sind, mit deren Hilfe wir uns in der Gesellschaft zurechtzufinden versuchen. Unser *soziales Handeln* in beruflichen Zusammenhängen folgt ungeschriebenen Gesetzen, wir spielen *soziale Rollen* mit unterschiedlich großem individuellen Bewegungsspielraum. Sofern sie ein Gespür für das in bestimmten Kreisen bei bestimmten Anlässen gebotene Verhalten lebensgeschichtlich ausgebildet hat (*Sozialisation*), wird sich die Verkäuferin am Professorenstammtisch wahrscheinlich nicht recht wohl fühlen, ebenso wenig wie einer dieser Akademiker im Regelfall im Pausenraum des Warenhauses. Offenbar schieben sich Trennlinien in den unverkrampften sozialen Austausch, die mit sozialen Differenzierungen in der Gesellschaft zu tun haben, mit der ungleichen Verteilung von Lebenschancen auf verschiedene Bevölkerungsgruppen (*soziale Schichtung*). Wie sich wechselseitig aufeinander bezogenes Handeln von Menschen („Rollenspielern“) in bestimmten Situationen vor dem Hintergrund bestimmter gesellschaftlicher Strukturen verstehen und deuten lässt, gehört zu den wesentlichen Aufgaben der Soziologie.

Unser Beispiel öffnet den Blick für die Soziologie aber noch in einer anderen Hinsicht. Warum schämt sich der des Italienischen nicht mächtige Professor, wie unschwer an seiner Hautverfärbung erkennbar ist? Warum ist wiederum seine Scham den anderen peinlich, brechen sie nicht in brüllendes, schadenfrohes Gelächter aus? Schamhaftigkeit hat offenbar nicht nur mit Tabubrüchen in sexueller Hinsicht zu tun, wenn beispielsweise unvermittelt ein nackter Mann durchs Lokal läuft und der Geschäftsführer daraufhin reflexhaft zum Telefonhörer greift, um dem Treiben des „Schamverletzers“ ein Ende zu bereiten. Manche sind der Ansicht, solche Tabubrüche wurzelten in der konstant gedachten biologischen Grundausstattung des Menschen, ließen sich also aus der Gesellschaftlichkeit unserer Existenz nicht weiter erklären. Doch der Soziologe Norbert Elias hat uns in seiner breit angelegten Untersuchung über den „Zivilisationsprozess“ darüber aufgeklärt, dass Schamgefühl und Peinlichkeitsempfinden geschichtlich schwankende Größen sind. Was in sinnenfrohen Phasen der europäischen Kulturgeschichte kaum jemanden aufregte – zum Beispiel der öffentliche Anblick eines nackten Körpers – wurde mit dem Siegeszug einer puritanischen Lebensanschauung mit sozialer Verachtung belegt. Heute stellt sich die Frage, ob die dem „Vorrücken der Schamgrenze“ zugrunde liegende Fähigkeit der Zeitgenossen, Gefühle und Triebregungen zu unterdrücken, in Teilen der Gesellschaft einem „unzivilisierteren“ Verhalten Platz gemacht hat. Unser von Schamgefühlen heimgesuchter Professor jedenfalls wusste in der beschriebenen Episode, dass er einer in seinen Kreisen gültigen *sozialen Norm* nicht entsprechen konnte. Weil er aber um Anerkennung in diesem *Milieu* bemüht ist, bemächtigte sich seiner das Schamgefühl als Versagensangst. Seine Gesprächspartner wiederum sind verständnisvoll und kollegial genug, um mindestens in der Situation selbst mit ihm zu fühlen. Als kultivierte Menschen lachen sie ihn nicht aus, selbst wenn es ihnen ein bisschen danach zumute ist. Gäbe es keine den handelnden Personen bekannte und bewusste, in der Gesellschaft verankerte *Verhaltensregeln*, bliebe uns manche Peinlichkeit im Alltag erspart. Insofern ist die Gesellschaft im Sinn Dahrendorfs eine „ärgerliche Tatsache". Die von ihr offen oder verdeckt aufgerichteten Gebote und Verbote für unser Handeln haben jedoch den Vorteil, Verhaltenssicherheit zu versprechen, was uns vom ständigen Nachdenken über unser Tun entlastet.

Das gewählte Beispiel hat uns daran erinnert, wie stark der Einfluss des „Zwischenmenschlichen" auf unsere Existenz selbst in vergleichsweise harmlosen alltäglichen Situationen sein kann. Bevor ich das allgemeine Gegenstandsfeld der Soziologie, das sich hinter solchen Handlungskonstellationen öffnet, etwas näher abschreite, will ich einige Bemerkungen über Sinn und Probleme einer gründlicheren Beschäftigung mit Soziologie im Studium machen.

1. Über den Sinn des Soziologie-Studiums

Als verhältnismäßig junge Disziplin ist es der Soziologie erst nach dem zweiten Weltkrieg gelungen, sich an den Universitäten und Hochschulen in Deutschland zu etablieren. Vor allem die von der Studentenrevolte der späten sechziger Jahre beflügelte Bildungsreform sicherte diesem Fach nicht nur an den zahlreichen Reformuniversitäten einen festen Platz im Studienangebot. Von der Soziologie erhofften sich viele Studenten und Politiker in den siebziger und achtziger Jahren Antworten auf die brennenden Fragen des gesellschaftlichen Umbruchs, womöglich gar Fingerzeige für die planvolle Gestaltung des sozialen Wandels. Davon ist wenig geblieben. Der Soziologe Stefan Müller-Dohm registriert rückblickend eine Entzauberung seiner Disziplin: „Inzwischen ist die Begeisterung dahin, von der die Erwartungshaltung dieser jungen Sozialwissenschaft auf dem Höhepunkt ihrer akademischen Ausbreitung getragen war. Die Überzeugung schwand, die man mit jenem anspruchsvollen Erkenntnisziel verband, eine Theorie der Gesamtgesellschaft zu formulieren, die zugleich kritisch und praktisch verändernd sein sollte. Stehen wir folglich am Ende eines Prozesses, in dessen Verlauf sich die utopischen Energien gänzlich aufgezehrt haben, die in das gewaltige Unternehmen einer durch Aufklärung und Kritik zu bewirkenden Revolution aller veralteten Arbeits- und Lebensverhältnisse investiert waren? Anders gefragt: Wie lässt sich die Attraktivität der Soziologie als einer wirklichkeitsverändernden Kraft zurückgewinnen, die sie im Zuge ihres „Reifungsprozesses“ zur Normalwissenschaft einbüßte?“ (Müller-Dohm 1992, S. 8) Zu einer wirklichkeitsverändernden Kraft konnte sich die Soziologie vor allem durch die Resonanz aufschwingen, die sie bei der damaligen Studentenbewegung fand. Deren radikale Kritik „aller veralteten Arbeits- und Lebensverhältnisse“ ließ der Gesellschaft einen Schrecken in die Glieder fahren. Als sie sich von ihm erholt hatte, ging sie in den Worten Müller-Dohms mit der einst ungeliebten Disziplin einen „Bund fürs Leben“ ein, ohne dass daraus aber je eine „inbrünstige Liebesbeziehung“ geworden wäre. Der Glanz der „Deutungsmacht Soziologie“, so schrieb Ulrich Raulff in der FAZ vom 17.9.1996, ist inzwischen fast völlig verflogen: „Vom reißenden Strom ihres Diskurses ist nur ein plapperndes Bächlein namens Beck geblieben.“ Diese Anspielung auf Ulrich Beck, einen der prominentesten Vertreter des Faches in Deutschland, bezieht sich auf die Tatsache, dass dieser Münchener Soziologe sich nicht nur mit theoretisch einflussreichen Werken (Beck 1986) einen Namen gemacht hat, sondern immer wieder auch mit Stellungnahmen zu aktuellen tagespolitischen Fragen hervortritt. Im übrigen aber hat die Soziologie an unseren Universitäten heute einen eher schweren Stand. Längst sind nicht nur einzelne Stellen für wissenschaftliches Personal sowie materielle Ausstattungen der Institute bedroht, vielmehr stehen, wie unlängst in Saarbrücken geschehen, ganze soziologische Fachbereiche zur Streichung an. Schlechte Zeiten also für ein Studium der Soziologie? Mit Wehklagen ist nichts gewonnen. Der nüchterne Blick zeigt, dass es in Deutschland nach wie vor viele Möglichkeiten gibt, sich die Soziologie in inhaltlich vielfältiger Weise im Studium anzueignen. Es scheint eher einen Überfluss als einen Mangel an (kurzlebiger) Fachliteratur zu geben. Immer häufiger blicken Soziologiestudenten über den nationalen Tellerrand hinaus und machen von den reizvollen Chancen Gebrauch, die ihnen ein Auslandsstudium bietet.

Wer sich auch von den nach wie vor recht ungewissen Berufsaussichten vom Studium der Soziologie nicht abhalten lässt – längst nicht alle Absolventen unseres Faches verdingen sich ja ein Leben lang als Taxifahrer oder versinken in dauerhafter Arbeitslosigkeit, wenngleich viele Soziologen nicht wie ihre Studienkollegen der Juristerei oder der Betriebswirtschaftslehre in geordnete und überschaubare Berufsfelder einmünden – sollte mit einer gehörigen Portion Neugier, aber auch illusionslos ans Werk gehen. Er sollte zunächst einmal beherzigen, dass soziologisches Wissen nicht mit einem Handfeuerlöscher zu verwechseln ist, den man bei brennenden sozialen Notständen einsetzen kann. Es taugt allenfalls als Warnsystem zur Früherkennung schwelender sozialer

Probleme. Der amerikanische Soziologe Paul Lazarsfeld gilt als wichtiger Begründer der modernen empirischen Sozialforschung. Seine „mahnenden Worte für den Studenten, der ein Soziologe werden will“, plädieren für eine Kombination aus sozialem Engagement und Nüchternheit: „Er wird sich wegen der Weltlage Sorgen machen. Die Gefahr eines neuen Krieges, der Konflikt zwischen verschiedenen Sozialsystemen und die schnellen sozialen Veränderungen, die er in seinem Lande beobachtet hat, werden ihm wahrscheinlich das Gefühl geben, dass das Studium der sozialen Frage von großer Wichtigkeit ist. Die Gefahr liegt nur darin, dass er hofft, mit ein paar Jahren soziologischen Studiums alle aktuellen Probleme lösen zu können. Das ist leider nicht der Fall. Er wird zwar seine Umwelt besser verstehen lernen und gelegentlich auch auf Anhaltspunkte für eine praktische Lösung der Probleme stoßen. Jedoch ist die Soziologie noch nicht in der Lage, eine sichere Basis für praktisches Handeln zu schaffen.“ (Lazarsfeld 1955, S. 19f.) Man möchte hinzufügen: Wahrscheinlich wird die Soziologie, wie andere wissenschaftliche Disziplinen auch, kaum jemals in der Lage sein, praktischem Handeln eine wirklich „sichere Basis“ zu vermitteln. Was sie aber kann, ist zumindest zweierlei, nämlich in inhaltlicher Hinsicht *Wissen* vermitteln, mit dessen Hilfe wir jene Mythen und jenen Aberglauben überwinden können, die die Menschen nicht nur früherer Jahrhunderte im Dämmerzustand geistiger Unmündigkeit gefangen hielten und deren Zählebigkeit wir in manchen Stammtischweisheiten spüren können. Soziologie ist ein Kind der bürgerlichen Aufklärung und als solche beständig gefordert, die gesellschaftlichen Verhältnisse vom Schleier metaphysischer Selbstverblendung zu befreien. Zum anderen regt die Disziplin zum *soziologischen Denken* an, worunter wir die methodische Fähigkeit verstehen, geschichtlich gewordene und damit veränderbare Formen und Strukturen von Gesellschaften zu unterscheiden und in ihrer Bedeutung für das soziale Leben der Menschen zu entschlüsseln.

Die soziologische Denkweise bezieht das Strukturelle und das Subjektive in unserer sozialen Praxis aufeinander. Sie hat mit Beobachtungen des Alltäglichen zu tun, erschöpft sich aber nicht darin. Soziologisches Denken nimmt Alltagserfahrungen als einen Rohstoff, den es kritisch zu konfrontieren gilt mit verallgemeinerungsfähigen theoretischen Erkenntnissen. Es handelt sich dabei um begriffliche Abstraktionen der in diesen Erfahrungen gleichsam verborgenen sozialen Strukturen. Unsere Alltagserfahrungen drücken oft nur vermeintlich „Offensichtliches“ aus, sie verstehen sich, bei näherer Betrachtung, gerade nicht von selbst, bedürfen vielmehr der Deutung und Interpretation in übergreifenden Sinnzusammenhängen. Mit flüchtiger Beobachtung und vorschneller Verallgemeinerung des Beobachteten geraten wir häufiger in die Irre als uns lieb ist. Die Soziologie hat es in dieser Hinsicht schwerer als ihre Nachbardisziplinen (z.B. Volkswirtschaftslehre oder Rechtswissenschaft), dem Studienanfänger als notwendige wissenschaftliche Anstrengung zu erscheinen, weil ihre Gegenstände, etwa das soziale Handeln in unterschiedlichen Situationen, uns mehr oder weniger alltäglich vertraut scheinen und auch die von den Soziologen verwendeten Begriffe wie „Rolle“ oder „Gruppe“ ein fester Bestandteil der Umgangssprache sind.

Machen wir uns dieses Problem durch ein *Beispiel* klarer. Vor Jahren interessierte uns im Rahmen eines empirisch-soziologischen Praktikums an der Hochschule für Wirtschaft und Politik die Frage, welche Zusammenhänge es zwischen dauerhafter Arbeitslosigkeit und individuellem Fernsehkonsum gibt. Unser Vorverständnis des Problems („Hypothetischer Ausgangspunkt“) war rasch formuliert: Je länger ein Mensch von regelmäßiger Erwerbstätigkeit ausgeschlossen ist, um so tiefer und häufiger versinkt er in bewusstloser Weise im Verlauf gleichförmiger Wochentage in seinem Fernsehsessel. Einige Studenten wussten das durch Erfahrungen im eigenen Bekanntenkreis. Sie neigten besonders häufig zu der Vorstellung, dass der unterstellte Zusammenhang sich nahezu zwangsläufig einstellt, gelangten also zu einer vorschnellen Verallgemeinerung. Eine Serie von Intensivinterviews mit Hamburger Langzeitarbeitslosen bestätigte diese Kausalität jedoch nicht. Wir fanden heraus, dass der Fernsehkonsum weniger vom Status der Arbeitslosigkeit, mehr aber von den Medienbiografien unser Gesprächspartner geprägt war. Wer sich bereits in der Zeit vor dem Verlust des Arbeitsplatzes angewöhnt hatte, sich dem TV-Programm regelmäßig und intensiv zuzuwenden, steigerte dieses Verhalten nun im (vergeblichen) Kampf gegen Langeweile und Strukturlosigkeit seines Tageslaufs. Diejenigen aber, die dem Fernsehen früher schon distanziert gegenüberstanden, wandelten sich in der neuen Situation nur sehr selten zu Vielfernsehern. Unsere auf 54 Intensivinterviews gestützte Fallstudie öffnete unseren Blick für differenzierte Zusammenhänge von familiärer und beruflicher Lebensgeschichte, Schulbildung, Milieuhintergrund und Kommunikationsgewohnheiten. Unsere Stichprobe war zu klein, um bündige Schlussfolgerungen zuzulassen, aber sie war groß genug, um die dem Alltagsverstand geschuldete Ausgangshypothese zu verwerfen. Je tiefer wir in die Problematik eindrangen, um so unsicherer wurden wir hinsichtlich unseres Vorverständnisses. Wir wussten am Ende des Projekts mehr als vorher, aber längst nicht genug, um dieses Wissen theoretisch zu bündeln. Das frustrierte verständlicherweise einige Studentinnen und Studenten. Andere fühlten sich angespornt, das Problem im Rahmen von Diplomarbeiten weiter zu bearbeiten (Vgl. Prott 1986).

Wenn er Lazarsfelds Ratschläge beherzigt, wird sich der Student der Soziologie zunächst einmal fragen, warum er einen Teil seiner wertvollen Lebenszeit mit dem Studium dieser Disziplin zubringen will. Nicht jeder macht sich ja „Sorgen um die Weltlage“ oder ist von der Wichtigkeit des Studiums der „sozialen Frage“ überzeugt. Manche schlagen sich in ihrem Studium eher notgedrungen mit unserem Fach herum, weil es der Studienplan nun einmal so vorsieht. Viele Hochschullehrer sind, von der exklusiven Bedeutsamkeit ihres Faches überzeugt, in der Vorstellung befangen, es ginge denjenigen, die ihnen in den Lehrveranstaltungen gegenübersitzen, allein oder doch in erster Linie um wissenschaftliche Erkenntnis. Stattdessen haben sie in Rechnung zu stellen, dass sie es gerade im zweiten Bildungsweg mit ganz unterschiedlichen Motivbündeln zum Studium zu tun haben (Vgl. Prott 1999, S. 15ff.). Ihre eigene Beobachtung ist oft oberflächlich, wenn sie den Studentinnen und Studenten pauschal unterstellen, es ginge ihnen allein darum, im Sinn eines rasch verinnerlichten „ökonomischen Prinzips“ mit möglichst geringem Kraftaufwand eine Vielzahl von „Scheinen zu schießen“, ansonsten aber den Soziologen am Katheder einen guten Mann oder eine gute Frau sein zu lassen. Was immer die Menschen zum Soziologiestudium bewegt, erscheint mir doch eine Disposition die wichtigste Voraussetzung für dauerhafte Lernchancen zu sein: Der Soziologiestudent sollte neugierig sein auf das vertiefte Verstehen des Zwischenmenschlichen. Diese „Gier“ nach „Neuem“ setzt die Bereitschaft und Fähigkeit voraus, liebgewordene Muster der Wahrnehmung und Deutung des Sozialen nicht gleich an der Garderobe der Hochschule abzugeben (Wer trennt sich schon ohne Not von eingeschliffenen Gewohnheiten?), wohl aber kritisch in Frage zu stellen. Wer sich nicht verunsichern lassen will, wer sich auf dem Schatz seiner Lebensweisheiten wie auf einem sanften Ruhekissen gleichsam niederlässt, dem wird die Soziologie nichts zu bieten haben. Wer sich dagegen mit offenen Augen und Ohren im sozialen Raum bewegt, wer seine Umgebung mit geschärften Sinnen wahrzunehmen bereit ist, schließt sich innerlich überhaupt erst für Erkenntnisgewinne auf, was ihn für soziologisches Wissen empfänglich macht, das sich wiederum ohne das Studium der Fachliteratur kaum gewinnen lässt.

Die aufgeschlossene Wahrnehmung und Beobachtung des Sozialen ist das Eine, die nachdenkliche Verarbeitung des Wahrgenommenen ist das Andere. Der Geheimrat Johann Wolfgang von Goethe, dem das deutsche Bildungsbürgertum so viele Lebensweisheiten verdankt, hat einmal gesagt, der Mensch komme mit Erfahrung nicht aus, er müsse sie auch „auf den Begriff bringen“. Begreifen will sagen, das Wesen der Dinge hinter der Oberfläche ihrer Erscheinungen zu ergründen, im Konkreten das Allgemeine, womöglich gesetzmäßige zu entschlüsseln. Dieser Vorgang verlangt Abstraktion, worunter wir die gedankliche Verallgemeinerung im Sinn der Bildung eines Begriffs verstehen. Theorien als begriffliche Systeme verkörpern eine weitere Stufe gedanklicher Verallgemeinerungen. Sie auf der Ebene des jeweiligen Faches zu vermitteln, gehört zu den wesentlichen Aufgaben akademischer Lehrveranstaltungen. Dieses Buch ist ja auch nichts anderes als der Versuch, seine Leserinnen und Leser mit soziologischen Grundbegriffen und ihren theoretischen Bezügen zu konfrontieren. Ob das im Sinn eines wirklichen Sinnverstehens gelingt, ist nicht von vornherein ausgemacht. Dabei stellt sich – wie übrigens in jedem anderen Kommunikationsprozess auch – zunächst einmal die Frage, ob der Autor das, was er mitteilen will, auch in einer sinnentsprechenden Weise auszudrücken versteht, ob also die „Vermittlung" gelingt. Eine Schwierigkeit auf dieser Ebene des Verständigungsprozesses besteht schon darin, dass die soziologischen Grundbegriffe von den Angehörigen des Faches nicht einvernehmlich sondern – je nach Sichtweise, Erfahrungshintergrund des Autors – unterschiedlich definiert werden. Insofern ist jeder Grundkurs Soziologie immer das Resultat eines bewussten oder unbewussten Auswahlprozesses auf der Vermittlungsebene. Nach meiner Erfahrung werfen eine ganze Reihe von Soziologiestudenten bereits an dieser Stelle das Handtuch, bezichtigen die Soziologie, eine von Beliebigkeiten gekennzeichnete „Laberwissenschaft" ohne festen Grund unter den Füßen zu sein. Jetzt zeigt sich, dass der Soziologiestudent nicht nur *neugierig* sondern auch *geduldig* sein muss. Vielleicht tröstet er sich mit der aus reflektierten Erfahrungen gewonnenen Alltagserkenntnis, dass wir ja auch im lockeren Gespräch unter Freunden häufig aneinander vorbeireden, sofern wir uns nicht auf die Ebene der Kommunikation über die Kommunikation begeben („Kannst Du mal erklären, was Du damit jetzt gemeint hast?"). „Vermittlung" ist das Eine, „Verstehen" das Andere. Ob ich einen Satz, eine Botschaft, eine zusammenhängende Passage in einer Vorlesung so auffasse, wie sie der Sprecher „gemeint" hat, hängt nicht allein von dessen sprachlicher und gestischer Ausdrucksfähigkeit ab, sondern auch davon, mit welchem Vorwissen, mit welcher Aufmerksamkeitsbereitschaft ich mich auf die Person und die Sache einlasse. Wahrscheinlich ist es so, dass viele Studentinnen und Studenten in Lehrveranstaltungen oder durch das Studium von Fachliteratur eine Menge lernen; ob sie aber genau das lernen, was sich Sprecher oder Autor vorstellen, steht auf einem anderen Blatt.

Etwas sinngemäß verstehen, heißt schließlich noch nicht, das Begriffene auch zu akzeptieren. Solange nicht Regierungen oder Zentralkomitees festlegen, was richtig und falsch ist, muss es den mündig gedachten Bürgern überlassen bleiben, Sachverhalte und Begriffe, über die sich die Wissenschaftler aus guten Gründen streiten, kritisieren zu können, was freilich ein Minimum ernsthafter gedanklicher Auseinandersetzung auf der Basis eines halbwegs soliden Grundwissens voraussetzt. Es gehört gerade zu den Vorzügen der Soziologie als einer nicht auf einem unverrückbaren Gerüst unbezweifelbarer theoretischer Erkenntnisse ruhenden Disziplin, den neugierigen wie geduldigen Studenten mit unterschiedlichen Sichtweisen auf bestimmte Gegenstandsfelder zu konfrontieren, um ihn gerade dadurch zu eigenem Denken, zu argumentativ begründeten Meinungen herauszufordern. Begriffliches Wissen, gepaart mit nachdenklicher Beobachtung der sozialen Lebenswelt, ist zum Verständnis der Soziologie unverzichtbar, auch und gerade, weil wir nicht aufhören sollten, den theoretischen Interpretationsangeboten der Wissenschaft auch zu misstrauen. Insofern können wir nicht nur von Goethe sondern auch von „Adi" Preißler lernen. Als ehemaliger Spieler und Trainer von Borussia Dortmund prägte er den denkwürdigen Satz: „Grau ist alle Theorie – entscheidend ist auf'm Plazz!" Was will uns dieses Dortmunder „Urgestein" sagen? Wer sich in Begriffen und Theorien einmauert, läuft Gefahr, den Wald vor lauter Bäumen nicht zu sehen. Wer seine Abwehr als Fußballtrainer taktisch im Sinn der Viererkette ausrichtet („Theorie"), steht schnell vor einem Desaster, wenn der Angriff des Gegners geschickt mit einer Kombination aus Doppelpässen und Steilvorlagen zu operieren versteht („auf'm Plazz"). Vielleicht war die Theorie falsch oder – womit sich Fußballtrainer gern herausreden – die Akteure hatten sie nicht begriffen. Der Soziologe wiederum, der in seinem theoretischen Modell den individuellen Fernsehkonsum lediglich als „abhängige Variable" der Arbeitslosigkeit denken kann, wird im Licht der erhobenen Daten kaum verstehen, was er da erforscht hat. Theorien blamieren sich im Licht einer sich ständig verändernden Realität nahezu notgedrungen. Davon wissen nicht nur Soziologen ein Lied zu singen. Sind sie deshalb als Versuche, eine gewisse gedankliche Ordnung in das Chaos der Dinge zu bringen, von vornherein entbehrlich?

Manche Studenten können sich mit der Soziologie schon deshalb nicht anfreunden, weil ihnen deren „Jargon" auf die Nerven geht. Was teilweise fest in alltäglichen Redewendungen etabliert ist (z.B. Rolle, Norm, Status, Gruppe, Prestige), begegnet ihnen im Grundkurs in der Gestalt von vermeintlich umständlich definierten Begriffen, erscheint also „aufgeblasen". Ihre Ungeduld richtet sich letztlich gegen den unverzichtbaren Anspruch jeder Wissenschaft, sich um die Präzisierung ihres Gegenstandsfelds zu bemühen. Was manchen als „Soziologen-Chinesisch" erscheint, ist also grundsätzlich zunächst einmal nichts anderes als der Versuch, die fachliche Verständigung möglichst von Missverständnissen zu befreien. Sicher neigen manche Vertreter dieser wie anderer wissenschaftlicher Disziplinen in bisweilen ärgerlicher Weise dazu, noch das Einfachste in ein unnötig kompliziertes sprachliches Gewand zu kleiden. Das kann dem Zwang zu wissenschaftlicher Originalität, wohl auch der Befriedigung intellektueller Eitelkeiten geschuldet sein, ist aber häufig nichts anderes als der Ausdruck des Bemühens, verwickelte Sachverhalte möglichst genau zu bezeichnen. Der Begriff der „Elite" wird beispielsweise umgangssprachlich im Sinn wertender (oder abwertender), in jedem Fall aber herausgehobener Bevölkerungsgruppen verwendet, denen besondere Achtung geschuldet ist. Als Kategorie soziologischer Schichtungstheorien wird der Begriff zumeist im Sinn einer „Funktionselite" verwendet, was ihn von derartigen wertgehaltenen Aufladungen befreien kann. Im übrigen ist es selbst wieder soziologisch interessant, zu ergründen, warum wir technische Fachsprachen (z.B. im Kontakt mit Mechanikern von Kfz-Reparaturwerkstätten, die manchen von uns mit lässigen Bemerkungen über kaputte „Drosselklappen" zur Verzweiflung bringen) oft sehr viel eher zu akzeptieren bereit sind als sozialwissenschaftliche. Sicher hat beides seine Berechtigung, die Fachsprache ebenso wie die Umgangssprache. Jeder weiß ja, was gemeint ist, wenn von einem „Briefmarkenautomaten" die Rede ist, obwohl die Bundespost diese Geräte aus Gründen der Präzisierung als „Postwertzeichengeber" bezeichnet – schließlich kann man aus diesem Kasten auch beim besten Willen keine blaue Mauritius herausholen. Die Soziologen sind in dieser Hinsicht in illustrer Gesellschaft: Wer reagiert nicht mit viel leidvollem Verständnis auf das Seminarangebot der Berliner Volkshochschule mit dem Titel „Deutsch für Juristen"?

2. Begriff und Gegenstand der Soziologie

Sehr allgemein können wir Soziologie als die Wissenschaft von der Gesellschaft und die Stellung des Menschen in der Gesellschaft bezeichnen. Gesellschaft resultiert aus miteinander verbundenen Individuen, die wiederum gerade dadurch in ihrem Empfinden, Denken und Handeln geprägt werden. Gesellschaft und Individuen sind historisch aufeinander bezogen, also durch die Geschichte der Individuen (Biografien) wie die Geschichte der Gesellschaften (Sozialgeschichte) „vermittelt" (vgl. Darstellung 1). Indem die Menschen ihre individuellen Aktivitäten beständig aufeinander abstimmen, bringen sie regelmäßige Handlungs- und Verhaltensmuster hervor (Marx: „gesellschaftliche Verhältnisse"), die den einzelnen Handlungen gegenüber unabhängig sind, ihnen gewissermaßen vorausgehen, sie mit Sinn und Berechenbarkeit ausstatten. Wir haben es mit *Strukturen* zu tun, die zugleich Resultat und Bedingung *sozialen Handelns* sind. Je nach dem, ob die Soziologen ihre Aufmerksamkeit mehr auf die eine oder die andere Seite dieses Zusammenhangs richten, unterscheiden wir zwischen Strukturtheorien („Makrosoziologie") und Handlungstheorien („Mikrosoziologie"). Beide Sichtweisen gehören zusammen, wenn es darum geht, Probleme der Vergesellschaftung im Überblick eines Grundkurses zu verstehen. Die Sache wird schwierig, weil sich die Soziologen aus guten Gründen nicht darüber einig sind, wie die Teile sich mit dem Ganzen im ständigen Prozess von Veränderungen („sozialer Wandel") zusammenfügen. Sie versuchen, Struktur und Handeln begrifflich zu fassen, hinter den beobachtbaren Tatbeständen (empirische Sozialforschung) Regelmäßigkeiten zu erkennen, die sich in komplexen Erklärungsmustern (soziologische Theorien) bündeln lassen. Weil sie als handelnde Subjekte selbst Teil ihres Gegenstandes, nämlich der Gesellschaft, sind, verfolgen sie dabei ein womöglich recht unterschiedliches Erkenntnisinteresse, dem sie mit verschiedenen Methoden nachgehen. Die Geschichte dieser Disziplin ist die Geschichte einer beständigen Auseinandersetzung über die historisch jeweils angemessenen und plausiblen Erklärungsmuster der Gesellschaft und des Gesellschaftlichen in unserer Existenz. Wer sich der Soziologie unvoreingenommen annähert, muss diese Offenheit und Unabgeschlossenheit des Erkenntnisprozesses so geduldig wie möglich auszuhalten lernen. Einfache oder gar hermetisch abgeschlossene „Wahrheiten" hat die Soziologie nur demjenigen zu bieten, der die eigene Nachdenklichkeit in die Grenzen eines starren Weltbildes einmauert oder sich auf die Allerweltsweisheiten von Redensarten zurückzieht. Vor diesem Hintergrund ist der „Grundkurs Soziologie" ein Versuch, mit wichtigen begrifflichen Resultaten bisherigen soziologischen Denkens im Wechselverhältnis von Struktur und Handeln vertraut zu machen. Ich gebe in diesem Teilabschnitt einen groben Überblick über allgemeine Zusammenhänge und theoretische Grundrichtungen, die in den Kapiteln B und C begrifflich vertieft werden.

Darstellung 1:

Gegenstand der Soziologie

Dieses Schema begreift Soziologie als Wissenschaft von der Gesellschaft (Strukturaspekt) und von den historischen Vermittlungen der Individuen in der Gesellschaft (Handlungsaspekt).

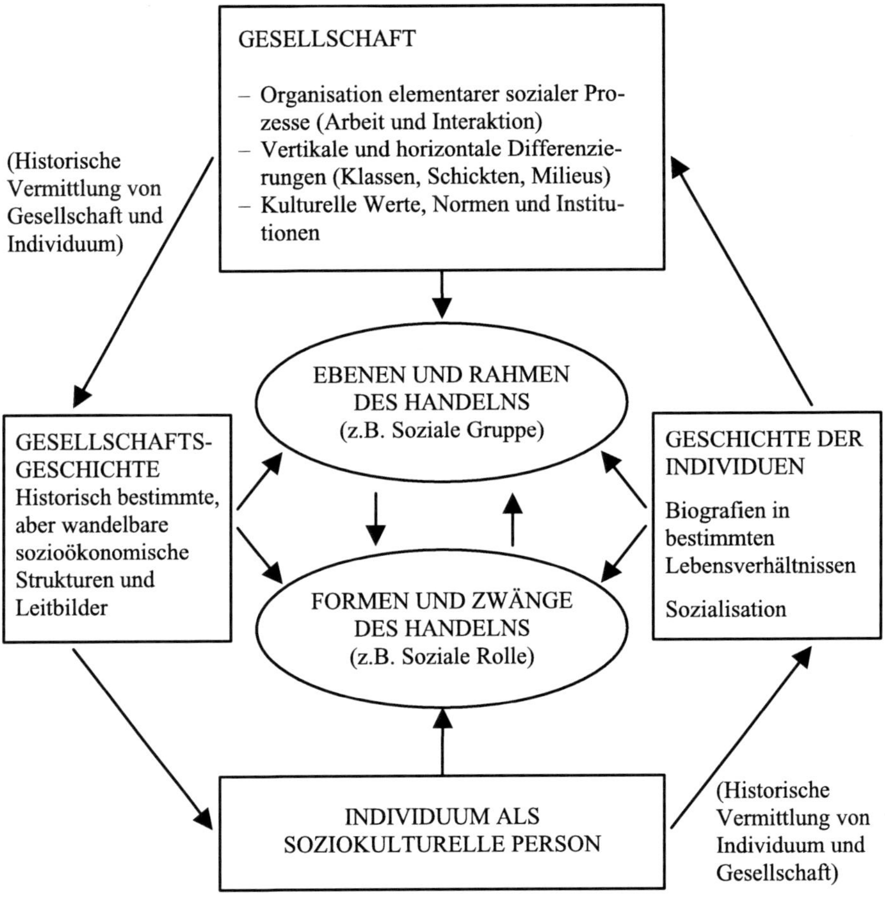

„Gesellschaft ist ein menschliches Produkt.
Gesellschaft ist eine objektive Wirklichkeit.
Der Mensch ist ein gesellschaftliches Produkt.“

(Berger/Luckmann:
Die gesellschaftliche Konstruktion der Wirklichkeit,
Frankfurt am Main 1980, S. 65)

Jede Wissenschaft hat es mit einem spezifischen Gegenstandsfeld zu tun, das sie mit mehr oder weniger eigenständigen Forschungsmethoden zu ergründen sucht. Der Franzose Emile Durkheim (1858 – 1917) gilt vielen als der eigentliche Begründer der Soziologie, weil er sie überhaupt erst als besondere Disziplin etwa gegenüber der Nationalökonomie oder der Psychologie abgegrenzt hat. Zentraler Gegenstand der Soziologie sind seiner Meinung nach die „sozialen Tatsachen" (auch: „soziologische Tatbestände") des menschlichen Zusammenlebens (vgl. Text 1). Soziale Tatsachen sind dem Menschen nicht angeboren, treten aber dennoch in der Gesellschaft allgemein auf. Sie sind dem Menschen äußerlich, werden aber durch Erziehung angeeignet. Sie führen ein vom Individuum unabhängiges Eigenleben und können gerade dadurch einen sozialen Druck auf ihn ausüben. Durkheim spricht vom „Zwangscharakter" der sozialen Tatsachen. Weil die Menschen gelernt haben, den Regeln und Normen, die ihr Zusammenleben ausmachen, wie selbstverständlich zu folgen, spüren sie die sozialen Tatsachen nicht ununterbrochen als lästigen Druck, es sei denn, sie lehnen sich gegen das Selbstverständliche auf und bekommen Sanktionen zu spüren. Das Soziale ist nach Durkheim ein eigenständiger Bereich der Wirklichkeit, der nicht auf physische, psychische, biologische oder ökonomische Faktoren ursächlich zurückgeführt werden kann – wenn er auch in vielfältiger Weise damit verknüpft ist. Soziales, das ist der entscheidende methodologische Grundsatz bei Durkheim, ist nur aus Sozialem zu erklären.

Ein *Beispiel* dafür sind Phänomene, die wir mit dem Begriff „Macht" bezeichnen. Darunter können wir ganz allgemein die Fähigkeit von Individuen oder Gruppen verstehen, anderen ihren Willen aufzuzwingen. Worauf beruht diese Fähigkeit? Sie kann im Einzelfall Ausdruck eines „schlechten Charakters" sein, sofern sie lustvoll, roh und verletzend inszeniert wird. Aber selbst wenn alle Menschen moralisch vorbildliche Zeitgenossen wären, ist kaum anzunehmen, dass Macht von selbst verschwände. Jeder von uns weiß ja, dass auch hochanständige Mitmenschen andere durch die Ausübung von Macht drangsalieren können, mögen sie dabei auch Tränen in den Augen haben. Auch die Vorstellung, Macht wurzele in jedem Fall in wirtschaftlichen Vorsprüngen bestimmter Gruppen gegenüber anderen, greift zu kurz. Selbst wenn alle ökonomischen Ressourcen auf die Mitglieder einer Gesellschaft gleichmäßig verteilt sind und die private Verfügungsgewalt über die Existenzmittel strukturell ausgeschlossen ist, kann sich Macht herauskristallisieren, etwa in Gestalt anerkannter religiöser Interessen und Überzeugungen. Macht ist nach Ansicht des Soziologen Heinrich Popitz eine „anthropologische Konstante", will sagen, sie folgt allen menschlichen Gesellschaften wie ein Schatten. Sie ist im Sinne Durkheims eine soziale Tatsache, weil Menschen gesellige Wesen sind und die Organisation ihres Zusammenlebens immer auch Ungleichheiten hervortreibt. Daraus folgt selbstverständlich nicht, dass wir uns mit jeder Form der Ungleichverteilung sozialen Einflusses abzufinden haben. Moderne Gesellschaften stellen Machtausübung unter Rechtfertigungszwang, sie haben die Begrenzung und Kontrolle von Macht in Gestalt demokratischer Verfahrensweisen mehr oder weniger einvernehmlich in ihren Verfassungen verankert („institutionalisiert"). Jegliche Macht abschaffen zu wollen, läuft aber im Sinn von Durkheim und Popitz auf die Leugnung des Gesellschaftlichen selbst hinaus.

Ein zweites *Beispiel* soll deutlich machen, dass ein vermeintlich ähnliches Handeln in alltäglichen Situationen einmal auf elementare Gewohnheiten, dann aber auf soziale Tatsachen hindeutet. Es beginnt zu regnen, die Passanten spannen Regenschirme auf. Sie tun also in einer bestimmten Situation, sofern sie nicht wieder einmal ihren Schirm in der Kneipe vergessen haben, alle das gleiche. Es handelt sich nicht um eine soziale Tatsache, sondern um eine kollektive Reaktion auf einen äußeren, naturgegebenen Reiz. Hinter diesem Verhalten steht kein sozialer Zwang, niemand muss sich rechtfertigen, weil er im Regen spazieren geht. Plötzlich werden die regenschirmbewehrten Menschen Zeugen eines Autounfalls. Einige von ihnen eilen zur Unfallstelle, um möglichen Verletzten zu helfen, andere beschleunigen ihren Schritt, um nicht als Zeuge herangezogen zu werden. Wir haben es jetzt mit einer sozialen Tatsache zu tun, weil beide Handlungsweisen durch die soziale Norm des Helfensollens bestimmt werden. Die einen unterwerfen sich diesem Zwang, die anderen verweigern ihn. Nur wenn alle sich völlig gleichgültig verhielten, hätten wir es mit einem Normverlust zu tun, der eine soziale Tatsache außer Kraft setzen kann. Verkehrsunfälle auf Autobahnen führen oft zu Staubildungen, weil viele Menschen als langsam an der Unfallstelle vorbeifahrende „Gaffer" einem Hang zu mitleidloser Sensationsgier nachgeben. Hier deutet sich an, dass soziale Normen keine zeitlose Gültigkeit beanspruchen können sondern wandelbar sind.

Nehmen wir ein drittes *Beispiel*. Die Kommunikationsforscherin Elisabeth Noelle-Neumann hat vor vielen Jahren den Fall einer Studentin geschildert, die morgens voller Bekennermut mit einer unübersehbaren Wahlplakette der CDU in der Universität Mainz erschien. Nachmittags begegnete sie ihrer Professorin ohne dieses Symbol ihrer politischen Überzeugung. Auf die Frage der mitfühlenden Wissenschaftlerin – Noelle-Neumann gehörte jahrelang zum engeren Beraterkreis des Bundeskanzlers Helmut Kohl - , was den Sinneswandel bewirkt habe, erhielt sie zur Antwort: „Es ist zu schrecklich gewesen!" In einer Zeit, als Sympathien für die politischen Gegner der Konservativen vor allem im akademischen Milieu nahezu selbstverständlich waren, zeigte sich die Studentin dem vorherrschenden Meinungsklima in den Seminaren und auf den Fluren der Institutsgebäude nicht gewachsen. Mit resignierender Gebärde fügte sie sich dem sozialen Zwang zur Meinungskonformität. Noelle-Neumann nahm diesen Fall als Exempel für die Wirksamkeit einer „Schweigespirale“: Weil Menschen grundsätzlich unter Isolationsfurcht litten, hielten sie in einer Zeit vorherrschender sozialliberaler Stimmungen in den Massenmedien wie in der Bevölkerung über kurz oder lang mit oppositionellen Ansichten hinter dem Berg, bis sie schließlich ganz verstummten. Es ist hier nicht der Ort, die Plausibilität dieses theoretischen Ansatzes zu erörtern. Das herangezogene Beispiel verweist aber insofern auf soziale Tatsachen, als sie sich auch im Konformitätsdruck auf Meinungsmärkten Geltung verschaffen können, gleichsam die Norm eines erwünschten politischen Auftretens hervortreiben.

Gesellschaften sind im Sinn Durkheims auch kein bloßer Reflex auf klimatische Besonderheiten (etwa nach dem Motto der Redensart: „Die Südländer sind wirtschaftlich unproduktiv, weil ihnen immer eine heiße Sonne auf den Pelz brennt“), soziales Handeln ist nicht bloß Resultat individueller Nutzenmaximierung. Wenn wir verstehen wollen, wieweit und warum sich Gesellschaften voneinander unterscheiden, welche Voraussetzungen und Folgen soziales Handeln hat, müssen wir Durkheim zufolge den sozialen Tatsachen auf die Spur kommen, die sich nicht zuletzt in den *Institutionen* einer Gesellschaft (vgl. Text 8) ausdrücken, und nicht unser Heil in der Biologie, in der Psychologie oder in der Volkswirtschaftslehre suchen. Einige Schüler von Durkheim, aber auch sein berühmter Vorläufer Auguste Comte (1798 – 1857), der als Erfinder des Wortes „Soziologie“ gilt, haben diesen Grundgedanken überspitzt, indem sie von einer jegliche Individualität leugnenden „sozialen Determination“ menschlichen Verhaltens überzeugt waren. Das hat ihnen mit Recht den Vorwurf des „Soziologismus“ eingetragen, also der Überspitzung des Sozialen zur Erklärung der menschlichen Existenz in allen ihren Erscheinungsformen. Der folgende Text bringt die Überlegungen Durkheims in anschaulicher Weise zum Ausdruck.

Text 1:
Emile Durkheim: Soziologische Tatbestände

Bevor untersucht wird, welche Methode sich zum Studium der soziologischen Tatbestände eignet, ist es von Wichtigkeit zu wissen, was denn das für Tatbestände sind, die man mit diesem Namen belegt. Diese Fragestellung erscheint um so notwendiger, als man den Ausdruck „soziologischer Tatbestand“ ohne besondere Präzision verwendet. Man gebracuht ihn hergebrachterweise, um beinahe alle Erscheinungen zu bezeichnen, die sich in der Gesellschaft vollziehen, wenn sie nur ein Mindestmaß an sozialem Interesse mit einer gewissen Allgemeinheit vereinigen. In diesem Sinne gibt es aber sozusagen kein menschlich bedeutsames Geschehnis, das nicht sozial genannt werden könnte. Jedes Individuum trinkt, schläft, isst, denkt, und die Gesellschaft hat alles Interesse daran, dass diese Funktionen regelmäßig vor sich gehen. Wären sie aber soziologische Tatbestände, so gäbe es keinen besonderen Gegenstand der Soziologie, ihr Gebiet würde mit dem der Biologie und der Psychologie zusammenfallen. In Wahrheit gibt es in jeder Gesellschaft eine fest umgrenzte Gruppe von Erscheinungen, die sich deutlich von all denen unterscheiden, welche die übrigen Naturwissenschaften erfordern. Wenn ich meine Pflichten als Bruder, Gatte oder Bürger erfülle, oder wenn ich übernommene Verbindlichkeiten einlöse, so gehorche ich damit Pflichten, die außerhalb meiner Person und der Sphäre meines Willens im Recht und in der Sitte begründet sind. Selbst, wenn sie mit meinen persönlichen Gefühlen im Einklang stehen und ich ihre Wirklichkeit im innersten empfinde, so ist diese doch etwas Objektives. Denn nicht ich habe diese Pflichten geschaffen, ich habe sie vielmehr im Wege der Erziehung übernommen. Wie oft kommt es vor, dass über die Einzelheiten der auferlegten Verpflichtungen Unklarheit herrscht, und sich, um sie voll zu erfassen, die Notwendigkeit ergibt, das Gesetz und seine berufenen Interpreten zurate zu ziehen. Ebenso hat der gläubige Mensch die Bräuche und Glaubenssätze seiner Religion bei seiner Geburt fertig vorgefunden. Dass sie vor ihm da waren, setzt voraus, dass sie außerhalb seiner Person existieren. Das Zeichensystem, dessen ich mich bediene, um meine Gedanken auszudrücken, das Münzsystem, in dem ich meine Schulden zahle, die Kreditpapiere, die ich bei meinen geschäftlichen Beziehungen benutze, die Sitten meines Berufes führen ein von dem Gebrauche, den ich von ihnen mache, unabhängiges Leben. Das eben Gesagte kann für jeden einzelnen Aspekt des gesellschaftlichen Lebens wiederholt werden. Wir finden also besondere Arten des Handelns, Denkens, Fühlens, deren wesentliche Eigentümlichkeit darin besteht, dass sie außerhalb des individuellen Bewusstseins existieren. Diese Typen des Verhaltens und des Denkens stehen nicht nur außerhalb des Individuums, sie sind auch mit einer gebieterischen Macht ausgestattet, kraft deren sie sich einem jeden aufdrängen, er mag wollen oder nicht. Freilich, wer sich ihnen willig oder gern fügt, wird ihren zwingenden Charakter wenig oder gar nicht empfinden, da Zwang in diesem Falle überflüssig ist. Dennoch ist es aber eine diesen Dingen immanente Eigenschaft, die bei jedem Versuche des Widerstandes sofort hervortritt. Versuche ich, die Normen des Rechts zu übertreten, so wenden sie sich wider mich, um meine Handlung zu verhindern, wenn es noch an der Zeit ist, oder sie als nichtig aufzuheben und in ihre normale Form zu bringen, wenn sie schon begangen ist und noch gut gemacht werden kann, oder mich für sie büßen zu lassen, wenn sie nicht mehr gut zu machen ist. Handelt es sich um rein moralische Gebote? Die öffentliche Meinung verhindert jeden Akt, der sie verletzt, durch die Aufsicht, die sie über das Benehmen der Bürger ausübt, und durch die besonderen Strafen, über die sie verfügt. In anderen Fällen ist der Zwang weniger fühlbar. Allein er besteht auch da. Wenn ich mich geltenden Konventionen der Gesellschaft nicht füge, etwa in meiner Kleidung, den Gewohnheiten meines Landes und meiner Klasse keine Rechnung trage, wird die Heiterkeit, die ich errege, und die Distanz, in der man mich hält, auf sanftere Art denselben Erfolg erzielen, wie eine eigentliche Strafe. In anderen Fällen ist der Zwang nicht weniger wirksam, wenn er nur indirekt ist. Ich bin nicht gerade verpflichtet, mit meinen Landsleuten französisch zu sprechen, auch nicht, die gesetzliche Währung zu gebrauchen. Und doch ist es unmöglich, dass ich anders handle. Ein Versuch, mich dieser Notwendigkeit zu entziehen, müsste elendlich scheitern. Nichts hindert einen Industriellen daran, mit den Methoden eines andren Jahrhunderst zu arbeiten. Er soll es aber nur tun. Sein Ruin wäre sicher. Selbst, wenn ich mich in der tat von diesen Regeln befreien und sie mit Erfolg verletzen kann, bleibt mir doch der Kampf gegen sie nicht erspart, spürt man ihre Zwangsgewalt an dem Widerstand, den sie einem entgegensetzen. Es gibt keinen Neuerer, nicht einmal einen erfolgreichen, dessen Unternehmungen nicht auf Widerstand dieser Art stoßen. Hier liegt also eine Klasse von Tatbeständen von sehr speziellem Charakter vor; sie bestehen in besonderen Arten des Handelns, Denkens und Fühlens, die außerhalb der Einzelnen stehen und mit zwingender Gewalt ausgestattet sind, kraft deren sie sich ihnen aufdrängen. Mit organischen Erscheinungen sind sie nicht zu verwechseln, denn sie bestehen aus Vorstellungen und Handlungen, ebenso wenig mit psychischen Erscheinungen, deren Existenz sich im Bewusstsein des Einzelnen erschöpft. Sie stellen also eine neue Gattung dar, und man kann ihnen mit Recht die Bezeichnung „sozial" vorbehalten, sie gebührt ihnen. Denn da ihr Substrat nicht im Individuum gelegen ist, so verbleibt für sie kein anderes als die Gesellschaft, sei es die staatliche Gesellschaft als Ganzes, sei es eine der Teilgruppen, die sie einschließt, Religionsgemeinschaften, politische oder literarische Schulen, berufliche Kooperationen usw. Andererseits gebührt sie ihnen ausschließlich. Denn das Wort „sozial" hat einen bestimmten Sinn einzig unter der Voraussetzung, dass lediglich die Erscheinungen damit benannt werden, die in keine andere schon bestehende und benannte Kategorie fallen. Sie bilden also das der Soziologie eigene Gebiet. Freilich legt der zur Abgrenzung benutzte Begriff des Zwanges die Gefahr nahe, eifrige Anhänger eines absoluten Individualismus in Aufregung zu versetzen. Weil sie auf die schlechthinnige Autonomie des Einzelnen schwören, erscheint es ihnen als Herabwürdigung, wenn man erklärt, der Einzelne hänge doch nicht nur von sich selbst ab. Es lässt sich heutzutage nicht mehr bestreiten, dass die Mehrzahl unserer Gedanken und Bestrebungen nicht unser eigenes Werk sind, sondern uns von außen zuströmen. Sie können nur in uns eindringen, indem sie sich uns aufdrängen. Mehr will unsere Definition nicht sagen. Überdies weiß man ja, dass sozialer Zwang die individuelle Freiheit nicht notwendigerweise ausschließt.

Quelle: Emile Durkheim: Regeln der soziologischen Methode, 2. Auflage, Neuwied und Berlin 1965, S. 105 – 107.

Ein soziologischer Tatbestand ist demnach im Sinn Durkheims „jede mehr oder weniger festgelegte Art des Handelns, die die Fähigkeit besitzt, auf den einzelnen einen äußeren Zwang auszuüben; oder auch, die im Bereiche einer gegebenen Gesellschaft allgemein auftritt, wobei sie ein von ihren individuellen Äußerungen unabhängiges Eigenleben besitzt." (Ebenda, S. 114) Die „gegebene Gesellschaft" ist für ihn nicht einfach die Summe ihrer Individuen, sondern ein durch deren Verbindung hergestelltes System. Gerade dadurch, dass diese Individuen „assoziiert" oder „kombiniert" werden, bilden sich ineinandergefügte

Gruppen oder Klassen als kollektive Akteure mit einem von „individuellen Äußerungen“ ihrer Angehörigen „unabhängigem Eigenleben“. Die Gruppe, sagt Durkheim, „denkt, fühlt und handelt ganz anders, als es ihre Glieder tun würden, wären sie isoliert.“ (Ebenda, S. 188)

Wir können die Überlegungen des Autors über das Wesen der sozialen Tatsachen in den folgenden vier Punkten zusammenfassen:

(1) Soziale Tatsachen (oder soziologische Tatbestände) haben Dingcharakter. Es handelt sich bei ihnen um normative Verhaltensvorschriften, die einen eigenen Realitätsgehalt haben. Zwar sind das nicht Dinge im gegenständlichen Sinn (Normen kann man nicht „anfassen“), wohl aber spürbare Phänomene, weshalb wir sie wie Dinge behandeln können.

(2) Soziale Tatsachen haben Zwangscharakter, weil sie dem Individuum als etwas Fremdes gegenübertreten, das ihn in seinem Verhalten in bestimmender Weise beeinflusst.

(3) Erst durch die Konfrontation der heranwachsenden Individuen mit sozialen Tatsachen werden sie zu sozialen Wesen. Als Bestandteil des Sozialisationsprozesses tragen sie zur zweiten, soziokulturellen Geburt des Menschen bei. Die Menschen verdanken ihre volle Existenz der Gesellschaft, sie sind als soziale Wesen ein Produkt der Gesellschaft.

(4) Soziale Tatsachen gibt es in jeder Gesellschaft, allerdings in historisch bestimmter Form. Nur mit Hilfe der historisch vergleichenden Methode kann es den Soziologen gelingen, Systeme sozialer Tatsachen empirisch herauszuarbeiten.

Soziologische Theoriebildung ist der Versuch, den Gegenstand der Disziplin analytisch zu durchdringen, die sozialen Tatsachen im Wechselspiel von Struktur und Handeln zu verstehen. Es käme einem ökonomistischen Missverständnis gleich, Handeln in seinen verschiedenen Formen allein auf rationale Motive zurückzuführen (vgl. Text 3). Handeln kann auch auf Glaube oder Täuschung, auf Gewalt oder Betrug beruhen, umgreift in seiner Vielgestaltigkeit also Lebensäußerungen, die in kulturelle Traditionen ökonomisch irrationalen Zuschnitts eingelagert sind. Viele ihrer Handlungsbedingungen und Handlungsfolgen sind den Akteuren unbekannt. Ihre „soziale Praxis“ (Pierre Bourdieu) enthält oft mehr Sinn, als ihnen selbst bewusst ist. Sie folgen Gewohnheiten, in denen sich ein wechselseitiger Bezug von Struktur und Handeln ausdrückt. Deshalb ist es wichtig, nicht einseitig bei der Analyse von Struktur oder Handeln zu verharren, um dann beides abstrakt aufeinander zu beziehen. Es kommt vielmehr darauf an, das Strukturell-gesellschaftliche in den Handlungen ebenso zu entschlüsseln wie das Handlungspotential, das von historisch bestimmten Gesellschaftsformationen nahe gelegt, möglich oder unmöglich gemacht wird. Ein gutes *Beispiel* dafür ist das „Habitus"-Konzept des französischen Kultursoziologen Pierre Bourdieu. Wenn wir sagen, wir haben bestimmte Lebensäußerungen habitualisiert, drücken wir damit das gewohnheitsmäßige Handeln aus. Vieles von dem, was wir tagaus, tagein tun, vom Zähneputzen über das Einkaufen im Supermarkt und die Art, wie wir regelmäßig wiederkehrende Arbeitsaufgaben verrichten, bis hin zum „Zapping" durch die Vielfalt von TV-Programmen, geschieht in routinierter, oft gedankenloser Weise. Der Habitus umschließt nach Bourdieu die Wahrnehmungs-, Denk- und Handlungsmuster der Menschen. Er scheint ihnen in unverwechselbarer Weise persönlich anzugehören. Bei näherer soziologischer Betrachtung zeigt sich jedoch, dass sich das Habituelle an der Nahtstelle zwischen Individuum und Gesellschaft bewegt. Ganz im Sinne Durkheims, dem Bourdieu viele Einsichten bei seiner eigenen Theoriebildung verdankt, sind die Gewohnheiten in Sitten und Gebräuchen gesellschaftlich eingeschliffen, führen also ein von den Individuen unabhängiges Eigenleben. Durch gewohnheitsmäßige Handlungen miteinander verknüpft, formen die Menschen bewusst oder unbewusst dauerhafte Beziehungsgeflechte. Insofern wirkt der Habitus „strukturierend". Gleichzeitig aber formt die Gesellschaft die Individuen, teilt ihnen durch Normen, Sitten und Gebräuche mit, was erlaubt und verboten , was erwünscht oder unerwünscht ist. In diesem Sinne sind Handlungen und Gewohnheiten „strukturiert", also nur aus dem Gefüge der Gesamtgesellschaft heraus verständlich. Bourdieu hat nun mit Hilfe aufwendiger empirischer Studien nachgewiesen, dass der Habitus bestimmter Gruppen von Menschen von ihrer Position im „sozialen Raum" der Gesellschaft abhängt. Als Grundlage und Ausdruck des „Lebensstils" hängt er davon ab, über wie viel „ökonomisches Kapital" (materielle Ressourcen im weitesten Sinne), wie viel „Bildungskapital" (amtlich bescheinigte Qualifikationen ebenso wie Bildungsgespür) und wie viel „soziales Kapital" (persönliches Ansehen und nützliche Beziehungen) die Angehörigen verschiedener Klassen und Schichten disponieren können. Wenn wir also alltägliches, gewohnheitsmäßiges Handeln verstehen wollen, müssen wir den Blick öffnen für das dahinter verborgene Gefüge der Gesellschaft (Vgl. Bourdieu 1982).

Die Verknüpfungen zwischen Handeln und Struktur zu erklären, ist das anspruchsvolle Ziel soziologischer Grundtheorien („Master-Ansätze"), die sich, bezogen auf einzelne Gegenstandsfelder (z.B. Familiensoziologie, politische Soziologie, Organisationssoziologie etc.), in vielfältiger Weise weiter differenzieren. Klaus Feldmann fasst solche „Master-Ansätze" in die drei Theorie-

Richtungen („Paradigmen") Symbolischer Interaktionismus, Funktionalismus und Konfliktansatz (z.B. Marxismus) zusammen, die er schematisch in folgender Weise ordnet (Feldmann 2000, S. 29):

Darstellung 2:
Theorieansätze für Mikro- und Makrobereiche der Gesellschaft nach Feldmann

Bereich	**Perspektive**	**Theorieansatz**	**Soziale Gebilde**
Mikro- Handeln	Frosch- perspektive	Symbolischer Interaktionismus	Familie Individuum etc.
Makro- Struktur	Vogel- perspektive	Funktionalismus Konfliktansatz	Gesellschaft Wirtschaft etc.

Der *Funktionalismus* geht auf Comte und Durkheim zurück. Er ist vor allem in den USA von Talcott Parsons (1902 – 1979) und Robert K. Merton (geb. 1910) im Zusammenhang mit einer systemtheoretischen Fundierung der Soziologie entwickelt worden. Funktionalisten schlagen vor, beim Studium der Gesellschaft vor allem darauf zu achten, wie die verschiedenen Teilbereiche im Interesse dauerhafter Stabilität des Ganzen ineinander greifen. Sie richten ihre Aufmerksamkeit weniger auf die Intentionen des Handelns und die Ursachen sozialer Phänomene als vielmehr auf ihre Konsequenzen. Familien haben beispielsweise als Teil des Ganzen verschiedene Funktionen zur Bestandserhaltung der Gesellschaft wahrzunehmen. Sie haben in bezug auf den Nachwuchs eine Reproduktions-, Sozialisations- und berufliche Platzierungsfunktion. Darüber hinaus sollen sie Grundbedürfnisse ihrer Mitglieder befriedigen sowie Geborgenheit und Liebe vermitteln (Funktion des materiellen und emotionalen Schutzes). Robert K. Merton verdanken wir die Unterscheidung zwischen manifesten und latenten Funktionen, in denen sich die Differenz zwischen individueller Absicht (bewusstes Handeln) und (oft unbewussten) Effekten des Handelns ausdrückt. Funktionen tragen grundsätzlich zur Stabilisierung eines sozialen Systems bei; es kann aber auch sein, dass sie diese Stabilität gerade gefährden, selbst wenn sie in der besten Absicht ins Werk gesetzt worden sind. Dann sprechen die Funktionalisten von Dysfunktionen. Sie tragen zur Desintegration, also zur Auflösung eines stabilen sozialen Zusammenhangs bei. Einzelne Entscheidungen des Managements eines Unternehmens (z.B. Erweiterung der Produktpalette) mögen funktional sein im Interesse der Gewinnmaximierung, sie können aber die unangenehme Begleiterscheinung einer Überforderung des Qualifikationspotentials der Beschäftigten beinhalten und insofern zu dysfunktionalen Folgen in Gestalt von Arbeitsverweigerungen führen. Für die ungeplanten Nebenfolgen geplanter Handlungen finden wir in der soziologischen Einführung der AG Soziologie ein anschauliches Beispiel: „Funktionalisten sagen beispielsweise: Die Hopi-Indianer führen zu bestimmten Zeiten Tänze auf, weil sie glauben, dadurch Regen herbeirufen zu können. Das ist der *bewusste Zweck*, die *manifeste Funktion* ihrer Handlung. Sie ist nicht zweck-*rational*, weil die Mittel für diese Zielsetzung untauglich sind. Aber der funktionalistische Soziologe erkennt eine *latente Funktion* ihres Tanzes für das soziale System, in dem sie leben. Das heißt: In Wahrheit (für den besserwisserischen Soziologen), ohne dass die Hopis das wissen, stärken sie durch den Tanz das Zusammengehörigkeitsgefühl ihrer Gruppe. Es ist eine, wenn nicht *die* Hauptaufgabe der Soziologie, solche latenten Funktionen aufzudecken. Sie bezeichnen ja Vorgänge, die von Akteuren zwar hervorgerufen werden, aber die Funktion, die sie *tatsächlich* erfüllen, ist ihnen gar nicht gegenwärtig." (AG Soziologie 1999, S. 140f.) In ähnlicher Weise hat der amerikanische Kultursoziologe Thorstein Veblen (1857 – 1929) in Anlehnung an Mertons Theorie den „demonstrativen Konsum" als Beispiel für die latenten Funktionen sozialen Handelns nachgewiesen. Viele Menschen kaufen teure Güter nämlich nicht wegen ihrer Sachqualitäten, sondern gerade wegen ihrer hohen Preise, die geeignet scheinen, ihren sozialen Status zu heben. Was auf den ersten Blick einer verengt ökonomischen Perspektive als sinnlose Verschwendung erscheint, gewinnt sozialen Sinn, wenn wir das dahinter stehende, oft unbewusste Streben nach vermehrtem sozialen Ansehen bedenken. Der französische Kultursoziologe Pierre Bourdieu hat den „distinguierten Geschmack" gehobener Sozialschichten, der in solchen Formen demonstrativen Konsums zum Ausdruck kommt, als einen Schlüssel zum Verständnis soziokultureller Differenzierungen in der modernen Gesellschaft nachgewiesen. Eine wesentliche Weiterentwicklung haben funktionalistische Ansätze durch die Systemtheorie von Niklas Luhmann (1927 – 1998) erfahren. Er versteht unter sozialen Systemen in äußerst abstrakter Weise komplexe, in sich strukturierte Sinnzusammenhänge von sozialen Handlungen und nicht von Subjekten. Systeme grenzen sich von ihren Umwelten durch spezifische „Medien" (z.B.: „Geld" im Wirtschaftssystem, „Macht" im politischen System) ab und stehen vor der ständigen Aufgabe ihrer Bestandssicherung durch „Reduktion von Komplexität" (z.B. im System Massenkommunikation durch die Agenda der „Themen"). Systeme befinden sich zwar durch Kommunikationsprozesse im ständigen Austausch mit ihrer Umwelt (natürliche Umwelt, andere soziale Systeme, personale Systeme), sie beziehen also Bestandsenergien aus ihrer Umwelt, aber sie bilden auch eine starke Tendenz zur Reproduktion ihrer Strukturen durch Selbstbezüglichkeit („autopoietische Systeme") aus. Diese Theorie verdankt wesentliche Anregungen der Biologie und der Kybernetik. Sie wird in diesem Text wegen ihres hohen Schwierigkeitsgrades nicht näher behandelt.

Konflikttheoretische Ansätze stehen häufig im engen Zusammenhang mit soziologischen Erklärungen gesamtgesellschaftlicher Strukturen. Ihnen ist gemeinsam, soziale Konflikte nicht als eher lästige und prinzipiell überwindungsfähige Begleiterscheinungen von Integration und Stabilität zu betrachten, sondern als universelle soziale Tatsache, die sich aus der unterschiedlichen Verteilung von Bedürfnissen und Interessen größerer Gruppen von Menschen ergibt und ein wesentliches Treibmittel des sozialen Wandels sein kann. Insofern sind soziale Konflikte, wie manche Funktionalisten annehmen, nicht bloß dysfunktional, sondern womöglich gar funktional, weil sie die Ausbalancierung von unterschiedlichen Gruppeninteressen in politischen Prozessen ermöglichen. Austragung und Regulierung sozialer Konflikte haben mit *Macht* und *Herrschaft* zu tun, die im gesellschaftlichen Gefüge unterschiedlich verteilt sind. Die Soziologie verdankt nicht zuletzt Max Weber (1864 – 1920) eine Schärfung des begrifflichen Verständnisses sowie der historischen Formen von Macht und Herrschaft. Während Macht nach Weber jede Chance bedeutet, innerhalb einer sozialen Beziehung (also in der Familie ebenso wie im Verein oder im Industriebetrieb) den eigenen Willen auch gegen Widerstreben durchsetzen zu können, ist Herrschaft eine Form institutionalisierter, also sozial, räumlich und rechtlich begrenzter Macht, die sich in einer sozialen Beziehung, gestützt auf Autoritätspositionen, nur gegen bestimmte Personen richtet. Max Weber hat verschiedene Herrschaftsformen unterschieden, je nach dem, wie sie sich rechtfertigen („legitimieren"). Da ist zum einen die *traditionale Herrschaft*, die sich auf die „Heiligkeit der Überlieferung" stützt, beispielsweise in Gestalt des feudalen Gottesgnadentums. Dem steht die *charismatische Herrschaft* gegenüber, die ihre Rechtfertigung in außeralltäglichen, heldenhaften Personen (Cäsar, Napoleon, Hitler, Stalin) findet. Charakteristisch für moderne Gesellschaften ist der Typ der *rationalen Herrschaft*, die sich auf die unpersönliche Ordnung von Legalität und Recht stützt und in Gestalt der Bürokratie ihren sinnfälligsten organisatorischen Ausdruck findet. Webers Analyse ist ein gutes Beispiel für den Versuch, einen Sachverhalt (Macht, Herrschaft) nicht nur begrifflich zu präzisieren, sondern ihn im nächsten Schritt auch im Sinn einer „Idealtypologie" weiter aufzufächern. Zu den prominentesten und historisch einflussreichsten Konflikttheorien gehört zweifellos die historisch-materialistische Geschichtsbetrachtung von Karl Marx (1818 – 1883). Ihm ging es darum, die Triebkräfte des gesellschaftlichen Wandels in den herrschaftsförmigen sozioökonomischen Verhältnissen nachzuweisen (vgl. Texte 12 und 13). Das industriekapitalistische Wirtschaftssystem mit seiner Ungleichverteilung materieller Ressourcen treibt den *Klassenkampf* als dauerhaften Konflikt mit explosiver Sprengkraft notwendigerweise hervor. Mit dem Industrieproletariat hat seiner Ansicht nach eine soziale Klasse die Bühne der Geschichte betreten, der es möglich ist, durch revolutionäre Aktionen den Zustand kollektiver Ausbeutung, Unterdrückung und Entfremdung im Kampf gegen die Bourgeoisie zu überwinden. Angesichts der erstaunlichen Stabilität der bürgerlichen Gesellschaft haben zahlreiche Soziologen, ohne die prinzipielle Sinnhaftigkeit einer konflikttheoretischen Betrachtungsweise sozialer Strukturen damit preiszugeben, sich kritisch mit Marx auseinandergesetzt (vgl. Texte 14 und 15).

Im Unterschied zum konflikttheoretischen wie zum funktionalistischen Ansatz misst der *Symbolische Interaktionismus*, wie Darstellung 2 signalisiert, dem aktiven und kreativen Individuum eine große Bedeutung zu. Während sich Funktionalismus und Konflikttheorie ihrem Gegenstand eher aus der Vogelperspektive einer Makrosoziologie nähern, hat der Symbolische Interaktionismus alltägliche Formen des sozialen Austausches zwischen den Individuen im Auge. Diese theoretische Richtung bewegt sich deshalb im Grenzbereich zwischen Soziologie und Psychologie, hat wesentlich beigetragen zur theoretischen Fundierung der Sozialpsychologie. George Herbert Mead (1863 – 1931) gilt als einer der Begründer der Chicagoer Schule der Soziologie, in der Symbolischer Interaktionismus eine große Rolle spielt. Symbole stehen für etwas anderes, sie sind Zeichen, die auf Bedeutungen von Dingen oder Handlungen verweisen. Mit Hilfe der Sprache (verbale Kommunikation), aber auch durch Gestik oder Mimik (nonverbale Kommunikation) können wir die Dinge erfassen und bezeichnen. Symbolisches Denken befreit uns von der Beschränkung unmittelbarer Erfahrung. Wenn wir im Wald jemanden auf einem Baum sitzen sehen, der angestrengt durch ein Rohr blickt, haben wir gelernt, dass wir einen Jäger vor uns haben, der mit seinem Gewehr auf ein Tier zielt. Ein Kind, das sich selbst mit „Ich" und andere mit „Du" zu bezeichnen lernt, eignet sich erste Anfänge eines „Selbst"-Bewußtseins an. Je weiter unser Vermögen entwickelt ist, Symbole zu entschlüsseln, die Bedeutungen hinter der Oberfläche der Dinge, Handlungen und Personen zu erkennen, um so höher entwickelt sich auch unsere Fähigkeit zur Interaktion, also zum von Missverständnissen möglichst freien Kontakt mit unseren Mitmenschen. „Stellen Sie sich z.B. einen Mann und eine Frau bei ihrem ersten Rendezvous vor. Jeder wird einen beträchtlichen Teil des Abends damit verbringen, sich den anderen anzusehen und abzuschätzen, wie sich die weitere Beziehung, wenn überhaupt, entwickeln wird. Keiner von beiden möchte, dass der andere dies zu genau bemerkt, obwohl beide wissen, das eben dies geschieht. Beide sind sehr vorsichtig in bezug auf ihr eigenes Verhalten und möchten sich selbst in einem günstigen Licht erscheinen lassen, doch da beide auch dies wissen, wird wahrscheinlich jeder der beiden nach Details im Verhalten des anderen Ausschau halten, die einen Schluss auf dessen wirkliche Meinung zulassen. Ein komplexer und subtiler Prozess der symbolischen Interpretation prägt die Interaktion zwischen diesen beiden." (Giddens 1999, S. 612) In vielen ähnlichen alltäglichen Situationen haben wir gelernt, „taktvoll" miteinander umzugehen, also unsere unmittelbaren Gedanken und Empfindungen gleichsam zu „maskieren". Soziologen wie Norbert Elias oder Richard Sennett sind sogar der Ansicht, dass allein dadurch ein zivilisiertes Zusammenleben der Menschen auf Dauer möglich ist. Damit öffnet sich der soziologische Blick für einen der wichtigsten Begriffe der Handlungstheorie, den der sozialen „Rolle" (vgl. Text 5). Erving Goffman (1922 – 1982), einer der prominentesten Vertreter des Symbolischen Interaktionismus, hat diese Analogie zur Theater-Metapher zum Ausgangspunkt seiner Analysen genommen. Unser alltägliches Handeln gleicht demzufolge in vieler Hinsicht dem, was Schauspieler auf der Bühne des Theaters tun. Hinter der „Maske" der sozialen Rolle bleibt die Person verborgen. Interaktionspartner, die den Unterschied zwischen dem sozial erwarteten und vielfach auch erzwungenen Verhalten (Rollenhandeln) und dem ungezwungenen Austausch zwischen von dieser sozialen Tatsache nur vermeintlich nicht belasteten persönlichen Freunden nicht realisieren (vgl. Text 6), sind erkennbar begrenzt handlungsfähig: Wer nicht gelernt hat, zwischen Person und Rolle, zwischen Ich-Identität und sozialer Identität zu unterscheiden, hat es schwer, sich in unterschiedlichen sozialen Kontexten zurechtzufinden. Der Symbolische Interaktionismus schärft unser Verständnis für solche Differenzen, wie das folgende Beispiel zeigen soll: „Ensembles können sich auf „Hinterbühnen" zurückziehen und sich dort auf eine Weise verhalten, die dem völlig widersprechen kann, was sie auf der „Vorderbühne" tun. Ein Beispiel dafür ist das Verhalten von Bedienungspersonal in Gaststätten, wenn es sich außer Sicht- und Hörweite der Kunden befindet: Aus dem höflichen Lächeln gegenüber dem Kunden im Gastraum wird im Nebenraum oder in der Küche schlagartig Ärger, statt freundlicher Worte hört man Fluchen und Schimpfen, und die zurückhaltende Etikette, die auf der Vorderbühne noch eingehalten wurde, macht dem Wutausbruch Platz, dessen Publikum das Ensemble der Kollegen sein darf." (Knoblauch 1999, S. 164f.)

Wir haben in groben Zügen verschiedene theoretische Ansätze kennen gelernt, in soziologischer Perspektive Struktur und Handeln zusammenzudenken. Je nach dem, welche Perspektive wir analytisch wählen, wird unser Blick auf soziales Geschehen und soziale Gebilde unterschiedlich sein. Auch die Begriffe, mit deren Hilfe wir einen bestimmten Gegenstand zu erfassen versuchen, bekommen im jeweiligen theoretischen Kontext eine andere Bedeutung. Wenn beispielsweise soziales Handeln im Kontext eines Betriebes unsere Aufmerksamkeit bindet, werden wir aus dem funktionalistischen Blickwinkel heraus der Frage nachgehen, wie einzelne Strukturelemente (Abteilungen, Arbeitsgruppen etc.) absichtlich oder unabsichtlich ineinander gefügt sind und welche Konsequenzen das funktionale Arrangement für die Handlungsdispositionen der Akteure hat. Wir tun aber gut daran, Machtverteilungen und Ausformungen von Herrschaft, die sich hinter der funktionalen Fassade verbergen mögen, im Sinn des Konfliktansatzes nicht aus dem Auge zu verlieren. Inwieweit Strukturen und Handlungen zum Konsens oder zum Konflikt neigen, gehört ja bis heute zu den in der Soziologie kontrovers diskutierten Problemen. Wenn wir uns aber lediglich an der Nahtstelle von Funktionalismus und Konflikttheorie bewegen, können wir leicht Eigensinnigkeiten sozialen Handelns aus dem Auge verlieren, auf die uns der Symbolische Interaktionismus verweist. Nicht alle Lebensäußerungen der Subjekte sind in das enge Korsett von Normen und Rollenvorschriften eingezwängt. Hinter den strukturell-konfliktorisch wie funktional-konsensual vorgegebenen Mustern regelmäßigen Verhaltens müssen wir das Ungeplante und Persönliche in Rechnung stellen, also ein Gespür für die Differenz zwischen der „Vorderbühne" und der „Hinterbühne" bewahren, auf der Gruppen von Beschäftigten interagieren. Nicht jedes soziale Handeln, selbst wenn es dauerhaft beobachtbar ist, hinterlässt Spuren in der Struktur der Positionsgliederungen oder der Regeln, die das Verhalten normieren. Und nicht jedes Strukturelement übt einen zwingenden Einfluss auf das Handeln aus. So anstrengend die Uneinheitlichkeit soziologischer Theorien und Begriffe für den Studienanfänger auch sein mag, hat sie doch auch ihr Gutes: Sie mahnt uns, Gesellschaft als eine verwickelte Sache aufzufassen, der wir in allen ihren Facetten nicht im Rückzug auf eine ein für allemal richtige „Großtheorie" auf die Spur kommen können und schon gar nicht im Vertrauen auf die Spruchweisheiten alltäglicher Redensarten.

Eingedenk der Notwendigkeit, Struktur und Handeln in ihrer wechselseitigen Verknüpfung zusammenzudenken, ist es doch sinnvoll, diese beiden Bezugspunkte des Gegenstandsfeldes der Soziologie im Licht wesentlicher soziologischer Grundbegriffe auch im einzelnen zu betrachten. Dabei können uns die erkenntnisleitenden Fragen helfen, die der amerikanische Soziologe C. Wright Mills den „klassischen Gesellschaftsanalytikern" in der Geschichte der Soziologie entlehnt hat:

Text 2:
Grundfragen der klassischen Soziologie nach C. Wright Mills

Welches immer die spezifischen Probleme der klassischen Gesellschaftsanalytiker waren, wie begrenzt oder wie breit der Ausschnitt der gesellschaftlichen Wirklichkeit war, den sie untersuchten: stets haben sie, da sie sich der Verheißung bewusst waren, der ihre Arbeit galt, drei Fragen gestellt:

1. Welches ist die Struktur dieser besonderen Gesellschaft als eines Ganzen? Welches sind ihre wesentlichen Komponenten und wie sind sie aufeinander bezogen? Wie unterscheidet sie sich von anderen Formen gesellschaftlicher Ordnung? Welcher Sinn kommt ihren einzelnen Teilen für Fortdauer und Wandel zu?

2. Welche Stelle nimmt diese besondere Gesellschaft in der Geschichte ein? Welche Mechanismen verändern sie? Welche Stelle und welchen Sinn hat sie in der Entwicklung der gesamten Menschheit? Wie beeinflussen die einzelnen Teile, die wir untersuchen, die Entwicklung der Geschichte und wie werden sie wiederum von dieser beeinflusst? Welches sind die wesentlichen Sachverhalte dieser Periode? Inwiefern weicht sie von anderen Perioden ab? Was hat sie Eigentümliches zum Prozess der Geschichte beigetragen?

3. Welcherart Männer und Frauen herrschen in dieser Gesellschaft und in dieser Periode vor? Wer wird in Zukunft sich durchsetzen? In welcher Weise werden sie ausgewählt und geformt, befreit und unterdrückt, empfindsam oder abgestumpft? Welcherart „menschliche Natur" offenbart sich in den Verhaltensweisen und Charakteren, die wir in dieser Gesellschaft und in dieser Epoche beobachten? Und welches ist der Sinn der „menschlichen Natur" für die Sachverhalte der Gesellschaft, die wir untersuchen?

Quelle: C. Wright Mills: Kritik der soziologischen Denkweise, Neuwied 1963, S. 43.

Der Gegenstand der Soziologie, so können wir die Überlegungen dieses Kapitels zusammenfassen, hat es im weitesten Sinne mit „sozialen Tatsachen" zu tun, die im Sinn Durkheims als elementare Sachverhalte des Zwischenmenschlichen ein Eigenleben jenseits der Erklärungskraft anderer wissenschaftlicher Disziplinen führen. Die Soziologie ist also nicht die Fortsetzung etwa von Ökonomie oder Psychologie mit anderen Mitteln. Sie hat es vielmehr mit sozialen Gebilden wie mit sozialer Praxis in ihren wechselseitigen Verknüpfungen vor dem Hintergrund geschichtlicher Veränderungen zu tun. Im Lehrbuch von Korte und Schäfers wird dieses Gegenstandsverständnis in der folgenden Definition gebündelt:

„Soziologie ist die Wissenschaft von den Bedingungen und Strukturen des sozialen Handelns, den verschiedenen, sich daraus ergebenden Formen der Vergemeinschaftung und Vergesellschaftung. Zu ihrem Gegenstandsbereich gehören auch die sozialen Prozesse, die sowohl die Kontinuität bestimmter sozialer Strukturen und Figurationen gewährleisten wie ihren Wandel bewirken." (Korte/Schäfers 1995, S. 6)

„Soziales Handeln“ wie „Formen von Vergemeinschaftung und Vergesellschaftung“ werden uns im Kapitel B, „Soziale Prozesse“ mit ihren strukturbildenden Voraussetzungen und Konsequenzen im Kapitel C näher beschäftigen.

Übungsfragen

Was spricht für, was spricht gegen den Versuch, den Gegenstand der Soziologie aus der Perspektive verschiedener soziologischer Theorien zu erfassen?

Was meinen Soziologen, wenn sie sagen, Individuen und Gesellschaft seien wechselseitig aufeinander bezogen?

Warum reichen nach Ansicht von Durkheim biologische und psychologische Ansätze nicht aus, um soziales Handeln zu erklären?

Was meint Durkheim, wenn er sagt, besondere Arten des Handelns, Denkens, Fühlens stünden „außerhalb des Individuellen Bewusstseins“?

Wie hat Emile Durkheim den „soziologischen Tatbestand“ definiert? Bilden Sie dafür zwei Beispiele aus dem alltäglichen Umgang der Menschen miteinander!

Warum verschwindet „sozialer Zwang“ nach Durkheim nicht aus der gesellschaftlichen Wirklichkeit, wenn sich die Individuen ihm willig fügen?

Was haben Sitte, Brauch, Erziehung und Recht mit „soziologischen Tatbeständen“ zu tun?

Nach Durkheim verfügt die „öffentliche Meinung“ über „besondere Strafen“ gegenüber Individuen, die sich sozialen Zwängen zu widersetzen versuchen. Wie könnte man in diesem Zusammenhang „öffentliche Meinung“ definieren und worin könnten ihre „besonderen Strafen“ bestehen? Bilden Sie ein Beispiel!

C. Wright Mills hat erkenntnisleitende Fragen der „klassischen Soziologie“ formuliert. Welche Fragen könnte man ihnen vor dem Hintergrund der Überlegungen von Emile Durkheim hinzufügen?

B. Vergesellschaftungsformen: Soziales Handeln in der Gesellschaft

In diesem Kapitel will ich das Verständnis für die Art und Weise wecken, wie sich soziologische Tatbestände in verschiedenen Formen der Vergesellschaftung ausdrücken. Es geht darum, am Beispiel wichtiger Grundbegriffe der Soziologie den inneren Zusammenhang solcher Vorgänge plausibel zu machen. Ausgangspunkt sind Voraussetzungen, Formen und Folgen des *sozialen Handelns.* Max Weber, dem die Soziologie viele wichtige Einsichten verdankt, hat seine „Grundbegriffe der Soziologie“ (vgl. Weber 1922, S. 1ff.) von der Grundlage seines Handlungsbegriffs her entfaltet. Regelmäßige soziale Handlungen verfestigen sich demnach zu „Brauch“ und „Sitte“ und stiften dadurch jene „soziale Ordnung“, die durch Zwangsmaßnahmen des Rechtssystems abgesichert ist. Die Ordnung von Handlungsbeziehungen kann auf „Vergemeinschaftung“ oder „Vergesellschaftung“ beruhen, je nach dem, welchen Organisationsgrad sie historisch erreicht hat. Wenn die Motive der Handelnden mehr und mehr rationalem Kalkül unterworfen sind, als deren Ausdruck die Bildung von „Verbänden“ gelten kann, schiebt sich „Vergesellschaftung“ in den Vordergrund – ein Aspekt, auf den wir im Hauptabschnitt C zurückkommen werden. Über Webers Begriffsverständnis hinaus führt das vergleichsweise moderne soziologische Konzept der *sozialen Rolle,* was bei Weber in vergleichbarer Weise mit der Idee des „Amtes“ im Rahmen seiner Bürokratietheorie gefasst wird. Von dieser Kategorie her öffnet sich der Blick für die das Rollenhandeln beeinflussenden sozialen Strukturen in Gestalt von *Gruppen* und *Institutionen,* wobei wir sehen werden, dass der Begriff der Institution sich auf recht vielgestaltige Sachverhalte bezieht. Das Kapitel schließt mit einer kursorischen Behandlung von Begriff und Problemen der *Sozialisation* ab. In dieser Kategorie, die im weitesten Sinne nichts anderes als Vergesellschaftung meint, sind die vorhergehenden Sachverhalte im Sinn sozialer Prozesse zusammengezogen.

1. Soziales Handeln als Grundlage der Vergesellschaftung

Beginnen wir unsere Überlegungen wieder mit einem *Beispiel.* Im Pausenraum eines kommunalen Verkehrsunternehmens treffen wir eine Reihe von Busfahrerinnen und Busfahrern an. Einige haben ihren täglichen Dienst noch vor sich, andere ruhen sich nach getaner Arbeit ein wenig aus, bevor sie mit dem eigenen Wagen „vom Hof“ fahren, wieder andere verweilen länger auf dem Betriebshof, weil es sich für sie nicht lohnt, zwischen zwei Abschnitten eines „geteilten Dienstes“ den Heimweg anzutreten. Es herrscht ein Kommen und Gehen. In der

Raucherzone wird Karten gespielt, an manchen Tischen vertiefen sich einzelne in die Tageszeitung, andere, die sich wegen eines identischen Schichtrhythmus schon länger gut kennen, unterhalten sich miteinander. Es herrscht ein rauer, aber kollegialer Ton vor. Gelegentlich eilen Sachbearbeiter des für die Arbeitseinteilung zuständigen Innendienstes, mit Schriftstücken bewaffnet, durch den Raum, manchmal freundlich begrüßt, dann wieder mit abfälligen Bemerkungen von Fahrerinnen und Fahrern begleitet („Hey, Herbert, hast wieder ordentlich viel Stress am Schreibtisch, nicht?“). Die Fahrerinnen und Fahrer tun auf ihre Weise das, was unsere Professorenrunde an anderer Stelle auch umtrieb: Sie tauschen Eindrücke ihres Arbeitsalltags aus. Busfahren im Großstadtverkehr ist eine anstrengende Sache. „Heute habe ich teilweise wieder geschuftet wie ein Tier“, sagt ein älterer Fahrer und fügt unter dem zustimmenden Murmeln seiner Kollegen hinzu: „Das beschissene Wetter, diese ewigen Umleitungen, und dann hatte ich auch noch einen Defekt in der Bremsanlage.“ Eine Kollegin stimmt zu: „Manchmal finde ich das regelrecht unmenschlich, was hier von uns verlangt wird. Die Ruhezeiten an der Wendestelle werden immer kürzer, keine Sau kann den Fahrplan einhalten.“ Ein junger Mitarbeiter, der froh ist, erst kürzlich wenigstens den Einstieg in die Firma durch eine Halbtagsstelle geschafft zu haben, lässt sich von der allgemeinen Stimmung mitreißen: „Gut und schön, es redet mir keiner bei der Arbeit herein, auf dem Bock bin ich mein eigener Herr, aber früher, als Kfz-Mechaniker, konnte ich mir die Arbeit schon ein bisschen selbst einteilen. Jetzt fahre ich immer nur meine Runden. Manchmal komme ich mir dabei vor wie ein dressierter Affe.“ Ganz so schlimm, wiegeln andere ab, sei es ja nun auch wieder nicht. Immerhin sitze man ja warm und trocken, die sozialen Leistungen der Firma hielten jeden Vergleich mit den „privaten Buden“ aus und im übrigen gelte: „Arbeiten musst Du überall!“ Der Spaßmacher in der Runde wirft ein: „Bis auf Herbert, der rennt hier immer nur mit Papier in der Gegend herum.“ Er hat die Lacher auf seiner Seite. Zwischenzeitlich hat der junge Kollege Luft geholt und legt nach: „Ohne Sinn und Verstand ist die Arbeit hier, ohne Sinn und Verstand.“ Irgendwie hat sich an unserem Tisch eine knisternde Stimmung aufgebaut. Da ist es gut, wenn einer ein Stichwort in die Debatte wirft, bei dem man wieder zusammenrücken kann: „Ich finde, das Fahren an sich ist ja gar nicht schlecht, wenn nur die Fahrgäste nicht wären.“ Einer erzählt, wie ihn kürzlich ein Fahrgast angeschnauzt hat, weil er sich weigerte, einen größeren Schein zu wechseln („Der kommt da mit einem Hundertmarkschein in den Bus, das muss man sich mal vorstellen!“). Der nächste greift das Stichwort mit der Zustimmung provozierenden Frage auf: „Und dann hat er bestimmt angekündigt, dass er sich bei Firma über Dich beschweren will?“ „Natürlich! Nur, weil ich mich geweigert habe, den Schein zu wechseln. Wahrscheinlich muss ich nächste Woche beim Gruppenleiter antanzen, und der zeigt mir dann wieder die Arschkarte.“ Zu diesem Thema kann jeder etwas beitragen. Man überbietet sich mit negativen Beispielen von Fahrgastkontakten aus der letzten Zeit. Redensarten sind Trumpf. „Wie es in den Wald hineinruft, so schallt es heraus“ meint in den Worten einer Fahrerin: Ich verhalte mich den Fahrgästen gegenüber so, wie ich von denen angesprochen werde. „Genau“, wird ihr beigepflichtet, „wir sind ja keine Sozialarbeiter, und unter diesen Verhältnissen, bei dem Stress und der miesen Bezahlung, kann von mir keiner verlangen, dass ich von morgens bis abends den Strahlemann mache.“ Je länger sie sich mit dem Thema beschäftigen, um so mehr erinnern sich die Angehörigen dieser lebhaften Runde aber auch daran, dass es recht verschiedene „Sorten“ von Fahrgästen gibt („Die Menschen sind ja verschieden, da ist ja nicht einer wie der andere“). Da sind welche, vorwiegend ältere „Stammgäste“, die sind noch so „vom alten Schlage“, die haben schon als Kinder gelernt, dass man nicht in den Wagen spuckt, die Füße nicht auf den Sitz legt, abgezähltes Fahrgeld bereit hält. Alle sind sich einig, dass das die angenehmsten Wegbegleiter ihres Arbeitstages sind. „Ja“, fügt einer hinzu, „da ist auch noch eine andere Sorte, mit der ich ganz gut zurecht komme. Die streben möglichst einen Platz im hinteren Teil des Wagens an, wo sie keiner stört. Die lesen ja ihre Zeitung, die wollen einfach unbelästigt von A nach B fahren. Das sind wahrscheinlich meistens Geschäftsleute.“ „Aber wehe“, gießt ein anderer Wasser in diesen Wein, „Du bist mal unpünktlich und der kriegt seinen Anschluss nicht, dann wird der aber auch rasch unangenehm.“ Besonders ungemütlich wird es aus der Sicht der Fahrerinnen und Fahrer, wenn sie es mit leicht erregbaren Zeitgenossen zu tun bekommen. „Da gibt es welche, denen sehe ich schon an, wenn sie an der Haltestelle stehen, dass sie einen Fußabtreter für ihren Frust brauchen. Die laden dann ihren Ärger auf uns ab. Die suchen nur nach einer Gelegenheit, sich aufzuregen. Unmöglich finde ich das!“ Gegenüber diesen „Hektikern“ ist kaum ein Kraut gewachsen. „Seien wir mal ehrlich“, gibt der ältere Kollege dem Gespräch zum Schluss noch einmal eine versöhnlichere Note, „da sind auch welche darunter, die man ausgesprochen gern um sich hat. Bei mir auf der Linie 26 fährt immer so ein Pfarrer mit, der lächelt so freundlich. Als wenn ich eins von seinen Schäfchen wäre. Neulich hat er mir doch glatt ein Trinkgeld angeboten. Das habe ich überhaupt noch nie erlebt!“ Langsam hat sich das Thema erschöpft. Einer gibt dem Gespräch eine neue Wende, indem er die Erfolglosigkeit des Trainers des örtlichen Fußballvereins ins Visier nimmt. Das nimmt die Fahrerin zum Anlass, sich freundlich zu verabschieden.

Natürlich waren wir Zeuge einer fiktiven Begegnung. Es kommt der Realität aber doch recht nahe, wie ich aus vielen Gesprächen mit Busfahrerinnen und

Busfahrern im Rahmen industriesoziologischer Studien weiß (vgl. Prott 2001). Einige Zitate habe ich wörtlich aus Interviewprotokollen übernehmen können. Auf drei Aspekte der Gesprächsepisode möchte ich unsere Aufmerksamkeit lenken. Da werden zum einen kräftige Vergleiche zwischen Menschen und Tieren herangezogen, um den mühseligen wie gleichförmigen Charakter der Busfahrertätigkeit zu charakterisieren: Man müsse bisweilen „schuften wie ein Tier“ und komme sich dabei vor wie ein „dressierter Affe“, sagen die Fahrer. In der Arbeitstätigkeit als einer besonders wichtigen Form sozialen Handelns steckt offenbar nach Ansicht vieler auch Unmenschliches. Es lohnt sich schon deshalb, den folgenden Überlegungen über Begriff und Probleme sozialen Handelns einen Abschnitt über anthropologische Grundlagen vorauszuschikken. Zum zweiten ist von „Verhalten“ und „Verhältnissen“ die Rede. Alle Gesprächsteilnehmer wussten sicher, was damit gemeint war, aber es ist dennoch wichtig, den Zusammenhang begrifflich zu präzisieren. Schließlich unterscheiden die Fahrerinnen und Fahrer zwischen verschiedenen „Sorten“ von Fahrgästen, die ihnen den beruflichen Alltag leicht oder schwer machen können. Das führt uns zur Erklärung der methodischen Sinnhaftigkeit der Bildung von „Idealtypen“ am Beispiel von Differenzierungen des sozialen Handelns. Zunächst aber fasse ich wichtige Resultate der folgenden Überlegungen zum Zweck einer ersten Orientierung des Lesers in gedrängter Form zusammen.

Nicht zuletzt durch ihre Fähigkeit zu planvollem *sozialen Handeln* unterscheiden sich Menschen von Tieren. Als instinktreduzierte Wesen sind wir aber darauf angewiesen, das gesellschaftliche Miteinander in einer Art „zweiter Geburt“ zu erlernen. Wir sind verhaltensfähig, wenn wir auf unterschiedliche soziale Reize in situationsangemessener Weise reagieren können. Aber wir reagieren nicht nur, sondern wir agieren auch, das heißt, wir verbinden mit unserem auf konkrete Andere und die Gesellschaft bezogenen Tun auch Absichten, die uns mehr oder weniger stark bewusst sind. Max Weber (vgl. Text 3) hat den gemeinten Sinn des Handelns zum Ausgangspunkt seines Begriffsverständnisses gemacht. Ähnlich wie bei seiner Entfaltung des Herrschaftsbegriffs konstruiert er auch im Hinblick auf das soziale Handeln „Idealtypen“ (vgl. Text 4), die es uns erlauben, eine gewisse Ordnung in das beobachtbare soziale Handeln zu bringen. Weber unterscheidet traditionales, wertrationales, affektuelles und zweckrationales Handeln, und er schätzt zugleich die Bedeutung dieser Handlungsformen für die gesellschaftliche Entwicklung ab, was ein gutes Beispiel für die Verknüpfung von Struktursoziologie und Handlungstheorie ist.

a) Anthropologische Grundlagen

Anthropologen beschäftigen sich mit Eigenschaften der spezifischen Gattung Mensch im Unterschied zu den Tieren. Wir tun gut daran, uns einige ihrer wichtigsten Erkenntnisse zu vergegenwärtigen, zumal die Popularität der Tier-„Gesellschaften" analysierenden Verhaltensforschung (z.B. die Graugänse von Konrad Lorenz), aber auch die Beliebtheit von Vererbungstheorien zur Erklärung von Verhaltensähnlichkeiten unter Familienangehörigen die Frage aufwirft, was Soziologie überhaupt zur Erklärung unseres Handelns und Verhaltens beitragen kann.

Zunächst sind die biologischen Ähnlichkeiten zwischen Mensch und Tier unübersehbar. Beide haben Zellen und einen Organismus, werden gezeugt, geboren, reifen und sterben. Beider Existenz hängt unter anderem von ihrer Fähigkeit ab, sich der jeweiligen Umwelt anzupassen. Bei näherer Betrachtung stechen aber wesentliche Unterschiede ins Auge, die vor allem in vier biologischen Besonderheiten zum Ausdruck kommen:

(1) Der Mensch steht als einziger Vierbeiner (jedenfalls im nüchternen Zustand) immer nur auf zwei Beinen. Seine beiden „Vorderbeine" werden dadurch frei für planvolle Arbeitstätigkeiten.

(2) Im Unterschied zu bestimmten Tierarten haben Menschen Organschwächen. Der Adler sieht zum Beispiel besser als wir, der Gepard läuft schneller, der Grizzlybär verfügt über eine größere Körperkraft. Aber diese Organschwächen kann der Mensch durch sein komplizierteres und höher entwickeltes Gehirn ausgleichen.

(3) In Verbindung mit dem komplexen Gehirnsystem ermöglicht es die eigenartige Struktur von Mund, Kinn, Zunge und Stimmorganen den Menschen, miteinander zu sprechen und sich durch differenzierte Symbole zu verständigen.

(4) Mitteilungen und Symbole machen die Menschen unabhängig von unmittelbaren Erfahrungen. Sie können sich der Gegenwart, der Vergangenheit und der Zukunft bewusst werden. Mit der Erfindung und Vervollkommnung der Schriftlichkeit der Verständigung entwickelt die Menschheit die Fähigkeit, sich kollektiv zu erinnern, kann sich dadurch zum Herrn einer bewusst gestalteten eigenen Geschichte aufschwingen. Demgegenüber haben die symbolischen Verständigungen von Tieren (z.B. der Brunftschrei des Hirsches, das Heulen

des Anführers eines Wolfsrudels, das Wehklagen eines verletzten Jungvogels) immer existentielle und situationsbezogene Bedeutung, verweisen auf Fortpflanzung, Nahrungsaufnahme oder Gefahr. Der Sinngehalt von Kommunikation ist bei den Menschen im Unterschied zu den Tieren beispielsweise nicht an bestimmte Laute gebunden. Das in höchster Erregung ausgestoßene „Ich bringe Dich um!" meint in der Handlungskonsequenz dasselbe wie „Sie sind zum Tode durch den Strang verurteilt und werden morgen früh hingerichtet."

Auch Tiere kennen zum Teil erstaunlich hoch entwickelte Formen von Geselligkeit und gruppenförmigem Verhalten. Man denke etwa an die choreografisch wirkende Bewegung von Fischschwärmen, an den Formationsflug von Zugvögeln, aber auch an streng hierarchisierte „Gesellschaften" von Affen oder an die Hackordnung auf dem Hühnerhof. Was aber vordergründig so viel Ähnlichkeit mit der sozialen Gesellung der Menschen hat und uns wieder und wieder zu Analogien mit den Tieren verleitet, verdeckt bei näherer Betrachtung wichtige Unterschiede der Gattungen auf der Ebene des Sozialen:

(1) Das Tier ist im Unterschied zum Menschen auf einen bestimmten Umweltausschnitt festgelegt (Fische im Wasser, Vögel in der Luft, Eisbären am Nordpol). Während tierisches Verhalten in diesem Sinn „abgeschlossen" ist, kann man menschliches Verhalten als prinzipiell „offen" bestimmen, denn wir können zwischen verschiedenen Ausschnitten der natürlichen Umwelt wählen und uns neue zugänglich machen.

(2) Das Verhalten der Tiere ist im Rahmen ihres jeweiligen Bezugssystems allein durch vererbbare, artspezifische Instinktmuster bestimmt. Der Mensch ist demgegenüber grundsätzlich darauf angewiesen, sich die eigenen Verhaltensmuster selbst zu setzen. Während also das Verhalten des Tieres biologisch determiniert ist, ist menschliches Verhalten biologisch lediglich limitiert. Daraus folgt, dass existentielle Problemlösungen zur Sicherung der menschlichen Gattung nicht instinktgesteuert sind sondern sozial erzeugt werden.

(3) Die Instinktreduzierung des Menschen macht ihn angewiesen auf Gesellschaft. Er ist beispielsweise kein „Nestflüchter", sondern als Heranwachsender viele Jahre lang ein hilfloses Wesen, das die Unterstützung der Älteren benötigt. Im Sozialisationsprozess helfen die Alten den Jungen nicht nur, ihre körperliche Hilflosigkeit auszugleichen und zu überwinden, sondern sie machen sie dadurch zugleich mit den institutionellen Formen des sozialen Lebens frühzeitig vertraut. Die Instinktreduktion erfordert im Sinne Durkheims eine zweite,

die „soziokulturelle Geburt“ des Menschen, damit er Verhaltenssicherheit in wechselnden Lebenssituationen ausbilden kann.

(4) Als ein „Reservoir der Unbestimmtheit“ ist der Mensch aber nicht nur eine Kreatur, er ist im wesentlichsten Unterschied zum Tier kreierend, also kulturschaffend. Der Mensch entwickelt ein Bewusstsein seines Verhaltens. Seine Lernfähigkeit versetzt ihn in die Lage, sein individuelles wie gesellschaftliches Leben absichtlich zu organisieren. Im Unterschied zu den Tieren haben die Menschen eine Geschichte. Schon deshalb müssen wir ihre jeweilige soziale Existenz immer auch aus den historisch geronnenen Organisationsformen ihres Zusammenlebens selbst erklären und nicht allein oder auch nur in erster Linie aus dem Vergleich mit ihrer biologischen Umwelt als der scheinbar konstanten Größe der Natur.

b) Soziales Verhalten und gesellschaftliche Verhältnisse

Im alltäglichen Sprachgebrauch unterscheiden wir häufig nicht zwischen „Handeln“ und „Verhalten“. Beides hat mit sozialer Aktivität zu tun. Wenn wir aktives Tun absichtlich als „Verhalten“ bezeichnen, verweisen wir oft stärker auf Soziales als wenn wir von bloßem „Handeln“ sprechen. Darauf komme ich im nächsten Teilabschnitt noch einmal zurück. An dieser Stelle wollen wir uns den Unterschied und damit die gedankliche Bandbreite solcher soziologischer Basisbezeichnungen an zwei einfachen Beispielen vergegenwärtigen. Jemand nimmt zum erstenmal in seinem Leben an einer Beerdigung teil. Weil er sich in der ihm erfahrungsbedingt unbekannten Situation richtig benehmen will, fragt er typischerweise nicht: „Wie handle ich da eigentlich?“ sondern er kleidet seine Besorgnis in diese Formulierung: „Wie verhalte ich mich da eigentlich?“ Der Unterschied verweist auf den ritualisierten, von anerkannten sozialen Gewohnheiten bestimmten Charakter der Situation. Was die Trauergemeinde, die Leichenbestatter, der Geistliche und andere Beteiligte tun, folgt einem vorgegebenem Schema, das dem würdigen Ereignis angemessen sein soll (Trauerkleidung, ruhige Gebärden, verhaltene Bewegung, ernster Gesichtsausdruck usw.). Der zeremonielle Charakter einer (traditionellen) Beerdigung lässt den Akteuren verhältnismäßig wenig Bewegungsspielräume. Gerade deshalb wählen wir in solchen Zusammenhängen eher den Ausdruck „verhalten“ als den Ausdruck „handeln“. Auf etwas anderes verweist dieser Stoßseufzer: „Angesichts einer immer noch viel zu hohen Arbeitslosigkeit sollte die Bundesregierung nun aber endlich handeln!“ Es machte keinen rechten Sinn, wenn hier verlangt würde, die Regierung solle sich „nun endlich verhalten“ – denn der Stoßseufzer verlangt ja gerade aktives Eingreifen als Fähigkeit gewählter Repräsentanten des Volkes, nicht bloß im Strom der Ereignisse und institutionellen Zwänge mitzuschwimmen, sondern tatkräftig und entschlossen „gegenzusteuern". Das potentielle „Handeln" der Regierung unterstellt halbwegs autonomes Tun, das „Verhalten" im Rahmen der Beerdigungszeremonie geht von geringeren Freiheitsgraden des Handelns aus.

Wenn nun Sozialwissenschaftler ihre Aufmerksamkeit stärker auf das „Verhalten" als auf das „Handeln" richten, heben sie den starken Einfluss von Strukturen, von Zwängen auf unser Tun hervor. In der Sozialwissenschaft hat sich beispielsweise der *Behaviorimus* als Verhaltenslehre im Grenzbereich von (Sozial-)Psychologie und Biologie („Verhaltensforschung") herausgebildet. Vereinfacht ausgedrückt, geht diese theoretische Sichtweise von einem Modell des Austausches von Aktivitäten zwischen zwei Lebewesen aus, die für die Beteiligten mehr oder weniger „lohnend" oder „kostspielig" sind. Das beobachtbare Verhalten lässt sich demnach erklären als Reaktion auf ein variables Ausmaß von Belohnungen oder Bestrafungen. Es kommt zu funktionalen Abhängigkeiten, im Extremfall im Sinn bedingter Reflexe (Tierexperimente von Pawlow). Verhaltensweisen folgen einer Art Reiz-Reaktions-Schema („stimulus-response-Theorie") entlang einer Skala bestimmter Belohnungen oder Bestrafungen für übermittelte Reize. Die Wahrscheinlichkeit einer Wiederholung eines bestimmten Verhaltens wird um so größer, je häufiger es in der Vergangenheit in bestimmten Reizsituationen Belohnungen nach sich gezogen hat.

In den vierziger Jahren des zwanzigsten Jahrhunderts haben Soziologen und Psychologen beispielsweise versucht, mit Hilfe dieses verhaltenstheoretischen Ansatzes die Wirksamkeit der nationalsozialistischen Propaganda und darüber hinaus der modernen Massenmedien überhaupt zu erklären. Ihre Annahme lautete: Wenn charismatische Kommunikatoren (oder angesehene Publikationsorgane) eine identische Phrase unablässig wiederholen, können sie auf lange Sicht ein bestimmtes kollektives Verhaltensmuster erzeugen und stabilisieren. Im Verlauf vertiefender empirischer Massenkommunikationsforschung in den USA stellte sich jedoch heraus, dass die Zusammenhänge verwickelter sind als den Behavioristen lieb war. Es zeigte sich nämlich, dass es Kandidaten für das Präsidentenamt der Vereinigten Staaten nicht gelang, die Mehrheit der Stimmen auf sich zu vereinen, obwohl sie die mächtigsten Zeitungen und Fernsehstationen auf ihrer Seite wussten. Sie hatten den Einfluss der „Meinungsführer" (opinion leader) in Kleingruppen-Kommunikationen unterschätzt. Diese schoben sich als in ihren Kreisen hoch geachtete Zeitgenossen wie eine Art Filter zwischen die Botschaften der Massenmedien und deren Aufnahme im Wählerpublikum. Falls viele von ihnen sich der „veröffentlichen Meinung" in den

Weg stellen, fällt diese mit der „öffentlichen Meinung“ nicht zusammen. Eine Art „doppeltes Meinungsklima“ verhindert das Reiz-Reaktions-Muster. Wir können daraus den Schluss ziehen, dass soziales Verhalten nicht ein für allemal durch Modelle des Abwägens von Belohnungen und Bestrafungen gegenüber isolierbaren Stimuli erklärbar wird, sondern dazu die komplexen gesellschaftlichen Zusammenhänge aufgehellt werden müssen, die in zum Teil gegenläufiger Weise Verhaltensimpulse vermitteln. Mit anderen Worten: Was Menschen in sozialen Zusammenhängen tun oder lassen, ist häufig nicht bloß Reflex auf vorgegebene Bedingungen, es steckt vielmehr immer auch eine Art Eigensinn, ein an Werten, Traditionen, Emotionen oder Zwecken ausgerichtetes Tun dahinter.

Bevor ich diese Überlegungen im Kontext der soziologischen Handlungstheorie von Max Weber weiter verfolge, ist es sinnvoll, einen kurzen Moment beim Zusammenhang von „Verhalten“ und „Verhältnissen“ zu verweilen. In unserem Busfahrer-Beispiel sagt jemand, er verhalte sich gegenüber den Fahrgästen spiegelbildlich so, wie diese sich ihm gegenüber benehmen. Das deutet auf eine abwartende und mit dem Servicegedanken moderner Verkehrsbetriebe nicht unbedingt übereinstimmende Arbeitshaltung hin, die zugleich gerechtfertigt wird mit den teils ungünstig beurteilten betrieblichen Sozial-„Verhältnissen“. Was haben Verhaltensweisen also mit Verhältnissen zu tun? In Anlehnung an Karl Marx, von dem wir soziologische Theorieansätze im Kapitel C näher kennen lernen werden, können wir „gesellschaftliche Verhältnisse“ als „konsolidierte Verhaltensformen“ bezeichnen. Durch eingeübtes, auf Dauer gestelltes soziales Verhalten bringen die Menschen historisch bestimmte, also für eine besondere Epoche der Sozialgeschichte charakteristische Verhältnisse hervor, die ihnen zugleich aber in der geronnenen Form festgelegter Verfahren des Arbeitens und Produzierens, der Erzeugung, Verteilung und Aneignung nicht nur von Waren, sondern auch von daran geknüpften Beziehungen der Über- und Unterordnung, der Ausübung von Macht und Herrschaft gegenübertreten. In den Worten von Marx können wir auch sagen, die gesellschaftlichen Verhältnisse entfalten sich hinter dem Rücken der handelnden Subjekte. In Staat und Politik, in Eigentumsordnung und Rechtssystem, aber auch in der Gestalt von Ideologie und Religion, in Familie, Schule, Bildung und Kultur drücken sich Grundzüge gesellschaftlicher Verhältnisse aus. Ihr gemeinsames, aber auch in sich widersprüchliches Band herauszuarbeiten, macht den Sinn gesamtgesellschaftlicher soziologischer Analyse aus. Während soziale Verhaltensweisen gleichsam den Mikrokosmos der Gesellschaft verkörpern, sind die „konsolidierten Verhaltensformen“ ihr Makrokosmos. So sehr sich die Verhältnisse gegenüber den Verhaltensweisen der Einzelnen verselbstständigen, ihnen in der bürgerlichen Gesellschaft mit ihrer auf Kapitalakkumulation beruhenden Logik nach Marx gar als „Entfremdung“ gegenübertreten, lassen sie sich doch als historisch gewordene Formen auch in eine andere Richtung lenken, was freilich nicht ohne die Veränderung der Verhaltensweisen gelingen kann.

Was bleibt vom Verhaltensbegriff für eine sich kritisch verstehende Soziologie? In dieser Kategorie bleibt das spezifisch Soziale an den menschlichen Lebensäußerungen lebendig. Um ihn von Missverständnissen behavioristischer Blickverengungen zu befreien, tun wir gut daran, den Begriff des sozialen Verhaltens um die Dimension des Sinns, der darin eingeschlossenen Absichten zu erweitern, denn nur dadurch können wir einen wesentlichen Unterschied zwischen instinktiven Reaktionen von Tieren und dem Handeln vernunftbegabter Menschen erkennen. Auf diesem Weg verdanken wir Max Weber auch heute noch gültige Einsichten in den Zusammenhang von Handeln und Verhalten.

c) Soziales Handeln im begrifflichen System Max Webers

Wenn wir aufmerksam die verwirrende Fülle von Verhaltensweisen um uns herum beobachten, registrieren wir nicht bloß bestimmte Reize, denen bestimmte Reaktionen zuzuordnen sind, wir fragen also nicht nur danach, wie sich Menschen in bestimmten Situationen verhalten, sondern uns interessiert auch die Frage, warum sie sich so und nicht anders verhalten. Das führt uns zum Problem von Sinn und Zweck von Verhalten bzw. Handeln. Von der Klärung dieser Begriffe nimmt die Soziologie bei Weber ihren Ausgang. Seiner Meinung nach ist nicht das Individuum als Mensch aus Fleisch und Blut der molekulare Baustein von Gesellschaft, sondern das sind vielmehr die Handlungen der Individuen. Wir haben es hier offenbar mit einem Abstraktionsproblem zu tun, dessen Verständnis ganz unverzichtbar ist für das Begreifen einer ganzen Reihe von modernen soziologischen Theorien (Struktur-Funktionalismus, Systemtheorie).

Unser sozialer Alltag setzt sich aus einer Kette ununterbrochener eigener sozialer Handlungen zusammen. Gleichzeitig beobachten wir mehr oder weniger aufmerksam zahlreiche Handlungen unserer Mitmenschen. Ein Beamter schiebt uns wortlos ein Formular über den Schalter, ein Busfahrer weigert sich, einen Hundertmarkschein zu wechseln, an der Registrierkasse des Supermarktes äußern Kunden in einer langen Schlange ihren Unmut darüber, dass wieder einmal einige Kassen nicht besetzt sind, gegen seine sonstigen Gewohnheiten überrascht uns der Lebenspartner abends mit einem Strauß Blumen. Was ist diesen wahllos herausgegriffenen Beispielen gemeinsam? Wir haben es mit

Handelnden („Akteure“, „Interaktionspartner“) zu tun, die in einer bestimmten *Situation* (raumzeitliche Objektbedingungen) *Handlungen* ausführen, die etwas Bestimmtes bewirken (z.B. neue Handlungen oder aber verarbeitete Eindrücke) und die nicht zuletzt einen unterschiedlichen *Sinn* haben, wodurch sich lebendige Menschen von bloßen Marionetten unterscheiden. In vielen Fällen liegt der Sinn offen zutage (Busfahrerbeispiel), in anderen Fällen erschließt er sich uns erst durch weitere Handlungen (Beamtenbeispiel), in wieder anderen Fällen mag er uns verborgen bleiben (Beruhigt der Lebenspartner sein schlechtes Gewissen oder drückt er zweckfreie Sympathie aus?). In der Handlungssituation können materielle Objekte (Gegenstände, z.B. Werkzeuge, Küchengeräte, Spielzeug) ebenso wie kulturelle Objekte (Werte und Normen, z.B. das richtige Benehmen bei Beerdigungen) und soziale Objekte (unsere Interaktionspartner) eine unterschiedlich große Rolle spielen. Die vereinzelte Arbeit etwa eines Gärtners kann allein auf materielle Objekte (der zu mähende Rasen) gerichtet sein, dahinter verbergen sich in unsichtbarer Weise soziale Normen (der gepflegte Rasen als Ausdruck bürgerlicher Wohlanständigkeit), dem dieses bloß „äußere Tun“ (Weber) verpflichtet bleibt. Das Handeln verdient das Etikett sozial vor allem dann, wenn es auf andere Menschen direkt und unmittelbar (der die Kassiererin beschimpfende Kunde) oder indirekt und mittelbar (der den Geschäftsführer herbeizitierende Kunde) gerichtet ist. Im Licht dieser Vorüberlegungen wird verständlich, warum Max Weber soziales Handeln als wichtigen Spezialfall unseres Handelns im Kontext einer Gegenstandsbestimmung der Soziologie definiert:

„Soziologie (im hier verstandenen Sinn dieses sehr vieldeutig gebrauchten Wortes) soll heißen: eine Wissenschaft, welche soziales Handeln deutend verstehen und dadurch in seinem Ablauf und seinen Wirkungen ursächlich erklären will. „Handeln“ soll dabei ein menschliches Verhalten (einerlei ob äußeres oder innerliches Tun, Unterlassen oder Dulden) heißen, wenn und insofern als der oder die Handelnden mit ihm einen subjektiven Sinn verbinden. „Soziales“ Handeln aber soll ein solches Handeln heißen, welches seinem von dem oder den Handelnden gemeinten Sinn nach auf das Verhalten anderer bezogen wird und daran in seinem Ablauf orientiert ist.“ (Weber 1922, S. 5)

Aus dieser Definition folgt, dass nicht jedes Handeln das Attribut sozial verdient. Das „äußere“ Handeln ist lediglich objektorientiert, das „innere“ Handeln ist dann nicht sozial, wenn es sich etwa im Gebet zu einem überirdischen Wesen erschöpft. Nur sinnhaft am Verhalten anderer orientiertes Handeln verdient nach Weber die Bezeichnung sozial. Zwei zusammenprallende Radfahrer sind ein bloßes „Ereignis“; doch ihr Versuch, einander auszuweichen oder die

Schimpferei nach dem Zusammenprall drücken soziales Handeln aus. Unverträglich mit der Definition Webers ist auch jenes alltagssprachliche Verständnis, das sozial mit Mildtätigkeit oder Wohltätigkeit gleichsetzt. Da kommt beispielsweise ein Sozialhilfeempfänger zum Sozialamt, um eine Hilfe für besondere Lebenslagen zu beantragen, etwa einen Zuschuss für winterfeste Kleidung. Die Entscheidung darüber ist ein ganzes Stückweit in das Ermessen des Sachbearbeiters gestellt. Wenn er sich dem Antragsteller gegenüber als großzügig erweist, bezeichnen wir sein Verhalten gern als im engeren Sinne „sozial". Im Sinne Max Webers ist sein Handeln aber ebenfalls sozial, wenn er die Bitte abschlägt, denn auch dadurch bezieht er sich ja auf das Verhalten des Anderen. In diesem Sinne ist ein erfolgreicher Soziologiestudent an der Hamburger Universität für Wirtschaft und Politik ein „Sozialwirt", weil ihm – ähnlich dem „Volkswirt" oder „Betriebswirt" – solide fachliche Kompetenzen bescheinigt werden. Ein „Sozialwirt" im engeren Sinne wäre dann vielleicht ein mildtätiger Gastwirt, der an Bedürftige das Bier billiger ausschenkt.

Soziologen wollen nach Weber das soziale Handeln „deutend verstehen". Das verweist auf die methodische Vorgehensweise bei der Analyse des sozialen Handelns. Ein Beispiel dafür ist die Konstruktion von „Idealtypen" sozialen Handelns durch den Autor.

Text 3:
Idealtypen sozialen Handelns bei Max Weber

Wie jedes Handeln, kann auch das soziale Handeln bestimmt sein 1. zweckrational durch Erwartung des Verhaltens von Gegenständen der Außenwelt und von andren Menschen und unter Benutzung dieser Erwartungen als „Bedingungen" oder als Mittel für „rational", als Erfolg, erstrebte und abgewogne eigene Zwekke. - 2. wertrational durch bewußten Glauben an den - ethischen, ästhetischen, religiösen oder wie immer sonst zu deutenden - unbedingten Eigenwert eines bestimmten Sichverhaltens rein als solchen und unabhängig vom Erfolg, -3. affektuell, insbesondere emotional: durch aktuelle Affekte und Gefühlslagen, - 4. traditional: durch eingelebte Gewohnheit.

1. Das streng traditionale Verhalten steht - ganz ebenso wie die rein reaktive Nachahmung (s. vorigen Paragraphen) - ganz und gar an der Grenze und oft jenseits dessen, was man ein „sinnhaft" orientiertes Handeln überhaupt nennen kann. Denn es ist sehr oft nur ein dumpfes, in der Richtung der einmal eingelebten Einstellung ablaufendes Reagieren auf gewohnte Reize. Die Masse alles eingelebten Alltagshandelns nähert sich diesem Typ, der nicht nur als Grenzfall in die Systematik gehört, sondern auch deshalb, weil (wovon später) die Bindung an das Gewohnte in verschiedenem Grade und Sinne bewußt aufrecht erhalten werden kann: in diesem Fall nähert sich dieser Typus dem von Nr. 2.

2. Das streng affektuelle Sichverhalten steht ebenso an der Grenze und oft jenseits dessen, was bewußt „sinnhaft" orientiert ist; es kann hemmungsloses Reagieren auf einen außeralltäglichen Reiz sein. Eine Sublimierung ist es, wenn das affektual bedingte Handeln als bewußte Entladung der Gefühlslage auftritt: es befindet sich dann meist (nicht immer) schon auf dem Wege zur „Wertrationalisierung" oder zum Zweckhandeln oder zu beiden.

3. Affektuelle und wertrationale Orientierung des Handelns unterscheiden sich durch die bewußte Herausarbeitung der letzten Richtpunkte des Handelns und konsequente planvolle Orientierung daran bei dem letzteren. Sonst haben sie gemeinsam: daß für sie der Sinn des Handelns nicht in dem jenseits seiner liegenden Erfolg, sondern in dem bestimmt gearteten Handeln als solchen liegt. Affektuell handelt, wer sein Bedürfnis nach aktueller Rache, aktuellem Genuß, aktueller Hingabe, aktueller kontemplativer Seligkeit oder nach Abreaktion aktueller Affekte (gleichviel wie massiver oder wie sublimer Art) befriedigt.

Rein wertrational handelt, wer ohne Rücksicht auf die vorauszusehenden Folgen handelt im Dienst seiner Überzeugung von dem, was Pflicht, Würde, Schönheit, religiöse Weisung, Pietät, oder die Wichtigkeit seiner „Sache" gleichviel welcher Art ihm zu gebieten scheinen. Stets ist (im Sinn unserer Terminologie) wertrationales Handeln ein Handeln nach „Geboten" oder gemäß „Forderungen", die der Handelnde an sich gestellt glaubt. Nur soweit menschliches Handeln sich an solchen Forderungen orientiert - was stets nur in einem sehr verschieden großen, meist ziemlich bescheidenen, Bruchteil der Fall ist - wollen wir von Wertrationalität reden. Wie sich zeigen wird, kommt ihr Bedeutung genug zu, obwohl hier im übrigen nicht eine irgendwie erschöpfende Klassifikation der Typen des Handelns zu geben versucht wird.

4. Zweckrational handelt, wer sein Handeln nach Zweck, Mittel und Nebenfolgen orientiert und dabei sowohl die Mittel gegen die Zwecke, wie die Zwecke gegen die Nebenfolgen, wie endlich auch die verschiedenen möglichen Zwecke gegeneinander rational abwägt: also jedenfalls weder affektuell (und insbesondere nicht emotional) noch traditional handelt. Die Entscheidung zwischen konkurrierenden und kollidierenden Zwecken und Folgen kann dabei ihrerseits wertrational orientiert sein: dann ist das Handeln nur in seinen Mitteln zweckrational. Oder es kann der Handelnde die konkurrierenden und kollidierenden Zwecke ohne wertrationale Orientierung an „Geboten" und „Forderungen" einfach als gegebene subjektive Bedürfnisregungen in eine Skala ihrer von ihm bewußt abgewogenen Dringlichkeit bringen und darnach sein Handeln so orientieren, daß sie in dieser Reihenfolge nach Möglichkeit befriedigt werden (Prinzip des „Grenznutzens"). Die wertrationale Orientierung des Handelns kann also zur zweckrationalen in verschiedenartigen Beziehungen stehen. Vom Standpunkt der Zweckrationalität aus aber ist Wertrationalität immer, und zwar je mehr sie den Wert, an dem das Handeln orientiert wird, zum absoluten Wert steigert, desto mehr: irrational, weil sie ja um so weniger auf die Folgen des Handelns reflektiert, je unbedingter allein dessen Eigenwert (reine Gesinnung, Schönheit, absolute Güte, absolute Pflichtmäßigkeit) für sie in Betracht kommt. Absolute Zweckrationalität des Handelns ist aber auch nur ein im wesentlichen konstruktiver Grenzfall.

5. Sehr selten ist Handeln, insbesondere soziales Handeln, nur in der einen oder der andren Art orientiert. Ebenso sind diese Arten der Orientierung natürlich in gar keiner Weise erschöpfende Klassifikationen der Arten der Orientierung des Handelns, sondern für soziologische Zwecke geschaffene begrifflich reine Typen, denen sich das reale Handeln mehr oder minder annähert oder aus denen es - noch häufiger - gemischt ist. Ihre Zweckmäßigkeit für uns kann nur der Erfolg ergeben.

Quelle: Max Weber: Wirtschaft und Gesellschaft, Tübingen 1922, Seite 12f.

Veranschaulichen wir uns die „Idealtypen" von Weber durch eine Reihe von Beispielen, bei denen wir uns auch an das Pausengespräch unserer Busfahrerinnen und Busfahrer zurückerinnern.

Von herausragender Bedeutung für das Verständnis der gesellschaftlichen Entwicklung zu Beginn des zwanzigsten Jahrhunderts ist für Max Weber der Typus des *zweckrationalen Handelns.* In Gestalt des kapitalistischen Unternehmers, der als „homo oeconomicus" verfügbare Mittel (personelle und materielle Ressourcen) im Hinblick auf reiflich erwogene Zwecke (z.B. Gewinnmaximierung) kombiniert und dabei das Spektrum von Handlungsbedingungen ebenso abwägt wie Zielalternativen, begegnet uns personifizierte Zweckrationalität. Mit dem Siegszug der „methodischen Lebensführung" in vielen Bereichen der modernen Gesellschaft wird gleichsam der verhaltensprägende Einfluss dieser Sozialfigur lebendig. Jene „Geschäftsleute", die sich nicht vom Blick durch das Fenster vom Studium der Börsenkurse im Nahverkehrsbus ablenken lassen, weil sie gelernt haben, dass Zeit immer auch Geld ist, verkörpern diesen Typ in der Wahrnehmung von Busfahrern. „Die idealtypische Methode, das Verfahren, Handlungsabläufe am reinen Typus zweckrationalen Handelns zu messen, hinge in der Luft, bliebe ohne Bezug zur Wirklichkeit, gäbe es nicht tatsächliche Tendenzen zu zweckrationalem Handeln. Für Weber ist jedoch die neuere abendländische Geschichte ein Prozess, in dem zweckrationale Handlungen und zweckrationale Handlungssysteme immer mehr an Bedeutung und Einfluss gewinnen. Es ist also Webers Theorie über die gesellschaftliche Entwicklung, dass dieser Handlungstypus in der Geschichte der bürgerlichen Gesellschaft (seit der industriellen und/oder der französischen Revolution) in der Wirklichkeit immer mehr zugenommen hat. Weber spricht von der *okzidentalen Rationalisierung* oder der „Entzauberung" der Welt an sich unberechenbarer Mächte." (AG Soziologie 1999, S. 169)

Für das *wertrationale Handeln* ist charakteristisch, dass es eine Art situationsunabhängigen Eigenwert hat. Es ist insoweit rational, als es bestimmten ethischen, weltanschaulichen oder religiösen Zielen untergeordnet ist. Aus dem

Blickwinkel der Zweckrationalität haftet ihm ein Moment des Irrationalen an, weil es gerade nicht erfolgsorientiert Mittel gegeneinander abwägt, sondern sich gewissermaßen selbst genügt. Der menschenfreundliche Pfarrer, der das Herz eines unserer Busfahrer mit dem arglos angebotenen Trinkgeld zu erfreuen sucht, gehört in diesen Zusammenhang. Der barmherzige Samariter repräsentiert ein besonders sinnfälliges Beispiel für diesen Typ. Max Weber hat in seinen religionssoziologischen Studien gezeigt, wie stark gerade die Calvinisten als Anhänger einer lustfeindlichen und schaffensfreudigen protestantischen Arbeitsethik das Schwungrad der kapitalistischen Akkumulation in Bewegung gesetzt haben. Der wirtschaftliche Erfolg ihres Tuns war ihnen ein (wahrscheinlich willkommener) Nebeneffekt der Gott in ihren Augen wohlgefälligen lebenslangen Bereitschaft zum Konsumverzicht.

Affektuelles Handeln wird durch Emotionen, durch Gefühlslagen des Augenblicks gesteuert. Im Vergleich zu den beiden vorher erläuterten Idealtypen haften ihm starke Momente des Irrationalen an. Norbert Elias hat den Nachweis zu führen versucht, dass es ein vorherrschendes Kennzeichen im Prozess der europäischen Zivilisation ist, diesen Handlungstyp mehr und mehr zugunsten von Selbstbeherrschung („Affektkontrolle“) in die Kulissen moderner „Verflechtungsordnungen“ zurückzudrängen. Höflichkeit und Gewaltfreiheit in Handlungssituationen machen als Ausdruck zivilisierten Verhaltens das Gegenstück des affektuellen Handelns aus, wie es die Busfahrer am Beispiel des unberechenbaren „Hektikers“ angedeutet haben. Von der manchmal engen Zwangsjacke der Zivilisation eingeschnürt, träumen manche von uns von Situationen, in denen sie ihren aufgestauten Affekten freien Lauf lassen können. Wer würde nicht schon mal gern zum unverhofften Lottomilionär werden, um am nächsten Tag die Kündigung eines ungeliebten Arbeitsverhältnisses mit hemmungslosen Beschimpfungen vorgesetzter Despoten zu verbinden?

Das *traditionale Handeln* wurzelt in den überlieferten Sitten und Gebräuchen der Gesellschaft oder bestimmter Schichten in ihr. Sofern es sich dabei beispielsweise um jene umgänglichen „Stammgäste“ älterer Jahrgänge von Verkehrsunternehmen handelt, verkörpern sie zum Teil verblichene Tugenden eingewöhnten Verhaltens, die einem reibungslosen Betriebsablauf aus der Sicht der Fahrerinnen und Fahrer entgegenkommen. Wie an anderer Stelle angedeutet, haben die eingeschliffenen Gewohnheiten traditionellen Handelns viel mit jenem Habitus zu tun, der unser Handeln in alltäglichen Situationen von ausdrücklicher Zweckbestimmung oder Gefühlüberschwang zugunsten einer eher gedankenlosen Routine befreit. Schon mittelalterliche Handwerksgesellen verteidigten die „Macht der Gewohnheit“ gegen manchen „homo oeconomicus“

unter ihren Prinzipalen mit Zähnen und Klauen. Als diese ihnen hier und da die Tradition des „Blauen Montags“ streitig machen wollten, brachen vereinzelt Aufstände los. Auch der rheinische Karneval, der als jahreszeitenbedingte Inszenierung von Frohsinn das öffentliche Leben tagelang zum Erliegen bringen kann, ist ein treffliches Beispiel für die Zählebigkeit des traditionalen Handelns. Die Beispiele ließen sich fortsetzen.

Idealtypen bestehen methodisch gesehen in einer „gedanklichen Steigerung bestimmter Element der Wirklichkeit“. Sie sind also ein besonderer Ausdruck abstrahierenden sozialwissenschaftlichen Denkens, mit deren Hilfe es uns gelingen kann, Wesensmerkmale des empirisch Beobachtbaren analytisch schärfer zu fassen. Weber selbst hat ja darauf hingewiesen, dass die Idealtypen nicht mit der Realität verwechselt werden dürfen und zudem als tatsächliche Phänomene in aller Regel in einer kombinierten Gestalt in Erscheinung treten: Auch die „Stammgäste“ des Nahverkehrsunternehmens verfolgen rationale Zwecke, der „Geschäftsmann“ kann „ausrasten“, wenn ein unverhoffter Stau ihn nicht rechtzeitig ans Ziel bringt. Wir können uns beispielsweise einen Sozialarbeiter vorstellen, der in seinem Arbeitsbereich das Ideal solidarischer Lebensgemeinschaften vorbildhaft auch gegen Widerstände verfolgt (wertrational), ohne sich dabei dem Zwang zahlreicher Familienfeste in den Kreisen seiner Klientel entziehen zu können (traditional). Er hat gelernt, den von ihm verwalteten Etat auf Heller und Pfennig gegenüber seinen Vorgesetzten abzurechnen (zweckrational) und lässt bisweilen seinen Emotionen freien Lauf, wenn er mit Leidenschaft seinen Fußballverein bejubelt (affektuell).

Der folgende Text will noch einmal deutlich machen, was unter methodischen Gesichtspunkten unter einem „Idealtypus“ im Sinne Max Webers zu verstehen ist.

Text 4:
Max Webers Verständnis des „Idealtyps“

Oberste Aufgabe des Idealtypus Im Sinne Webers ist es also, die chaotische Vielfalt individueller Erscheinungen hypothetisch einem „idealen“, d.h. einem gedachten Verlauf zuzurechnen. „Ideal“ sind bei Weber Idealtypen in doppelter Hinsicht: Zum einen sind sie auf rein logisch-gedankliche Perfektion hin angelegt, d.h. sie zeichnen die in sie einströmenden Überlegungen bis zu einem denkmöglichen Extrem nach; zum anderen sind sie bezogen auf „Ideen“, d.h.., es sind „Gedankenbilder“, also Entwürfe auf Gedanken hin. Die Synthese bestimmter Elemente und Momente der beobachtbaren Wirklichkeit orientiert sich an Ideen, die für das Handeln von Menschen und Gruppen als bestimmend interpretiert werden.

Weber lehnt es ab, in den von ihm entwickelten Idealtypen den „eigentlichen Sinn“ der Geschichte, ihr „Wesen“, zu sehen; er warnt vor der Gefahr, Idealtypen zu treibenden, realen Kräften der Geschichte zu hypostasieren. Wenn er von der „gedanklichen Steigerung bestimmter Elemente der Wirklichkeit“ spricht, so meint er damit zum einen, dass Idealtypen aus der historischen Wirklichkeit gewonnen werden müssen, zum anderen, dass ein in sich widerspruchsvoller Kosmos gedachter Zusammenhänge durch Steigerung, bis hin zur „Utopie“, konstruiert wird. Die Tatsache, dass für Idealtypen nie Realität in Anspruch genommen wird, macht sie zu einem formalen Instrument der intersubjektiven diskursiven Erfassung historischer Wirklichkeit, wobei dieses Instrument die Merkmale der logischen Konsistenz und inneren Widerspruchsfreiheit aufweisen muss.

Quelle: Dirk Kaesler: Max Weber. In: Kaesler/Vogt (Hrsg.): Hauptwerke der Soziologie, Stuttgart 2000, S. 459.

Übungsfragen

Was haben die Begriffe „soziales Verhalten“ und „soziales Handeln“ gemeinsam und worin unterscheiden sie sich?

Max Weber hat vier „Idealtypen“ des sozialen Handelns konstruiert. Was versteht er unter „Idealtypen“, definieren sie die vier Idealtypen und veranschaulichen sie diese durch jeweils ein Beispiel!

Ein Unternehmer sagt im Rahmen einer Betriebsversammlung: „Auch im zurückliegenden Jahr habe ich Mitarbeitern, die unverschuldet in Not geraten sind, getreu den Idealen des Firmengründers aus unserem Sonderfonds Unterstützungsleistungen zukommen lassen.“ Welcher Handlungstyp Max Webers mag dem zugrunde liegen? Begründen Sie Ihre Ansicht in der Auseinandersetzung mit allen vier Idealtypen!

Charakterisieren Sie das Handeln eines Unternehmers im Umgang mit seinen Mitarbeiterinnen und Mitarbeitern, der sich situationsbedingt von allen vier Handlungsorientierungen leiten läßt!

Charakterisieren Sie das Handeln eines Familienvaters, der sich gegenüber seinen Kindern zweckrational, wertrational, affektuell und traditional verhält. Wenn er sich dabei in erster Linie von religiösen Überzeugungen leiten läßt, riskiert er dann unter Umständen einen Konflikt mit Maximen der Zweckrationalität? Geben Sie ein Beispiel!

Max Weber hebt ausdrücklich hervor, keine „erschöpfende Klassifikation der Typen des Handelns“ vorgenommen zu haben. Nun haben sich viele Menschen angewöhnt, sich möglichst immer nach der neuesten Mode zu kleiden. Was denken Sie: Ist „modebewußtes Verhalten“ einem der vier Idealtypen zuzuordnen oder handelt es sich dabei um einen von Weber nicht erfaßten Handlungstyp?

2. Die Individuen in der Gesellschaft: Rollenspieler

Ob wir nun sozial handeln oder uns verhalten, immer orientieren wir unsere Lebensäußerungen an unseren Mitmenschen, ob sie nun in der Situation anwesend oder als „Gesellschaft“ dahinter verborgen sein mögen. Wir sind gezwungen, „Rollen“ zu spielen, was in den Augen des liberalen Soziologen Ralf Dahrendorf auf die Gesellschaft als eine „ärgerliche Tatsache“ verweist. Er gehört zu den theoretisch einflussreichsten deutschen Soziologen der Nachkriegszeit, mit dessen Überlegungen zur sozialen Rolle wir uns jetzt ausführlich beschäftigen. Als Rollenspieler ist der Mensch eine Art „homo sociologicus“, wie Dahrendorfs *Beispiel* veranschaulicht:

Text 5:
Grundüberlegungen zum Rollenbegriff

Nehmen wir an, wir seien auf einer Gesellschaft, auf der uns ein bisher unbekannter Herr Dr. Hans Schmidt vorgestellt wird. Wir sind neugierig, mehr über diesen neuen Bekannten zu erfahren. Wer ist Hans Schmidt? Einige Antworten auf diese Fragen können wir unmittelbar sehen: Hans Schmidt ist (1) ein Mann, und zwar (2) ein erwachsener Mann von etwa 35 Jahren.

Er trägt einen Ehering, ist daher (3) verheiratet. Anderes wissen wir aus der Situation der Vorstellung: Hans Schmidt ist (4) Staatsbürger, er ist (5) Deutscher, (6) Bewohner der Mittelstadt X, und er trägt den Doktortitel, ist also (7) Akademiker. Alles weitere aber müssen wir von gemeinsamen Bekannten erfragen, die uns erzählen mögen, daß Herr Schmidt (8) von Beruf Studienrat ist, (9) zwei Kinder hat, also Vater ist, (10) als Protestant in der vorwiegend katholischen Bevölkerung von X einige Schwierigkeiten hat, (11) als Flüchtling nach dem Krieg in die Stadt gekommen ist, wo er sich indes (12) als 3. Vorsitzender der lokalen Organisation der Y-Partei und (13) als Schatzmeister des Fußballklubs der Stadt bald einen guten Namen zu verschaffen wußte. Herr Schmidt, so erfahren wir von seinen Bekannten, ist (14) ein leidenschaftlicher Skatspieler sowie (15) ein ebenso leidenschaftlicher, wenn schon weniger guter Autofahrer. Seine Freunde, Kollegen und Bekannten haben uns noch manches andere über Herrn Schmidt zu erzählen, doch ist unsere Neugier mit diesen Auskünften vorerst befriedigt. Wir haben das Gefühl, daß Herr Schmidt und nunmehr kein Unbekannter mehr ist. Was berechtigt uns zu diesem Gefühl?

Man könnte meinen, daß alles, was wir über Herrn Schmidt in Erfahrung gebracht haben, ihn nicht eigentlich von anderen Menschen unterscheidet. Nicht nur Herr Schmidt ist Deutscher, Vater, Protestant und Studienrat, sondern viele andere mit ihm; und obwohl es zu jedem Zeitpunkt nur einen Schatzmeister des 1.FC X-Stadt geben mag, gab es doch andere vor ihm. Auch dieses Amt ist nicht ein persönliches Merkmal von Herrn Schmidt. Unsere Informationen über Herrn Schmidt beziehen sich nämlich auf gewisse Stellungen, die er innehat, das heißt auf Punkte oder Orte in einem Koordinationssystem sozialer Beziehungen. Denn jede Position impliziert für den Kundigen ein Netz anderer Positionen, die mit dieser verknüpft sind, ein Positionsfeld. Als Vater steht Herr Schmidt in einem Positionsfeld mit Mutter, Sohn und Tochter, als Studienrat ist er auf seine Schüler, deren Eltern, seine Kollegen und die Beamten der Schulverwaltung bezogen; sein Posten als 3. Vorsitzender der Y-Partei verbindet ihn mit Vorstandskollegen, höheren Parteifunktionären, Parteimitgliedern und der wählenden Öffentlichkeit. Manche dieser Positionsfelder überschneiden sich, doch keine zwei decken einander völlig. Für jede der 15 Positionen des Herrn Schmidt, die wir kennen, läßt sich ein eigenes Positionsfeld angeben, das in einem bestimmten Gesellschaftszusammenhang mit diesen Positionen automatisch gegeben ist.

Quelle: Ralf Dahrendorf: Homo Sociologicus – Ein Versuch zur Geschichte, Bedeutung und Kritik der Kategorie der sozialen Rolle. Vierte, erweiterte Auflage, Köln und Opladen 1964, S. 23f.

a) Zum Begriff der sozialen Rolle

In der Antike wurden als Rollen hölzerne, runde Geräte bezeichnet, auf denen beschriftete Pergamentbögen so befestigt wurden, dass man sie herumrollen konnte, ohne dass sie brachen oder zerbröckelten. Im griechischen Theater waren Souffleure mit solchen Rollen ausgerüstet, deren Text sie den Schauspielern vorlasen. Mit der Entstehung der modernen Bühne im 16. Jahrhundert bürgert sich der Begriff Rolle in Analogie zu solchen Papierbündeln mit Sprechtexten als Bezeichnung einer szenischen Person beim Theater ein. Später haben ihn dann auch die Soziologen für sich vereinnahmt, als sie daran gingen, die verschiedenen Aspekte des Sozialen in ein Gerüst von Basisbegriffen zu kleiden. Mittlerweile gehört der Begriff der „sozialen Rolle" längst zu den prominentesten Kategorien soziologischer Handlungstheorien. Wie andere Fachvertreter vor ihm (Marx verwendete den Begriff der „Charaktermaske" stellvertretend für das Rollenkonzept) und nach ihm, konnte auch der amerikanische Soziologe Delbert Barley der Versuchung nicht widerstehen, mit Hilfe des Rollenbegriffs Vergleiche zwischen der Gesellschaft und dem Theater anzustellen:

„Das Wort Rolle erweckt in den meisten die Vorstellung von der vorgeschriebenen Handlungsweise eines Charakters in einem Drama; in der Tat besteht auch eine enge Übereinstimmung zwischen beiden. Shakespeare könnte ein moderner Soziologe gewesen sein, wenn er einen seiner Charaktere feststellen

lässt: „Die ganze Welt ist eine Bühne, und alle Männer und Frauen sind nur Akteure." Genau wie die erfolgreiche Aufführung eines Dramas, die u.a. auf der Zusammenarbeit aller beruht, die Übereinstimmung mit den vorgegebenen Rollen voraussetzt, so verlangt auch eine funktionierende Gesellschaft Übereinstimmung, beide jedoch mit einem gewissen Maß an persönlicher Eigenleistung. Und genau wie in einem Drama das Versagen eines Darstellers oder seine Weigerung, sich an die Rolle zu halten, Verwirrung und Chaos hervorrufen...ergeben sich auch in der Gesellschaft aus Unberechenbarkeit und dem Fehlen der Anpassung an vorgeschriebene Handlungen beträchtliche Spannungen, wenn nicht ein Chaos. Eine andere Ähnlichkeit besteht darin, dass sowohl das Drama wie auch die Gesellschaft weiterbestehen ohne Rücksicht auf das Ausscheiden der einzelnen Individuen, die die vorgegebenen Rollen darstellen." (Barley 1975, S. 46f.)

Als Anhänger einer funktionalistischen Gesellschaftstheorie neigt Barley dazu, den Vergleich zwischen Theater und Gesellschaft zu überzeichnen, wenn er von Verwirrung und Chaos für den Fall spricht, dass die sozialen Akteure ihre Rolle nicht zu spielen bereit sind. Er unterstellt damit der Gesellschaft ein hohes Maß an ordnender Funktionslogik und übersieht dabei, dass Gesellschaften ununterbrochenem Wandel unterliegen, also auf die Erfindung und Aneignung neuer Rollenmuster gerade um ihres dauerhaften Bestandes willen angewiesen bleiben. Gesellschaften werden oft mehr durch (geregelte) Konflikte als durch (trügerische) Harmonie zusammengehalten. Wichtig aber ist sein Hinweis auf ein gewisses Maß an „persönlicher Eigenleistung" sowohl beim Akteur auf der Bühne wie beim gesellschaftlichen Rollenspieler. Solange an diesem wie an jenem „Drama" lebendige Menschen beteiligt sind, hängen sie gerade nicht an den Fäden eines Marionettenspiels. Ihr Rollenhandeln ist mit individuellem Eigensinn, mit situationsbezogenen Interpretationsspielräumen aufgeladen (vgl. die Erläuterungen zum symbolischen Interaktionismus an anderer Stelle), das wir für die weiteren Überlegungen im Hinterkopf behalten sollten. Im Unterschied zum Schauspieler, der sich seine Maske abschminkt, bevor er das Theater verlässt, haften die sozialen Rollen den gesellschaftlichen Akteuren beständig an. Dr. Hans Schmidt ist eben dauerhaft und in verschiedenen sozialen Zusammenhängen Studienrat und nicht nur während seiner täglichen „Aufführungen" im Klassenzimmer. Doch die Sache erweist sich bei näherer Betrachtung empirisch wie theoretisch durchaus als verwickelt. Es soll ja Schauspieler geben, die sich mit ihrem Beruf in so hohem Maße identifizieren, dass sie Privates von öffentlichen Auftritten kaum noch zu unterscheiden verstehen – ganz im Sinn jenes Kalauers, wo der eine Schauspieler zum anderen sagt: „Ich habe Dich gestern in der U-Bahn gesehen" und darauf als Antwort erhält: „Und wie war ich?". Umgekehrt soll es Zeitgenossen geben, zum Beispiel Studienräte, die sich im Kreis ihrer Familie nicht anders verhalten, als stünden sie ihren Schülerinnen und Schülern gegenüber. Soziologen würden sagen, sie verfügten nicht über das gesellschaftlich gebotene Maß an „Rollendistanz" und „persönlicher Identität". So viel zur Empirie. In theoretischer, den Rollenbegriff präzis fassender Weise, hat Delbert Barley im letzten Teil des obigen Zitats auf einen bedeutsamen Sachverhalt aufmerksam gemacht: Die „vorgegebenen Rollen" im Theater wie in der Gesellschaft sind von den sie ausfüllenden Subjekten prinzipiell unabhängig. Sie sind insofern integraler Bestandteil der sozialen Struktur. Schauspieler wie soziale Akteure mögen einer bestimmten Rolle ihren persönlichen Stempel in unverwechselbarer Weise aufdrücken können (man denke etwa an die berühmte Interpretation der „Mephisto"-Rolle durch Gustav Gründgens), aber dadurch „gehört" sie ihnen doch nicht. Über die Definition der Rolle des Schauspielers entscheiden der Autor, der Dramaturg, der Regisseur, die sozialen Rollen werden von der Gesellschaft und ihren bedeutsamen Gruppen festgelegt.

Wenn wir uns vor dem Hintergrund dieser Vorüberlegungen nun daran machen, den soziologischen Begriff der sozialen Rolle genauer zu fassen, stoßen wir zunächst auf den Unterschied von *Positionen* und *Rollen*. Nur wenn wir beides zusammendenken, erkennen wir den inneren Kontext von *Struktur* und *Handeln*. Das Koordinatensystem der vielfältigen sozialen Beziehungen, die das gesellschaftliche Leben ausmachen, setzt sich aus einzelnen Positionen (in der Fachliteratur in missverständlicher Weise auch als „Funktion" oder „Status" bezeichnet) zusammen, die wiederum mit anderen Positionen mehr oder weniger eng verknüpft sind. Positionen bezeichnen also Orte im Feld sozialer Beziehungen. Dr. Hans Schmidt, der Lehrer, den wir im Text 5 kennen gelernt haben, bekleidet in diesem Sinne eine *berufliche Position,* die von anderen beruflichen Positionen innerhalb der Schule als einer sozialen Organisation („Binnenraum der Schule") umgeben ist. Darstellung 3 zeigt dieses *Positionsgeflecht* im Sinn einer sozialen Struktur.

Darstellung 3:
Bezugsgruppen und Bezugspersonen der Position Lehrer im Binnenraum der Schule und im gesellschaftlichen Raum

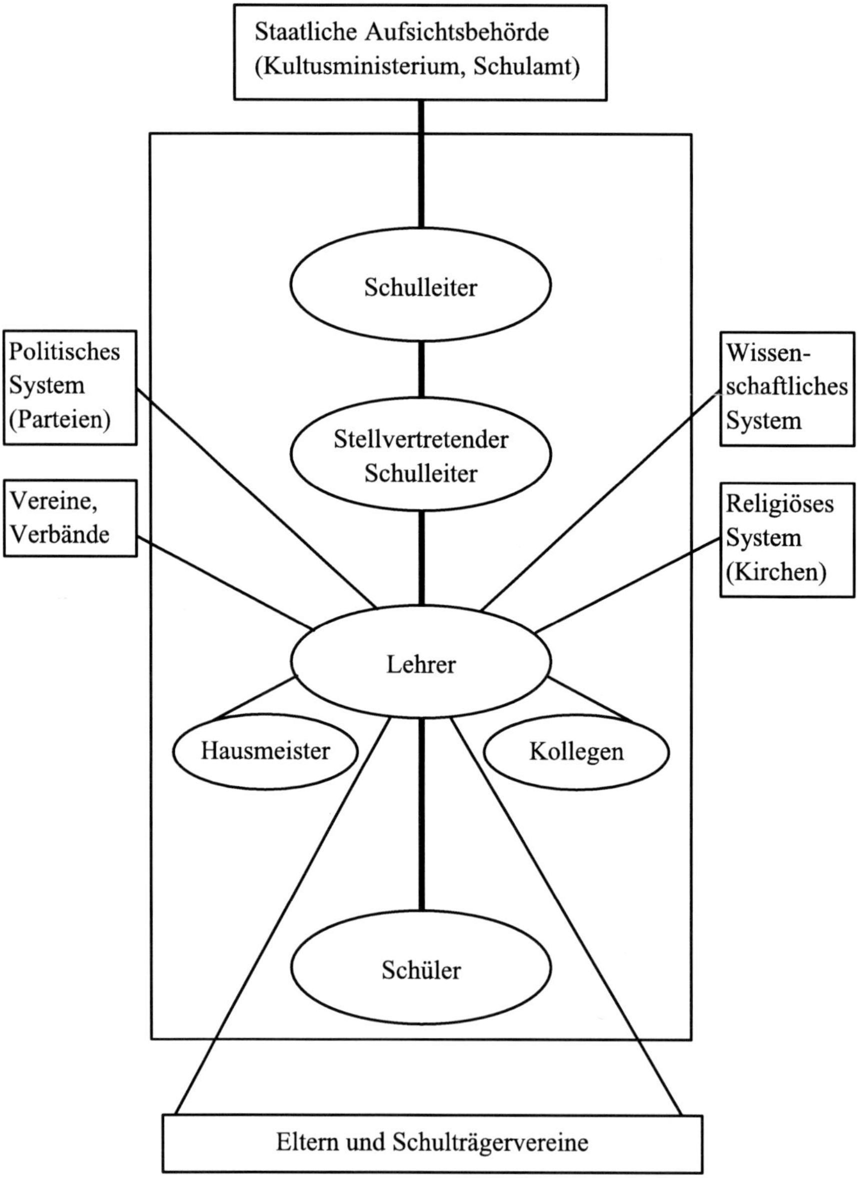

Die soziale Struktur des Binnenraums Schule lässt sich in *vertikalen* und *horizontalen* Dimensionen abbilden, je nach dem, wie weit die sozialen Einflüsse reichen, die an die jeweiligen Positionen geknüpft sind. Der Schulleiter und sein Stellvertreter sind der Position des Lehrers übergeordnet, weil sie mit besonderen Weisungsbefugnisse ausgerüstet sind. Die Position des Lehrers ist jener der Schüler in gleichem Sinn „vorgesetzt", während sich die Kollegen des Lehrers auf der gleichen Ebene bewegen. Schwerer in einem Schaubild vertikaler Differenzierungen ist sicher die Position des Hausmeisters zu verorten, weil die Kompetenzen zwischen dem pädagogischen und dem technischen Personal nicht immer eindeutig abzugrenzen sind. Manche leidgeprüfte Pädagogen haben durchaus Grund zu der Annahme, dass die vermeintlich niedrig platzierten Hausmeister über faktische Machtspielräume verfügen, die ihnen das Leben schwerer machen können, als es ihrem sozialen Rang entspricht. Es ist eine wesentliche Aufgabe der *Organisationssoziologie* sowie der *Betriebssoziologie*, Zusammenhänge zwischen (ideal gedachtem) Organisationsplan und (faktischem) Organisationshandeln kollektiver Akteure aufzuspüren – ein Problem, das uns an dieser Stelle nicht weiter interessieren soll (vgl. Prott 2001).

Der „Binnenraum der Schule" ist eingelagert in einen ihn umgebenden „gesellschaftlichen Raum". Die entsprechenden Pfeile in Darstellung 3 sollen andeuten, dass die soziale Position etwa der Lehrer auch in einem übergreifenden Beziehungsgeflecht verankert ist: Die Inhaber dieser Position haben es mit unterschiedlicher Intensität mit staatlichen Aufsichtsbehörden (im Fall modifizierter Arbeitszeiten oder Lehrpläne), mit dem wirtschaftlichen System (beim Kontakt mit Betrieben in der Organisation von Betriebspraktika für die Schüler), mit Religionsgemeinschaften (in der Abstimmung des Religionsunterrichts etwa mit Repräsentanten christlicher oder nichtchristlicher Kirchen), mit politischen Parteien und Verbänden (im Fall von Wünschen ihrer Repräsentanten nach Einbeziehung in den Unterricht) und nicht zuletzt mit Eltern und Schulträgervereinen (bei der Durchführung gesetzlich geregelter Elternversammlungen) zu tun.

Dr. Hans Schmidt ist aber, wie wir gesehen haben, nicht nur Inhaber einer beruflichen Position. Gleichzeitig ist er auch Ehegatte, Vater, Mann, Staatsbürger, Vereinsmitglied, Angehöriger einer Religionsgemeinschaft und ähnliches mehr. Als *Person* ist er also in recht unterschiedliche *gesellschaftliche Positionsfelder* verwoben. Als „Vater" ist Dr. Hans Schmidt mit dem Positionsfeld Mutter, Sohn, Tochter verknüpft, als „Vereinsmitglied" hat er es mit anderen Vereinsbrüdern (horizontale Ebene) sowie mit Vorstandsangehörigen (vertikale Ebene) zu tun. Die einzelnen Bezüge innerhalb eines Positionsfeldes werden in der Fachliteratur auch als Positionssegmente bezeichnet. Je nachdem, ob wir die Positionsbestimmung von der Struktur (Darstellung 3) oder von der Person her betrachten, öffnet sich unser Blick für differenzierte soziale Bezüge. Dabei wollen wir uns noch einmal in Erinnerung rufen, dass die Positionen grundsätzlich unabhängig von der jeweiligen Person des Positionsinhabers zu denken sind, diese können wechseln, jene haben Bestand.

Gehen wir nun einen Schritt weiter, dann erkennen wir, dass zu jeder Position, die jemand einnimmt, nun bestimmte *Verhaltensweisen* gehören, die „man" vom Positionsinhaber erwartet. Wir können im Sinn Dahrendorfs auch sagen: Während Positionen den statischen, *struktur*bezogenen Aspekt unseres Problems ausmachen, bezeichnen die Verhaltensweisen ihren dynamischen, auf das Rollen*handeln* verweisenden Aspekt. Soziale Rollen sind nun aber nicht die regelmäßig oder doch durchschnittlich auftretenden und beobachtbaren Verhaltens*weisen* von Positionsinhabern, sondern sie sind die gesellschaftlich bestimmten Verhaltens*zumutungen*. In diesem Sinne definiert Ralf Dahrendorf:

„Soziale Rollen sind Bündel von Erwartungen, die sich in einer gegebenen Gesellschaft an das Verhalten der Träger von Positionen knüpfen." (Dahrendorf 1964, S. 26)

Eine soziale Rolle wird also nicht dadurch außer Kraft gesetzt, dass sich ein bestimmter Positionsinhaber nicht rollengerecht verhält. Die Analyse von sozialen Rollen setzt in dem hier diskutierten soziologischen Verständnis bei der Gesellschaft und nicht beim Rollenspieler an. Am Beispiel der Darstellung 3 können wir uns rasch klar machen, dass die verschiedenen *Bezugsgruppen* spezifische und womöglich komplexe Erwartungen an den Positionsinhaber adressieren. Die Elternschaft erwartet beispielsweise vom Klassenlehrer (und zwar unabhängig von der jeweiligen Person), dass er die Schüler in den einzelnen Disziplinen fachlich gut unterrichtet. Sie erwartet darüber hinaus, dass er dabei bereit ist, mit den gewählten Elternvertretern zusammenzuarbeiten, ihren Anregungen und ihrer Kritik aufgeschlossen begegnet. In anderer Hinsicht ist sich die ja zufällig zusammengesetzte Elterngruppe nicht unbedingt einig. Während sich ein Teil Erziehungshilfen durch mehr „Strenge" im Klassenzimmer erhofft, weist ein anderer Teil dieses Lehrerverhalten als unvereinbar mit dem eigenen Erziehungsleitbild womöglich brüsk zurück. Während die einen für eine zügige Vermittlung des Stoffs plädieren, machen sich andere für mehr Verständnis gegenüber leistungsschwächeren Schülern stark. Schon dieses Beispiel zeigt, dass das „Bündel von Erwartungen" in sich widersprüchlich sein kann. Der Lehrer kann es nicht allen recht machen, seine Rolle ist in manchen Handlungsausschnitten womöglich *diffus* konstruiert. Gerade darin verbergen sich aber auch Chancen des Positionsinhabers, sein Rollenhandeln eigensinnig auszugestalten.

Die gebündelten Verhaltenserwartungen als Kern eines soziologischen Verständnisses von Rolle sind nun keineswegs beliebige, eher unernste Wünsche von Bezugsgruppen gegenüber Positionsinhabern. Sie sind stattdessen sanktionsbewehrt, haben im Sinn der sozialen Tatsachen bei Durkheim einen *Zwangscharakter*. Wer sich nicht rollenkonform verhält, wer den *Normen* zuwiderhandelt, die den Erwartungsbündeln zugrunde liegen, muss mit Schwierigkeiten in einem unterschiedlichen Ausmaß rechnen. Das ist der eine Gesichtspunkt der Rollentheorie, mit dem wir uns in dieser Einführung etwas genauer beschäftigen müssen. Er differenziert unser Problem gewissermaßen von der Seite der Gesellschaft her. Der andere Aspekt bezieht sich auf die Frage, ob wir im Licht des Geltungsanspruchs der Rollentheorie das Individuum als zusammengesetztes Mosaik von Verhaltenszumutungen auffassen müssen oder ob die Rollenspieler so etwas wie eine *Identität* behaupten können. Mit dieser Frage beschäftigen wir uns im nächsten Schritt, bevor uns dann *Sanktionen* und *Rollenkonflikte* interessieren.

b) Rolle und Identität

Weil die Gesellschaft mehr ist als die Summe ihrer Individuen, so lautet die *These* am Beginn dieses Abschnitts, ist auch das Individuum mehr als die Summe seiner Rollen. Das wirft die Frage nach dem Zusammenhang von Rolle und Identität auf. Mit Identität bezeichnen wir ganz allgemein den Tatbestand, ein Individuum in verschiedenen Situationen und Entwicklungsphasen als unverwechselbar wahrnehmen zu können. Wenn sich alte Freunde nach langer Zeit wiedersehen, geben sie womöglich ihrer Freude mit dem Satz Ausdruck: „Mensch, Du bist doch immer noch der Alte geblieben!" Sich auch nach Jahren der Abwesenheit noch wiederzuerkennen, ist nicht nur schwierig, weil die Zeit Spuren im äußeren Erscheinungsbild der Menschen hinterlässt, sondern auch, weil sich unsere Meinungen und Einstellungen, unsere Vorlieben und Abneigungen, selbst unsere zählebigen alltäglichen Gewohnheiten ändern mögen. Vor allem Menschen, die in aufgeregten Phasen gesellschaftlicher Veränderungen leben oder deren eigenes Leben zahlreiche überraschende Wendungen nahm, können, selbst wenn sie es angestrengt wollten, nicht immer „die Alten" bleiben. Identität im Sinn eines völligen Gleichseins der Person in verschiedenen Phasen einer Lebensgeschichte kann deshalb als Grenzfall nahezu ausgeschlossen werden. Was also durchaus lobend gemeint ist („Du hast Dich ja gar nicht verändert!“), sofern es sich nicht als Schmeichelei allein auf das äußere Erscheinungsbild einer Person bezieht, kann für die Kommunikationspartner etwas ganz anderes bedeuten: Es weist den Sprecher womöglich als einen ungenauen Beobachter aus, der die Lebensäußerungen seines Gegenüber nur durch das Raster liebgewordener Zuschreibungen wahrnimmt. Er sieht dann nur sein erstarrtes Bild des anderen und nicht diesen „selbst“. Den anderen wiederum kann das vermeintliche Lob ins Grübeln bringen: Habe ich denn gar nichts dazugelernt? Bin ich in meiner Entwicklung nicht „mit der Zeit gegangen“, vielleicht in Dogmatismus verhaftet? Das mag der Liedermacher Wolf Biermann gemeint haben, als er vieldeutig dichtete: „Nur wer sich ändert bleibt sich treu!“ Es kann aber auch sein, dass die sich ihrer Sympathie versichernden alten Bekannten nur einen guten Eindruck hinterlassen wollten, sorgfältig darauf achteten, den an sie gerichteten Erwartungen zu entsprechen. Sie haben also Rollen gespielt, hinter denen sie ihre Persönlichkeit verschanzten.

Es ist nicht leicht, Personen auseinander zu halten und zu unterscheiden, die sich auf das Rollenspiel zurückziehen. Die Vielzahl der Rollen und der damit korrespondierenden Charaktereigenschaften, die ein Individuum im sozialen Raum wegen seiner zahlreichen sozialen Positionen zu spielen hat, können wir als seine *soziale Identität* bezeichnen. Sie drückt für die jeweilige Person die zeitpunktbezogene Komplexität seiner Rollen aus. Die soziale Identität sagt uns also, in wie vielfältiger Weise ein Individuum in das Geflecht sozialer Beziehungsmuster verwoben ist. Dahinter steht die Vorstellung eines „sozialen Selbst“. Wenn sich nun Gesellschaften fortlaufend ausdifferenzieren, also im Zuge forcierter Arbeitsteilung ein immer vielgestaltigeres und unübersichtliches Geflecht von Strukturmustern und damit sozialen Rollen hervorbringen, wird der einsiedlerische Außenseiter zum Extremfall, zur Abweichung von der Norm. Aber auch der „Mann ohne Eigenschaften“ in dem berühmten Roman von Musil, der ohne Ecken und Kanten in quasi „gesichtsloser“ Weise eilfertig bemüht ist, sehr vielen und dazu noch einander wiedersprechenden Rollenzwängen jederzeit gerecht zu werden, bezahlt einen hohen Preis für seine angestrengte Anpassungsleistung: Wir mögen ihn sozial als umtriebigen Menschen ausmachen können, aber wir erkennen hinter den vielen Masken doch die Person nicht. Bedingungsloser Nonkonformismus („Ich tue immer genau das, was von mir gerade nicht erwartet wird“) ist ebenso anstrengend wie die geschmeidige Fähigkeit zur Überanpassung („Ich mache es immer allen Leuten recht“). Beides ist im übrigen in vielen Fällen als lebenslanges Verhaltensproblem auch vergeblich: Dadurch, dass er sich den sozialen Rollen beharrlich zu entziehen bemüht ist, anerkennt der Nonkonformist doch ihre gesellschaftliche Geltungskraft; der vorauseilende Gehorsam mag zwar auf soziale Anerkennung und beruflichen Erfolg zielen, doch im Übermaß geboten, irritiert er die soziale Umgebung eher als dass er die beabsichtigten Belohnungen einstreichen lässt („Bewerber X für unsere Führungsposition können wir nicht brauchen, denn der redet ohne eigenes Profil allen immer nur nach dem Munde").

Im Text 5 haben wir die soziale Identität von Dr. Hans Schmidt als zeitpunktbezogene Komplexität seiner Rollen (oberflächlich) kennen gelernt. Wir ahnen zumindest, wie dieser Mensch über seinen Beruf, seine Mitgliedschaften, seine privaten Neigungen mit der Gesellschaft verklammert ist. Aber diese Informationen werden uns nicht genügen, wenn wir herausfinden wollen, was für ein Mensch der homo sociologicus Dr. Hans Schmidt „eigentlich" ist. Das verweist nicht auf das „soziale Selbst" sondern auf das „Ich" dieser Person. „Verirrte Bergsteiger, die SOS ins Tal funken und auf die Frage nach ihrem Standort „Hier" antworten, haben damit die Stelle, an der sie sich befinden, so wenig identifiziert, wie der Sprecher, der einem Telefonanrufer auf die Frage, wer er sei, lakonisch mit „Ich" antwortet." (Habermas 1981, S. 157) Vielleicht kennt der ungeübte Bergsteiger das Gelände, in dem er sich bewegt, ebenso wenig wie mancher umtriebige Rollenspieler, der die Übersicht über die Beziehungsnetze, mit denen er verflochten ist, längst verloren hat. Der Telefonsprecher verweigert die Auskunft über seine Person, obwohl er sich seiner selbst „lakonisch" vergewissert. Aber auch die Neigung vieler Zeitgenossen, sich am Telefon mit Herr oder Frau „Jabitte" zu erkennen zu geben, genügt rationaler Kommunikation sicher nicht.

Personen lassen sich identifizieren durch Personennamen. Sie sind der erste Wegweiser zur *persönlichen Identität* eines Menschen, die auch als *Ich-Identität* bezeichnet wird. Geburtsdatum, Familienzugehörigkeit, Nationalität, sowie „unverwechselbare Kennzeichen" (z.B. ein Muttermal oder eine Narbe) dienen in diesem Sinn der Polizei oder den Meldebehörden als Indizien für die Unterscheidung verschiedener Personen. In der „Kennkarte" des Personalausweises oder des Reisepasses dokumentiert, haben wir es mit äußeren Anzeichen der Person zu tun. Die persönliche Identität bildet und entfaltet sich in der Lebensgeschichte der Persönlichkeit. Wir verstehen unter persönlicher Identität mit anderen Worten also die Wiedererkennbarkeit des Individuums im biographischen Kontext. Es ist die schwierige Aufgabe des „Ich", seine Einmaligkeit und Eigenständigkeit *im Zeitablauf* zu behaupten, gleichzeitig aber ganz unterschiedlichen sozialen Verhaltenserwartungen *zeitpunktbezogen* gewachsen zu sein. Persönliche Identität basiert psychologisch auf Selbst-Kenntnis. Was es bedeuten kann, das eigene „Ich“ zu verlieren, zeigt das folgende Beispiel eines jungen Bosniers, dessen Persönlichkeit durch den Krieg zerstört wurde:

„Ein US-amerikanischer Revolver steckt in seiner rechten Hosentasche, eine Pistole tschechischer Bauart trägt er am Gürtel. Die beiden Waffen sind seine ständigen Begleiter, genau wie die nervöse Ruhelosigkeit, die er aus dem Krieg mit nach Hause gebracht hat. „Ich wurde zu jemandem, den ich nicht mehr kenne. Oft frage ich mich: Wer ist dieser Kerl?“, sagt Armin Colak. Seine Hände fahren unruhig durch den dichten Haarschopf, der von etlichen grauen Strähnen durchzogen wird. Dabei ist Colak gerade einmal 21 Jahre alt...Vor dem Krieg arbeitete Colak als Discjockey in einem Club, hatte Freude an fetzigen Rhythmen. Heute kann er den Klang von Musik einfach nicht mehr ertragen. Seine Schulbücher – einfach jedes Buch – erfordern inzwischen mehr Konzentration von ihm, als er aufbringen kann. „Mein größter Wunsch wäre es zu verstehen, was in mir vorgeht“, sagt er. „Ich bin mir selbst fremd geworden.“ Seine Hand greift nach den Waffen. „Ohne sie fühle ich mich verloren.““
(Brian Murphy in Frankfurter Rundschau vom 16.2.1996, Seite 4)

Ein Mensch, der sich in tiefer Weise „selbst fremd“ geworden ist, verfügt nicht mehr über die Kontrollinstanz jener Ich-Identität, die ihm als Kompass in sozialen Beziehungsgeflechten dienen kann. Armin Colak hat seine Persönlichkeit in unbegriffener Weise verändert, was unter den Bedingungen des gesellschaftlichen Wandels vordergründig betrachtet ein Zeichen von Ich-Stärke im Sinn des „Aufhebens“ überwundener Identitäten der Vergangenheit ist („Nur wer sich ändert bleibt sich treu“). Aber das geschah in diesem Fall ja nicht als Selbstverwirklichung auf der Grundlage prinzipiell autonomen Handelns, als bewusste Veränderung der eigenen Lebensgeschichte, sondern gerade im Gegenteil als traumatische Verarbeitung eines unbegriffenen Geschehens. Gelingende persönliche Identität ist demgegenüber die subjektive Fähigkeit, trotz womöglich schwer zumutbarer und in sich widersprüchlicher Rollenerwartungen eigene Handlungsspielräume in wechselnden Lebenssituationen aufrecht erhalten zu können.

Persönliche Identität ist also nur denkbar und möglich, wenn die Verhaltenserwartungen kein völlig gleichartiges Verhalten der Rollenspieler hervorbringen können. Das aber setzt eine Gesellschaft voraus, die nicht sämtliche Handlungsbereiche der Menschen eindeutig normiert. Erinnern wir uns in diesem Zusammenhang noch einmal an Hans Schmidt:

„Hans Schmidt als Schuljunge hat eine Mappe, ein glänzendes Morgengesicht und schleicht unwillig zur Schule; als Liebhaber seufzt er und besingt seine Geliebte; als Soldat trägt er einen Bart, flucht, ist streitlustig und unempfindlich in seiner Ehre; als Richter kleidet er sich sorgsam und ist voll weiser Sprüche. „Schuljunge", „Liebhaber", „Soldat", „Richter" und „Greis" sind auf merkwürdige Weise zugleich dieser bestimmte Einzelne Hans Schmidt und etwas von ihm Ablösbares, über das sich ohne Hinblick auf Hans Schmidt sprechen lässt." (Dahrendorf 1964, S. 21)

Mit einem Wort: Das aus der sozialen Identität herrührende tatsächliche Verhalten eines Menschen ist nicht der Extrakt von Rollenvorschriften, denn in einer prinzipiell freien Gesellschaft haben die Inhaber sozialer Positionen unterschiedlich weit reichende Chancen, ihre Rollen auszugestalten, bleibt ihnen ein subjektiver Interpretationsspielraum der Rollen. Ob Hans Schmidt mit seinen Kindern Eisenbahn oder Fußball spielt, ob er sich die Zuneigung seiner Schüler durch Humor oder intellektuelle Kompetenz zu erobern sucht, bleibt ihm nach Dahrendorf selbst überlassen. Aber der Autor fügt angesichts der „ärgerlichen Tatsache" Gesellschaft auch hinzu: „Diese Freiheiten scheinen gering, wenn man sie an dem Zwang sanktionierter Rollenerwartungen misst." (Ebenda, S. 33) Auch der Soziologe Jürgen Habermas sieht die Ich-Identität in einer Gesellschaft nachhaltig bedroht, die Verhaltenszwänge (soziale Rollen) gleichzeitig vervielfältigt und rechtlich und ökonomisch geneigt ist, sie immer enger zu reglementieren. Die von Rollenzwängen im Unterschied zum „System"-Zusammenhang der Gesellschaft (hochgradig von zweckrationalem Handeln durchdrungene Bereiche der Politik, der Ökonomie) grundsätzlich teilweise entlastete „Lebenswelt" (private, alltägliche Bereiche mit Chancen einvernehmlicher Verständigung über Rollen und Rollenhandeln) läuft seiner Meinung nach Gefahr, mehr und mehr vermachtet und verrechtlicht zu werden, was am Ende auf eine Art „Kolonialisierung" des Lebensweltlichen durch das Systemische hinausläuft.

Zum Schluss dieser Überlegungen zum Zusammenhang von sozialer Rolle und Identität greife ich noch einmal auf ein Textbeispiel zurück, das veranschaulicht, welche Irritationen sich im Umgang vertrauter Menschen einstellen können, wenn sich zwischen den Kontakt von „Personen" das „Amt" mit seinen Rollenanforderungen schiebt. In seinem Roman „Das Glasperlenspiel" schildert der Autor Hermann Hesse einen Entfremdungsprozess zwischen zwei Freunden, dem im fiktiven Kastalien kürzlich zum Glasperlenspielmeister („Magister") aufgestiegenen Josef Knecht und seinem ehemaligen Mitstudenten Fritz Tegularius, der unter Knecht als Hilfslehrer („Repetent") tätig ist. Zwischen die beiden Personen schiebt sich das „Amt“, das dem einen (Knecht) im Sinn des kastalischen Normsystems völlige Hingabe, dem anderen (Tegularius) Hochachtung bis hin zur Unterwerfung abverlangt. Während der Magister sich in der Anfangsphase nach der Amtsübernahme völlig auf seine Rolle konzentriert, fällt es dem Repetenten schwer, die veränderte soziale Konstellation zu verstehen und zu akzeptieren:

Text 6:

Soziale Rolle („Amt“) und Person

Während die Repetenten mit teils sympathisierendem, teils kämpferischem Interesse der gewaltigen Arbeit ihres Magisters zusahen und keine Gelegenheit versäumten, ihm improvisierte, kleine Kraft-, Gedulds- und Schlagfertigkeitsproben aufzuerlegen, seine Arbeit bald zu feuern, bald zu hemmen bestrebt, war um Tegularius eine fatale Leere entstanden. Dass Knecht jetzt keine Aufmerksamkeit, keine Zeit, keine Gedanken, keine Teilnahme mehr für ihn übrig haben könnte, begriff er zwar, vermochte aber sich gegen die vollkommene Vergessenheit, in die er für den Freund plötzlich versunken schien, doch nicht hart und gleichgültig genug zu machen, um so weniger, als er nicht nur von einem Tag auf den andern seinen Freund verloren zu haben schien, sondern auch noch von seinen Kameraden einiges Misstrauen erfuhr und kaum angesprochen wurde. Was nicht verwunderlich war, denn wenn Tegularius auch den Ehrgeizigen nicht ernstlich im Wege stehen konnte, so war er doch eben Partei und hatte bei dem jungen Magister einen Stein im Brett. Dies alles konnte Knecht sich wohl denken, und es gehörte mit zu seinen augenblicklichen Aufgaben, mit allem andern Persönlichen und Privaten auch diese Freundschaft für eine Weile auszuschalten. Er tat dies aber, wie er dem Freunde später gestand, nicht eigentlich wissend und willentlich, sondern er hatte den Freund ganz einfach vergessen, er hatte sich so ganz zum Werkzeug gemacht, dass so private Dinge wie Freundschaft ins Unmögliche entschwanden, und wenn irgendwo, wie zum Beispiel in jenem Seminar zu fünfen, Fritzens Gestalt und Gesicht vor ihm erschien, so war es nicht Tegularius, war nicht ein Freund, ein Bekannter, eine Person, sondern es war einer von der Elite, ein Student, vielmehr Kandidat und Repetent, ein Stück seiner Arbeit und Aufgabe, ein Soldat in der Truppe, die zu schulen und mit der zu siegen sein Ziel war. Fritz hatte einen Schauder gespürt, als er zum erstenmal vom Magister so angeredet wurde; er hatte an dessen Blick gespürt, dass diese Fremde und Objektivität durchaus nicht gespielt, sondern echt und unheimlich sei und dass der Mann vor ihm, der ihn mit dieser sachlichen Höflichkeit bei großer geistiger Wachheit behandelte, nicht mehr sein Freund Josef sei, sondern nur Lehrer und Prüfer, nur Glasperlenspielmeister, vom Ernst und von der Strenge seines Amtes umgeben und abgeschlossen wie von einer glänzenden Glasur, die im Feuer um ihn gegossen und erstarrt wäre. Übrigens passierte mit Tegularius in diesen heißen Wochen ein kleiner Zwischenfall. Schlaflos und innerlich strapaziert durch das Erlebte, ließ er sich im kleinen Seminar eine Unartigkeit, eine kleine Explosion zuschulden kommen, nicht gegen den Magister, sondern gegen einen Kollegen, der ihm durch seinen spöttischen Ton auf die Nerven ging. Knecht bemerkte es wohl, bemerkte auch den überreizten Zustand des Delinquenten, er wies ihn nur durch eine stumme Fingerbewegung zurecht, schickte ihm aber nachher seinen Meditationsmeister, um etwas Seelsorge an dem Schwierigen zu üben. Diese Fürsorge empfand Tegularius nach wochenlanger Entbehrung als erstes Anzeichen wieder erwachender Freundschaft, denn er nahm sie als eine ihm persönlich geltende Aufmerksamkeit und ließ sich willig in die Kur nehmen. In Wirklichkeit hatte Knecht kaum wahrgenommen, wem er diese Fürsorge erweise, er hatte lediglich als Magister gehandelt: er hatte bei einem Repetenten Gereiztheit und Mangel an Haltung bemerkt und hatte erzieherisch darauf reagiert, ohne einen Moment diesen Repetenten als Person anzusehen und zu sich selbst in Beziehung zu bringen. Als ihn, um Monate später, der Freund an diese Szene erinnerte und ihm versicherte, wie sehr er ihn durch dies Zeichen des Wohlwollens erfreut und getröstet habe, schwieg Josef Knecht, der die Sache völlig vergessen hatte, und ließ den Irrtum auf sich beruhen.

Quelle: Hermann Hesse: Das Glasperlenspiel, Zürich 1972, S. 246 – 248.

c) Rollenkonflikte

Das alltägliche Leben in sozialen Zusammenhängen verläuft für viele von uns keineswegs so harmonisch, wie uns manchmal lieb sein würde. Das kann damit zu tun haben, dass wir die Rollen in verschiedenen Situationen nicht aus eigenem Erleben sondern nur vom „Hörensagen" kennen. Vor allem an den Wegmarken unserer Lebensgeschichte („Wie bewege ich mich eigentlich als neuer Student in der Hochschule?") oder bei seltenen Episoden („Wie verhalte ich mich bei Beerdigungen?") wird uns die entsprechende Verhaltensunsicherheit schlagartig bewusst. Aber selbst wenn wir gelernt haben, unsere Rollen in routinierter Weise zu spielen, sind wir vor Verhaltensirritationen nie sicher. Das hat damit zu tun, dass wir in der modernen Gesellschaft einerseits gezwungen sind, recht verschiedene Rollen in unterschiedlichen Bezügen gleichzeitig zu spielen, und andererseits damit, dass wir in Bezug auf jede einzelne Rolle mit auseinanderstrebenden Erwartungen unterschiedlicher Bezugsgruppen rechnen müssen. Daraus ergibt sich der soziologische Tatbestand von *Rollenkonflikten*, die uns in zweifacher Gestalt begegnen:

Als *Intrarollenkonflikt* bezeichnen wir einen Konflikt innerhalb einer Rolle. Dieser Konflikt rührt aus dem Umstand her, dass wir eine Rolle spielen, auf die von verschiedenen Bezugsgruppen konträre Erwartungen gerichtet werden.

Vor allem dann, wenn das soziale Feld, in dem die Rolle verankert ist, durch vertikale Machtabstufungen gekennzeichnet ist, können Intrarollenkonflikte zu schwer lösbaren Verhaltensverunsicherungen führen. Das ist beispielsweise im Industriebetrieb der Fall, in dem die „Männer (oder Frauen) der Mitte" zwischen die Mühlsteine des „Oben" und „Unten" geraten können. Industriesoziologen haben in diesem Zusammenhang auch von einer „Meisterkrise“ gesprochen. Auf der einen Seite steht die Bezugsgruppe der Betriebsleitung. Sie erwartet vom Meister, dass er seine Anweisungsbefugnis gegenüber den Handwerkern einsetzt, um die Arbeitsproduktivität im Sinn des Unternehmensziels zu gewährleisten. Dabei soll die Arbeitsfreude und die Leistungsbereitschaft möglichst nicht verloren gehen. Wenn der Meister seine Rolle in dieser Weise spielt, kann er mit dem Wohlwollen der Betriebsleitung rechnen. Kommt er damit aber besonders gut bei seinen Untergebenen an? Die Arbeiter ihrerseits erwarten von ihrem unmittelbaren Vorgesetzten, dass er ihnen keine unzumutbaren Leistungen abverlangt. Er soll auf ihrer Seite sein, wenn es zu Auseinandersetzungen etwa über als unzumutbar empfundene Überstunden kommt. Die „Meisterrolle“ schließt also schwer vereinbare Verhaltenszumutungen ein. Stellt sich der Meister eher auf die Seite seiner Untergebenen, riskiert er Vertrauensschwund bei der Betriebsleitung; gebärdet er sich dagegen als deren Erfüllungsgehilfe, verliert er Ansehen in der Belegschaft, muss vielleicht sogar mit verdeckter Leistungszurückhaltung („Dienst nach Vorschrift“) rechnen. Und dann sind als weitere Bezugsgruppe noch die ranggleichen Meisterkollegen mit im Spiel. Zur Aufrechterhaltung der sozialen Identität ihrer Statusgruppe werden sie geneigt sein, ihre Angehörigen zu einem ausbalancierten Verhalten zu drängen, also je nach Gemengelage der Machtverteilung in der konkreten Situation um sozialen Interessenausgleich bemüht zu sein. Das ist eine durchaus ungemütliche Rolleninterpretation, die von den Positionsinhabern viel Einfühlungsvermögen und soziales Handlungsgeschick verlangt. Wer in solchen Konfliktkonstellationen seine soziale wie persönliche Identität aufrecht erhalten will, kommt gewiss nicht damit durch, allen Gruppen immer nach dem Munde zu reden. Er muss in zugespitzten Konfliktsituationen „Farbe“ bekennen, was immer das Risiko des Vertrauensverlustes in der einen oder anderen Bezugsgruppe mit sich bringt.

Als *Interrollenkonflikt* bezeichnen wir einen Konflikt zwischen verschiedenen Rollen. Auf die dahinter stehenden sozialen Positionen selbst sind divergierende Erwartungsbündel gerichtet. Der Konflikt entzündet sich, wenn eine Person solche divergierenden Rollen gleichzeitig spielt. Der Rollenspieler läuft jetzt Gefahr, die Normen der einen Rolle zu verletzen, wenn er die andere Rolle erwartungsgemäß spielt.

Wir können uns die Brisanz von Interrollenkonflikten abermals an einem einfachen Beispiel klar machen. Eine politisch engagierte Frau ist gleichzeitig überzeugte Katholikin und Mitglied in einem Landesvorstand der Partei „Bündnis 90 / Die Grünen“. Der Konflikt entzündet sich an einer moralisch aufgeladenen

Frage wie dem Abtreibungsverbot. Als gläubige Christin erwartet die Amtskirche von ihr, dass sie sich bedingungslos für den Schutz des ungeborenen Lebens einsetzt, während die politischen Freundinnen und Freunde das Recht der Frauen behaupten wollen, letztlich selbst darüber entscheiden zu können, ob sie ein Kind zur Welt bringen oder nicht.

Wie wird sich der Meister, wie wird sich die politisch engagierte Frau jeweils entscheiden? Gibt das Gewissen den Ausschlag oder die Angst vor der im sozialen Feld unterschiedlich stark verteilten Sanktionsmacht der Bezugsgruppen? Wenn wir diese Fragen auf einer abstrakten begrifflichen Ebene beantworten wollen, müssen wir uns einen bisher eher vernachlässigten Aspekt der Rollentheorie bewusst machen: Soziale Rollen sind nicht allein an Positionen gerichtete Bündel von Verhaltenserwartungen, sondern ihre Einhaltung kann auch erzwungen werden, je nach dem, wie stark die Erwartungen als soziale Normen im Bewusstsein und in den Institutionen der Gesellschaft verankert sind. Soziale Rollen werden in diesem Sinn *kontrolliert* und *sanktioniert.* Wir sprechen also von sozialer Kontrolle, wenn das Individuum spezifische Strafen für spezifische Vergehen zu erwarten hat, zum Beispiel die Nichtbeachtung von Rollen. Rollen haben also wie Durkheims „soziale Tatsachen" einen Zwangscharakter, weil sie mit Sanktionen ausgestattet sind, wie Dahrendorf verdeutlicht:

„Soziale Rollen sind ein Zwang, der auf den Einzelnen ausgeübt wird, mag dieser als eine Fessel seiner privaten Wünsche oder als ein Halt, der ihm Sicherheit gibt, erlebt werden. Dieser Charakter von Rollenerwartungen beruht darauf, dass die Gesellschaft Sanktionen zur Verfügung hat, mit deren Hilfe sie die Vorschriften zu erzwingen vermag. Wer seine Rolle nicht spielt, wird bestraft, wer sie spielt, wird belohnt, zumindest aber nicht bestraft." (Dahrendorf 1964, S. 28)

Die Erwartungen stützen sich also auf Normen als mehr oder weniger institutionalisierte, aber prinzipiell wandlungsfähige Verhaltensregeln. Wenn soziale Normen in Basiswerten der Gesellschaft verankert sind (z.B. Schutz der Menschenwürde, Schutz des ungeborenen Lebens), erweist sich ihre Veränderung als recht schwer. Wenn sie dagegen nur gering sanktionsmächtig im Alltag verankert sind, können sich die Rollen im Zeitablauf leichter verändern, weil das gewohnheitsmäßige Verhalten den zugrunde liegenden Sanktionen in gewisser Weise vorauseilt. Ein Beispiel dafür ist die Rolle von Radfahrern im Straßenverkehr. Was sie nach der Straßenverkehrsordnung nicht tun sollen, nämlich auf Fußwegen herumfahren, kümmert die meisten von ihnen herzlich wenig. Der „harte Kern“ dieser Spezies jagt gelegentlich in durchaus schamloser Weise mit hoher Geschwindigkeit auf der verkehrten Seite von Fußwegen dahin – in der dunklen Jahreszeit vorzugsweise ohne Licht - , was verhältnismäßig sanktionsfrei vonstatten geht, weil solche gewaltsamen Angriffe auf Schonräume der schwächsten Verkehrsteilnehmer weder sanktioniert werden noch allgemeiner Empörung unterworfen sind. Hier hat sich vor unseren Augen in den letzten Jahren eine soziale Rolle nachhaltig gewandelt.

Ralf Dahrendorf hat unser Verständnis für den differenzierten Charakter von Sanktionen in seinem „homo sociologicus“ durch die Unterscheidung verschiedener Typen von Erwartungen geschärft. Er unterscheidet zwischen „Muss“-, „Soll“- und „Kann“-Erwartungen, um die unterschiedliche Reichweite von Rollennormen zu verdeutlichen:

Die Nichtbefolgung von *Muss-Erwartungen* zieht die schärfsten Sanktionen nach sich. Diese Erwartungen sind in der Regel gesetzlich abgestützt, die Rolle ist rechtlich institutionalisiert. Ihre Verletzung bewirkt häufig staatliche Bestrafung. Muss-Erwartungen werden ausschließlich negativ sanktioniert, sie sind der harte Kern der Rollen. Beispiele: Ein Ehemann darf nicht mit zwei Frauen gleichzeitig verheiratet sein; der Lehrer darf nicht vom Rohrstock Gebrauch machen; der Vereinsvorsitzende darf sich nicht am Vereinsvermögen bereichern.

Bei den *Soll-Erwartungen* überwiegen die negativen Sanktionen. Sie werden in der Regel von nichtstaatlichen Einrichtungen (Betriebe, Vereine) realisiert und können bis zum Ausschluss aus sozialen Feldern gehen. Positive Sanktionen sind etwa Anerkennungen in materieller (Prämie für Wohlverhalten) oder nichtmaterieller Form (Ehrennadel für langjährige Mitgliedschaft). Beispiele: Der Familienvater soll sich um seine Angehörigen sorgen; der Funktionär soll rege am Vereinsleben teilnehmen.

Kann-Erwartungen werden überwiegend von informellen Gruppen auf den Positionsinhaber gerichtet. Die Sanktionsmittel beschränken sich in der Regel auf Zu- oder Aberkennung von Sympathie. Hier überwiegen die positiven Sanktionen: Wenn Herr Schmidt „ein übriges“ tut, also keine Nebenfrau aushält, sich um das finanzielle Wohlergehen der Familie kümmert und darüber hinaus noch jede freie Minute mit seinen Kindern spielt, ist ihm besondere Wertschätzung gewiss.

Am Beispiel der Rolle des Vaters können wir uns den Zusammenhang abgestufter Sanktionen beispielhaft verdeutlichen: Er *muss* sein Kind ernähren, er *soll* es zu einem guten Staatsbürger erziehen, und er *kann* seine musischen Talente allseitig fördern.

Negative Sanktionen können den Einzelnen in ganz unterschiedlichem Maße treffen. Die Bandbreite reicht von Lob und Ermunterung bis zur Vernichtung der physischen Existenz (unter der Bedingung der Todesstrafe). Die folgenden fiktiven Sätze machen uns noch einmal im Sinn einer differenzierten Skala das umfassende Kontrollpotential der Gesellschaft zur Erzwingung erwartungskonformen Verhaltens deutlich:

(1) „Was Du getan hast, musste geschehen. Wir möchten, dass Du weiterhin so handelst."

(2) „*Du* bist in Ordnung, aber *das* darfst Du nicht wieder tun."

(3) „Nicht nur, was Du getan hast, ist unrichtig, auch Deine ganze Einstellung ist falsch."

(4) „Deine Taten, Deine Einstellung und Deine Beziehung zur Gruppe sind nicht richtig."

(5) „Du bist nicht länger ein Mitglied unserer Gruppe."

(6) „Du hast Dein Leben verwirkt."

Fassen wir wichtige Überlegungen zur soziologischen Rollentheorie noch einmal *zusammen.*
Wie gelingt es der Gesellschaft, das soziale Handeln der Menschen in Übereinstimmung zu bringen mit dem Erfordernis dauerhafter Stabilität und Berechenbarkeit? Das hat mit der Normierung des Verhaltens durch *soziale Rollen* zu tun. Auch dieser soziologische Basisbegriff verweist auf den Zusammenhang von Struktur und Handeln, weil er die Nahtstelle zwischen Individuum und Gesellschaft markiert. Die Menschen sind unter den Bedingungen fortschreitender Teilung der Arbeit und sozialer Differenzierung Inhaber unterschiedlichster Positionen (z.B. Mutter, Vereinsmitglied, Werkzeugmacher), an die jeweilige Bezugsgruppen ein Bündel von Verhaltenserwartungen adressieren, die wir in Anlehnung an Dahrendorf als soziale Rollen bezeichnen. Unsere soziale Identität meint die Vielzahl der Rollen, die wir gleichzeitig zu spielen haben, wenn wir die Erwartungen nicht enttäuschen und also dauerhaft handlungsfähig bleiben wollen. Das ist nicht immer leicht, provoziert Konflikte innerhalb einer

Rolle (Intrarollenkonflikte) wie zwischen verschiedenen Rollen (Interrollenkonflikte). Wenn wir uns jedoch übereifrig bemühen, allen Sanktionen auszuweichen, indem wir uns wie Musils „Mann ohne Eigenschaften“ in einer Art vorauseilendem Gehorsam überangepasst verhalten, laufen wir Gefahr, unsere persönliche Identität zu verlieren. Wir wären dann als Person mit einer unverwechselbaren Lebensgeschichtliche und der Fähigkeit, beispielsweise Sympathie und Antipathie auch situationsunabhängig zu verteilen nicht mehr erkennbar. Eine Gesellschaft, in der das Streben nach Individualität selbst einen hohen Wert beansprucht, verlangt den Rollenspielern also ein besonderes Maß an situationsbezogener Rollendistanz ab. Die Möglichkeit, neue Rollen zu „erfinden“ und den Handlungsspielraum in bestehenden Rollen zu erweitern, ist geradezu ein Indiz auch für die Wandlungsfähigkeit der die Rollen umgebenden sozialen Strukturen. Sie sind zwar „soziale Tatsachen“, doch sie bleiben als solche eben immer auch modifizierbar.

Eine vertiefte Beschäftigung mit der soziologischen Rollentheorie, die an dieser Stelle nicht geleistet werden sollte, hätte eine Reihe von Fragen zum Gegenstand, die wir in diesem Teilabschnitt höchstens streifen konnten. Ich liste einige dieser problemorientierten Fragen auf, um zumindest die Richtung anzudeuten, in die wir die gesamtgesellschaftliche Analyse vom Fundament der Rollentheorie aus vorantreiben können:

Welche sozialen Normen und welche gesellschaftlichen Wertmaßstäbe verkörpern sich im Rollenhandeln der Menschen? (Probleme von Religion und Kultur)

Welche Institutionen haben die Macht, Rollen zu definieren und Rollenhandeln zu erzwingen? (Probleme von Sozialisationsagenturen, der Systeme von Wirtschaft und Staat)

Welche sozialen, ökonomischen und politischen Interessen verkörpern die mit der Macht zur Rollendefinition ausgestatteten Institutionen ? (Probleme komplexer Sozialstrukturen)

Wie weit kann sich im Geflecht von Normen (Verhaltensregeln, Gesetze), Werten (kulturelle Überlieferungen von gut und böse, richtig und falsch) und Institutionen (Verkörperung von Macht- und Herrschaftsbeziehungen) Ich-Identität als relative Handlungsautonomie mündiger Bürgerinnen und Bürger behaupten? (Probleme des Zusammenhangs von Struktur und Subjekt)

Die übergreifende Frage lautet demnach: Wie ist eine bestimmte Gesellschaft als Konstellation unterschiedlicher sozialer Interessen auf ihrer jeweiligen historischen Entwicklungsstufe beschaffen, die ihren Mitgliedern Rollenhandeln zumutet? Im weiteren Verlauf der Darstellung werden uns diese Fragen, teils ausdrücklich, teils implizit, wieder begegnen.

Übungsfragen

Worin besteht der Zusammenhang zwischen einem „soziologischen Tatbestand" nach Durkheim und der „sozialen Rolle"?

Definieren Sie den Begriff der sozialen Rolle und veranschaulichen Sie den Begriff am Beispiel der Rolle eines Studierenden an der Hochschule!

Worin besteht der Unterschied zwischen persönlicher und sozialer Identität im Zusammenhang mit sozialen Rollen?

Ralf Dahrendorf zählt 15 Positionen von „Hans Schmidt" auf. Inwieweit können wir daraus den Schluss ziehen, wir würden diese Person nun „kennen"? Erörtern Sie in diesem Zusammenhang die Identitätsproblematik im Hinblick auf soziale Rollen!

Erläutern Sie die Begriffe „Position", „Positionsfeld" und „Positionssegmente" am Beispiel einer Verkäuferin!

In einer Diskussion behauptet jemand: „Unter einer sozialen Rolle verstehen wir das gesellschaftsbezogene Verhalten eines Menschen." Was ist von dieser Behauptung im Licht des Rollenbegriffs von Dahrendorf zu halten?

Welche Rollenkonflikte können sich aus der Position eines Studenten, einer Studentin an einer Hochschule ergeben?

Was haben „soziale Rollen" mit „sozialem Verhalten", „sozialem Handeln" und „gesellschaftlichen Verhältnissen" zu tun?

Warum kann rollenkonformes Verhalten gesellschaftlich erzwungen werden?

3. Soziale Gruppen als Handlungsfelder der Rollenspieler

An einem heißen Sonntag im Juli 2001 sagte der amerikanische Radrennfahrer Lance Armstrong in das Mikrophon eines Fernsehreporters: „Ich verdanke diesen Sieg bei der Tour de France allein meinem hervorragenden US-Postal-Team!" War das falsche Bescheidenheit dieses überragenden Profis? Was hat der Sieg eines Einzelnen in einem vierwöchigen Rundstreckenrennen mit einer

Mannschaftsleistung zu tun? Ist nicht die Fähigkeit, schneller als alle anderen 200 gestarteten Fahrer nach den Mühen dieses schwersten Radrennens der Welt das Ziel in Paris zu erreichen, allein oder doch in erster Linie das Ergebnis besonderer individueller Fähigkeiten? Diese für den Laien naheliegenden Vermutungen sind sicher nicht ganz falsch, aber sie sind zugleich höchstens die halbe Wahrheit. Sehen wir genauer hin, um zu ermessen, wie groß der Anteil der Gruppe am individuellen Erfolg in diesem Fall ist.

Die einzelnen Fahrer, die bei der Tour de France an den Start gehen, sind in der Regel in neunköpfigen „Sportgruppen" zusammengefasst, die von Firmen (z.B. Mapei, US Postal, Deutsche Telekomm) gesponsort werden. Um von Etappe zu Etappe erfolgreich zu sein, müssen die Fahrer sich zunächst einmal mit wechselnden äußeren Umständen herumschlagen. Die Strecke führt mal durch flache Ebenen, dann wieder sind mehr oder weniger hohe Berge zu überwinden. Große Hitze und empfindliche Kälte (etwa in den Bergen der Alpen) wechseln einander ab. Vor allem aber macht den Sportlern, wie jeder Radfahrer aus eigener Erfahrung weiß, der Wind zu schaffen. Um ihre Kräfte zu schonen, um mit möglichst geringem Aufwand die Mühen der Ebene wie der Berge zu überwinden, tun die Konkurrenten gut daran, sich zweckrational zu verhalten: Sie suchen in der Gruppe Schutz vor widrigen Umständen, wenn sie sich im „Fahrerfeld" beispielsweise bei seitlich einfallendem Wind nicht wie in einer Perlenschnur sondern fächerförmig aufreihen („auf Kante fahren"). Manchmal versuchen einzelne Fahrer, dem Feld durch einen „trockenen Antritt" davonzueilen. Als Einzelattacke haben solche „Ausreißversuche" aber selten Erfolg, weil sie wegen des Gegenwindes sehr kraftraubend sind. Wenn sich dagegen ein halbes Dutzend Fahrer ganz unterschiedlicher Teams zusammenfindet, steigen deren Chancen sprunghaft, das Tagesziel als Erste zu erreichen. Sie werden dann den „Belgischen Kreisel" fahren: Der Vorderste fährt nur wenige Sekunden „im Wind", bevor er sich an das Ende der Gruppe zurückfallen lässt und von seinem Nachfolger abgelöst wird, bis er selbst wieder nach vorne aufgeschlossen hat. Ist sich die Gruppe nicht einig, weil einige von ihnen an einem hohen Tempo der „Eskapisten" aus taktischen Gründen nicht interessiert sind, werden die Ausreißer über kurz oder lang vom Feld „gestellt". Über die Grenzen einzelner Mannschaften hinweg formieren sich im Verlauf eines langen Etappen-Tages immer wieder neue Gruppen. Was für den Außenstehenden wie ein zusammenhangloser Lindwurm erscheint, erweist sich bei genauerer Betrachtung als ein geordnetes Geschehen, durchaus vergleichbar mit Mustern der Arbeitsteilung im Betrieb.

Die einzelnen Mannschaften sind überlegt aus Spezialisten mit unterschiedlichen athletischen Eigenschaften zusammengefügt. Die einen haben besondere Spurtfähigkeiten, kommen aber nur schwer über hohe Berge. Andere sind Kletterkünstler mit niedriger Endgeschwindigkeit beim Massensprint in der Flachetappe. Wieder andere sind eine Mischung aus beidem, was sie angesichts des wechselnden Streckenprofils großer Rundstreckenrennen besonders geeignet erscheinen lässt für den Gesamtsieg. Die Stärke einer Mannschaft ergibt sich also aus der Quersumme des in ihr enthaltenen Qualifikationsspektrums der einzelnen Fahrer sowie aus der Fähigkeit der Gruppe, diese Fähigkeiten richtig einzusetzen. Am Ende aber zählt natürlich vor allem derjenige, der im „Gesamtklassement" über den ganzen Zeitraum hinweg die wenigste Zeit gebraucht hat und deshalb nach der letzten Etappe ganz oben auf dem Siegertreppchen steht. Erfahrungsgemäß kommen nur wenige Favoriten für den Gesamtsieg in Frage. Sie sind die „Kapitäne" ihrer Mannschaften, denen gegenüber die anderen Fahrer in die Rolle von Helfern gedrängt sind. Diese geben ihrem Kapitän Windschutz, fahren ihn an das davoneilende Feld wieder heran, wenn der einen Defekt hatte, versorgen ihn womöglich mit zusätzlichen Kalorien, damit er nicht von einem „Hungerast" zurückgeworfen wird. Die Helfer bescheiden sich mit der Rolle von „Wasserträgern", jedenfalls so lange, wie der Kapitän durch eigene Leistung das in ihn gesetzte Vertrauen rechtfertigt. Wenn es „zum Schwur" kommt, in den hohen Bergen auf den „Königsetappen" einer Rundfahrt, mögen die „Leader" die Sache unter sich ausmachen, aber ohne ihre Wasserträger, die bisweilen auch gefragt sind, ihre Kapitäne aufzumuntern, sie über Leistungstiefs im Verlauf einer Etappe auch durch verbalen Zuspruch hinwegzubringen, lässt sich das Rundstreckenrennen kaum gewinnen. Ihr Lohn besteht darin, dass die zahlreichen Prämien, die im Verlauf eines Rennens von den Spitzenfahrern erkämpft werden, in eine Mannschaftskasse fließen, die am Ende gütlich geteilt wird. Die „Asse" halten sich später durch lukrative Werbeverträge und Antrittsprämien bei Tagesrennen im Anschluss an die Tour de France schadlos.

Das hohe Maß an mannschaftlicher Disziplin kann auch der Laie in Flachetappen mit Massenspurts erkennen. Wenn ein Team sich gute Chancen ausrechnet, seinen besten Sprinter als Ersten durchs Ziel zu bringen, wird es nach einem genau ausgeklügelten und eingeübten Plan versuchen, einige Kilometer vor dem Ziel möglichst alle neun Fahrer hintereinander aufgereiht an die Spitze des Feldes zu bringen. In den vorderen Positionen fahren zunächst die Bergfahrer bis an den Rand der völligen Erschöpfung „im Wind", lassen sich nach getaner Arbeit zurückfallen, überlassen bei sich steigerndem Tempo den engeren Helfern des „Sprintkönigs" die Szene. Auf den letzten hundert bis zweihundert

Metern auf der Zielgeraden „zieht" dann der „Edelhelfer" dieses Spezialisten, der seine Kraft bis zum Schluss weitgehend schonen konnte, den „Endspurt an". Aus seinem Windschatten „springt" dann der beste Sprinter des Teams kurz vor Schluss heraus, um die Ziellinie als Erster zu passieren. Oft wird dieser Fahrer noch von einem Mannschaftskameraden nach hinten abgesichert, damit nicht ein Konkurrent aus einem anderen Team sich an den „Zug" anhängen kann und im letzten Augenblick aus dem Windschatten seines Hauptkonkurrenten heraustritt und den ganzen schönen Plan zunichte macht.

Überraschendes und strategisch Geplantes sind in der Situation miteinander verwoben. Möglicherweise haben die im Begleitauto dem Fahrerpulk hinterherfahrenden Teamleiter am Vorabend bei der Mannschaftsbesprechung eine falsche Taktik ausgegeben, vielleicht haben die Mechaniker bei der Justierung der Rennräder und die Mannschaftsärzte beim Anmischen leistungsfördernder „Cocktails" nicht sorgfältig gearbeitet, womöglich hatten einzelne Fahrer einfach nur einen schlechten Tag – es gibt viele Gründe, warum sich eine ausgeklügelte Strategie nicht in Erfolge umsetzen lässt. Am Ende bejubelt das begeisterte Publikum nur den Sieger. Wenn der, wie Lance Armstrong, in der Stunde des Triumphs an seine „Wasserträger" denkt, macht er sich selbst und seinem staunenden Publikum doch nur klar, dass ohne die *Mobilisierung der Energien einer ganzen Gruppe* über einen längeren Zeitraum hinweg sein eigener Sieg nicht möglich gewesen wäre.

a) Begriff und Probleme

Dieses Beispiel ist gut geeignet, Begriff und Probleme von *sozialen Gruppen* zu veranschaulichen. Während der im vorigen Abschnitt behandelte Begriff der sozialen Rolle unsere Aufmerksamkeit auf den normativen Rahmen von Vergesellschaftungsprozessen lenkt, haben wir jetzt gesellschaftliche Gebilde im Blick, in denen sich die Verhaltenserwartungen konkretisieren. Unter dem Eindruck faschistischer Massenbewegungen mit ihren wirkungsmächtigen Propagandaapparaten hat die Soziologie die Bedeutung sozialer Gruppen lange Zeit unterschätzt. Die Gesellschaft wird dann als zugleich atomisierte und manipulierbare Masse von Menschen aufgefasst, die im Gleichschritt einem charismatischen Führer folgt. Später schwang das Pendel dann vor allem in den USA zum Gegenteil aus. Familie, Nachbarschaft, Freundeskreise oder Cliquen aus Arbeitskollegen gerieten verstärkt in das Fadenkreuz der empirischen Sozialforschung. Manche Forscher schrieben ihnen eine überragende Bedeutung für Vergesellschaftungsprozesse zu, schütteten aber zugleich das Kind mit dem Bade aus: Die Gesellschaft schien sich in eine unübersehbare Vielzahl von verhältnismäßig eigenständigen Gruppen aufzulösen, ihr einigendes Band schien zerrissen.

Die Geschichte jeder Wissenschaft ist in gewisser Weise auch von thematischen Konjunkturen gekennzeichnet, die bei oberflächlicher Betrachtung als Modeströmungen mit geringer Lebensdauer erscheinen können. Für die Soziologie der sozialen Gruppe lässt sich sagen, dass sie seit langem einen festen Platz in der Tradition dieses Faches hat. Das hat mit gesellschaftlichen Basistatbeständen ebenso zu tun wie mit einigen neuartigen Erscheinungen moderner Gesellschaften. Da ist zunächst einmal die anthropologische Erkenntnis vom Menschen als einem *Gruppenwesen.* Den allergrößten Teil ihrer bisherigen Geschichte haben die Menschen in Familien- und Stammesverbänden verbracht, die lange Zeit auf der Suche nach Nahrung durch das Land zogen. Als sie sesshaft wurden, gaben sie diese Gewohnheit nicht auf, zumal sich das Zusammenleben in Gruppen als nützlich zum Schutz vor Gefahr wie zur Sicherung und Erweiterung der wirtschaftlichen Existenz erwies. Der einsame Gletschermensch („Ötzi"), der vor etwa 5000 Jahren die Bergwelt des Südtiroler Vinschgaus auf der Suche nach Jagdbeute durchstreifte und dabei, wie wir heute wissen, hinterrücks durch einen Pfeil erschossen wurde, war die Ausnahme und nicht die Regel. Wenn die Soziologen den Menschen als soziales Wesen bezeichnen, meinen sie die Gruppenförmigkeit seiner bevorzugten Existenzweise. Einsiedler und Eremiten waren und sind Außenseiter, nicht bereit oder in der Lage, sich den mit dem Zusammenleben in Gruppen verknüpften Zwängen zu stellen. Sie gelten bisweilen als „komische Käuze", die eine Mischung aus Bewunderung und Argwohn auf sich ziehen. Zu den neuartigen Erscheinungen moderner Gesellschaften gehört die Einsicht, dass sich unser Alltag immer weiter verästelt, im Zuge fortschreitender Arbeitsteilung bei gleichzeitig sprunghaftem Wachstum der Mobilität die Zahl der sozialen Bezüge, mit denen wir verwoben sind, heute größer ist als in früheren Zeiten. Wir gehören gleichzeitig zahlreichen Gruppen an, den einen flüchtig, den anderen dauerhaft. Erinnern wir uns noch einmal an Herrn Schmidt, den wir in Text 5 kennen gelernt haben. Er ist nicht nur gezwungen, im Tagesverlauf eine Vielzahl von Rollen zu spielen, er ist dabei auch mit wechselnden Bezugsgruppen konfrontiert, die einen wichtigen Teil seines Lebens ausmachen, seine Persönlichkeit prägen und darauf achten, dass er sich möglichst rollenkonform verhält. Es mag sein, dass sich eine wachsende Zahl von Menschen, alte wie junge, vor allem in der Anonymität der Großstadt als „Singles" in Schneckenhäuser sozialer Isolation zurückziehen oder zurückzuziehen gezwungen sind, wie soziologische Studien über psychosoziale Folgen dauerhafter Arbeitslosigkeit signalisieren. Ihnen mag die eine oder andere „virtuelle Gruppe" in elektronischen

Netzwerken anziehungskräftiger erscheinen als die aufgeräumte Betriebsamkeit nachbarschaftlicher Gesellung etwa in dörflichen Gemeinschaften. Aber die meisten Zeitgenossen sind aus stabilen Gruppenbezügen selten völlig ausgeschlossen, wie das aufblühende Vereinswesen dokumentiert.

Vor dem Hintergrund dieser Überlegungen können wir unter einer sozialen Gruppe eine Vereinigung von mindestens drei Individuen verstehen, die durch gemeinsame Ziele, Interessen und vielfältige Beziehungen sowie durch gemeinsames Handeln zur Erreichung dieser Ziele und Interessen verbunden sind und zu diesem Zweck ein Mindestmaß sozialer Strukturierung eingehen. Davon ausgehend, definiert der englische Soziologe Antony Giddens:

„Soziale Gruppen sind Mengen von Individuen, die in systematischer Weise miteinander interagieren. Gruppen liegen auf einem Kontinuum, das von sehr kleinen Personenverbindungen (überwiegend Primärgruppen) bis zu großen Organisationen und Gesellschaften (überwiegend Sekundärgruppen) reicht. Unabhängig davon, wie groß die Gruppe ist, gehört es zu ihren Definitionsmerkmalen, dass ihre Mitglieder sich einer gemeinsamen Identität bewusst sind. Ein Großteil unseres Lebens wird im Gruppenverband verbracht; in modernen Gesellschaften gehören die meisten Menschen zahlreichen verschiedenen Arten von Gruppen an.“ (Giddens 1999, S. 633f.)

Das folgende Textdokument ist zwar älteren Datums, macht uns aber mit weiteren wichtigen Eigenarten sozialer Gruppen vertraut. Ich habe es einem älteren Handbuch der Soziologie entnommen, um zu zeigen, dass vieles von dem, was wir leichthin als moderne Erkenntnis ausgeben, auf den Schultern früherer Generationen von Soziologen ruht.

Text 7:
Zum Begriff der sozialen Gruppe

Der Begriff der Gruppe, der im folgenden entwickelt wird, soll jedoch nicht durch Vergleichung (durch Induktion) aus den Lebensgemeinschaften abgeleitet werden. Wir entwickeln vielmehr einen Idealtypus der Gruppe, d.h. einen solchen Begriff, in dem alle typischerweise überhaupt in geringerer oder größerer Stärke vorkommenden Eigenschaften der Gruppe in voller unverkümmerter Stärke entfaltet gedacht werden. Die Lebensgemeinschaften beruhen auf gewissen gesellschaftlichen Anlagen des Menschen, die in der Wirklichkeit nicht überall in vollem Maße zur Entfaltung kommen. Denken wir uns die Hemmungen fort, also jene Eigenschaften in vollstem Maße entfaltet, so erhalten wir den Idealtypus, die tatsächlichen Gruppen entsprechen ihm je nachdem in stärkerem oder geringerem Grade...

Stark ausgeprägte Gruppen können nur bei beschränktem Umfang auftreten, d.h. da, wo die Gruppe jedem einzelnen anschaulich gegeben ist, indem sich ihr Mitgliedskreis leicht übersehen läßt. Es muß sich handeln um kleine Kreise, zwischen deren Mitgliedern durchgängig nähere persönliche Beziehungen bestehen. Diese Bedingung erfüllt in erster Linie die Familie und der weitere Verwandtenkreis. Neben der Familie in unserem Sinne (der sogenannten Kleinfamilie, die nur Eltern und unerwachsene oder wenigstens unverheiratete Kinder umfaßt) ist anzuführen die einen weiteren Verwandtenkreis umfassende Sippe besonders bei vielen Naturvölkern, sodann die patriarchalische Großfamilie (mit herrschaftlicher Struktur) und in den modernen Verhältnissen der Verwandtschaftskreis...Gleichstark ausgeprägt ist der Gruppencharakter ferner in den Männerbünden und bei vielen Kultgruppen. Abgeschwächter ist er schon bei den Lokaleinheiten von geringerem Umfang; den Lokalgruppen wandernder Stämme, den Dorfgemeinschaften und der Nachbarschaft im städtischen Leben, soweit von einer solchen im Sinne engerer Beziehung noch geredet werden kann.

Anders bei den größeren Dimensionen auf höheren Stufen: Hier besitzt die Einheit der Gruppe nur noch einen abstrakten Charakter, und dementsprechend ist der Gruppengeist (von vorübergehenden Zuständen nationaler Erhebung und ähnlichem abgesehen) relativ schwach entwickelt. (S. 239f.)

Das Individuum faßt ferner seine Gruppe als Gruppe auf, d.h. als ein einheitliches Ganzes, das sich in eine Anzahl einzelner Personen gliedert. Für den typischen Verbindungsstudenten besteht seine Verbindung nicht aus einer Summe von einzelnen Menschen, die in gewissen Eigenschaften übereinstimmen und durch eine gewisse Organisation verbunden sind, sondern in seinen Genossen verkörpert sich ihm die Verbindung als ein Ganzes oder gleichsam als Substanz, von der alle einzelnen Mitglieder durchtränkt sind. Die einzelnen Personen werden nur geschätzt und begehrt, weil und sofern sie zusammen die Gruppe ausmachen und jeder deren Wert verkörpert.

Die Gruppe ist demgemäß für die menschliche Auffassung eine Einheit; und der Begriff der Gruppe ist entsprechend ein nicht weiter auflösbarer Begriff, d.h. eine soziale Kategorie und Auffassung der sozialen Wirklichkeit mittels dieser Kategorie, also ein Urphänomen, das in einer entsprechenden Anlage des Menschen begründet ist. Es entfaltet sich zunächst auf dem Gebiet des Gefühls- und Willenslebens, erst später auch dem der Vorstellungen: Das Bewußtsein der Taten und Leistungen einer Gruppe und ihr Stolz auf sie gehört entwicklungsgeschichtlich einer späteren Stufe an als das solidarische Zusammenhalten und gemeinsame Reagieren auf eine Kränkung, die einer einzelnen der Gruppe angehörenden Person von Fremden widerfährt.

Als zweite Grundeigenschaft der Gruppe haben wir bereits ihre innere Einheit kennengelernt. Wir verstehen darunter die Tatsache, daß die Gruppengenossen sich selber als eine solche Einheit empfinden (im Sinne eines „Wirbewußtseins“) und bezeichnen dieses Bewußtsein als Gruppenbewußtsein. Für den Fall des (staatlich geeinigten) Volkes tritt dieses Gruppenbewußtsein in der modernen individualistischen Kultur nur unter ungewöhnlichen Bedingungen einigermaßen stark auf. So war es bei uns der Fall im (Ersten) Weltkrieg, namentlich zu Beginn. (S. 244)

Quelle: Alfred Vierkandt: Gruppe. In: A. Vierkandt (Hrsg.): Handwörterbuch der Soziologie, Stuttgart 1931, S. 239 - 244 (Auszüge)

Wir sind jetzt in der Lage, das soziologische Phänomen der sozialen Gruppe im Sinn verschiedener Definitionsmerkmale näher einzugrenzen. Das geschieht in mehreren Punkten.

(1) Unabhängig von der Größe der Gruppe oder von ihrer Dauerhaftigkeit ist immer entscheidend, ob ein bestimmtes *Ziel* verfolgt wird und zu diesem Zweck ein Minimum an handlungsverbindlicher (Rollen-)*Strukturierung* eingegangen wird. Nur durch diese exponierten Definitionsmerkmale wird es möglich, soziale Gruppen von „Mengen" oder „Massen" im statistischen Sinn zu unterscheiden. Deshalb ist der zufällige Menschenauflauf keine soziale Gruppe. Wenn beispielsweise zwei Dutzend Fußgänger darauf warten, dass die Ampel von Rot auf Grün umspringt, verfolgen sie zwar ein (sehr punktuell-flüchtiges) gemeinsames Ziel, sie gehen aber untereinander keine sozialen Beziehungen ein, verabreden auch nicht gemeinsames Handeln, etwa indem sie in einer geschlossenen Kolonne über die Straße marschieren.

(2) Gruppen gewinnen Stabilität durch *Dauerhaftigkeit.* Erst dadurch gelingt die möglichst präzise Definition der Handlungsziele und der diesen verpflichteten *Normen* und *Rollen.* Das System einvernehmlicher Normen und Werte bildet die Grundlage für interne Kommunikations- und Interaktionsprozesse (Binnenaspekt),aber auch für notwendige Abgrenzungen nach außen (Außenaspekt).

(3) Unter dem *Binnenaspekt* der sozialen Gruppe ist bedeutsam, dass nahezu alle Gruppen, wie unser Einführungsbeispiel verdeutlichen sollte, neben einer *horizontalen Aufgabenverteilung* auch eine *vertikale Rangordnung* ausprägen. Sanktionsmächtige Inhaber herausgehobener Führungspositionen garantieren die Einhaltung der Normen und verkörpern die Gruppenziele. Daneben können sich aber auch Meinungsführer („opinion leader") zur Geltung bringen, die durch besonderen Sachverstand oder durch Sympathiebeziehungen verhaltensprägend in Erscheinung treten. Eine genauere Analyse der Binnenstruktur sozialer Gruppen wird das Gefüge der in ihr verteilten sozialen Rollen in den Blick nehmen.

(4) Für den *Außenaspekt* der Gruppe ist ihr *„Wir-Gefühl"* ausschlaggebend. Es bewirkt die Unterscheidung von „Eigengruppe" und „Fremdgruppe". Die Akteure erleben ihre Gruppenzugehörigkeit oft überhaupt erst durch den bewussten Gegensatz zu anderen, konkurrierenden Gruppen. Die anderen, das ist die „out-group", „wir", das bezeichnet die „in-group". Oft erweist es sich gerade für den gefährdeten inneren Zusammenhalt einer Gruppe als förderlich, wenn die Reihen in der bewussten Auseinandersetzung mit „out-groups" geschlossen werden.

Rollen, Handeln und Gruppen sind also als Elemente von Vergesellschaftungsprozessen in teils spontan-flüchtiger, teils dauerhaft-strukturierter Weise miteinander verwoben. Um diesen Sachverhalt zu illustrieren, spinne ich unser *Einführungsbeispiel* einen Moment lang weiter aus. Nach etwa einer Woche erreicht die „Fahrerkarawane" den Süden Frankreichs. Wir können sie als eine Großgruppe mit dem allen gemeinsamen Ziel bezeichnen, in sportlich fairer Weise das Rundstreckenrennen möglichst erfolgreich zu absolvieren. In diesem Rahmen befinden sich Teilgruppen miteinander im Wettstreit. Ohne „Mannschaftsgeist" (Wir-Gefühl) und arbeitsteilige Interaktion (Binnenstruktur) kann sich der Erfolg nicht einstellen. Die Rollendifferenzierung in horizontaler (verschiedene Spezialisten in jeder Sportgruppe) und vertikaler Hinsicht (Kapitäne und Wasserträger) drückt das kollektive, zweckrationale Handlungskonzept aus. Nun also bewegt sich der Fahrerpulk vergleichsweise gemächlich auf das 20 Kilometer entfernte Bordeaux zu, das heutige Etappenziel. Am Horizont verheißen bereits die Gipfel der Pyrenäen die körperlichen Anstrengungen der nächsten Tage. Die Fahrer „bummeln". Die Favoriten auf den Gesamtsieg „verstecken" sich im großen Feld. Da kommt Bewegung in die Sache. An der Spitze ist es einer Gruppe von acht Fahrern gelungen, „auszureißen". Ihr Vorsprung wächst. Rolf Aldag vom Team Telekomm gehört dieser aus verschiedenen Mannschaften zufällig zusammengewürfelten Gruppe an. Ihr gemeinsames Interesse ist es, den Vorsprung bis ins Ziel mindestens zu halten, um am Ende den Sieger unter sich auszumachen. Daraus ergibt sich die Erwartung an jeden einzelnen, sich am „Belgischen Kreisel" zu beteiligen. Aldag tut das nicht, er fährt nicht „im Wind", verletzt also eine integrierende Norm dieser Spontangruppe, was ihm womöglich gehässige Zurufe einträgt. Der Abweichler hat gute Gründe. Zum einen schont er als Edelhelfer seines vor allem in den Bergen starken Teamkapitäns Jan Ullrich seine „Körner" für spätere Anstrengungen, zum anderen erwartet seine Mannschaftsführung, dass er durch sein Verhalten ein möglichst hohes Tempo der Ausreißergruppe bewusst sabotiert, damit das „jagende Feld" kurz vor Schluss noch herankommt, um den Spitzensprinter im Team, Erik Zabel, für den Endspurt „lancieren" zu können, so wie es in der Mannschaftsbesprechung am Vorabend verabredet war. Rolf Aldag muss also an der Nahtstelle zwischen seiner (vorübergehenden) Zugehörigkeit zu einer Spontangruppe und seiner Mitgliedschaft in einer hierarchisch strukturierten Mannschafsgruppe einen Rollenkonflikt aushalten. Am Ende dieses der Tour de France von 1997 entlehnten Verlaufs befreite der Saeco-Sprinter Mario Cipollini den Deutschen als Etappensieger von seinen Grübeleien.

b) Differenzierungen

Dieses Beispiel verweist auf Differenzierungsprozesse innerhalb und zwischen sozialen Gruppen. Wir unterscheiden in der Soziologie hauptsächlich nicht nur zwischen großen und kleinen Gruppen, sondern auch zwischen Primärgruppen und Sekundärgruppen, zwischen formellen und informellen Gruppen. Hinter diesen Gegensatzpaaren verbergen sich zum Teil gravierende Konsequenzen für Prozesse des sozialen Handelns und der Vergesellschaftung der Individuen. Ich deute die Probleme an dieser Stelle lediglich an.

Eine *formelle* (oder auch formale) *Gruppe* ist Ausdruck bewusster Planung, was sich in dezidierter Zielbestimmung, einer fein abgestuften Binnendifferenzierung und weitgehend festgelegten Handlungsweisen niederschlägt. Hier regiert in modernen Gesellschaften die Zweckrationalität. Eine Arbeitsgruppe im Betrieb, der Ortsverein einer politischen Partei, aber eben auch eine neunköpfige Mannschaft bei der Tour de France sind Beispiele für solche formellen Gruppen. Unter Handlungsgesichtspunkten ist für solche sozialen Gebilde charakteristisch, dass die sozialen Rollen genau definiert und dementsprechend an positive wie negative Sanktionen geknüpft sind. Der Betriebshandwerker nimmt seine Arbeitsaufgaben in einem bestimmten Raum und in einer bestimmten Zeit wahr. Fehlverhalten wird von dazu berechtigten Vorgesetzten bestraft. Der Kassierer der örtlichen Parteiorganisation hat den Handlungsrahmen im Kontext seiner Gruppe verbindlich kennen gelernt. Weil er wiedergewählt werden will, hält er sich daran. Rolf Aldag stellt seine eigenen Interessen (ein Sieg in einer Flachetappe) hinter die der Mannschaft zurück, weil er weiß, dass sich das für ihn im Gruppengefüge langfristig auszahlt. Die formelle Gruppe ist auf Dauer gestellt, in horizontaler wie vertikaler Hinsicht klar ineinander gefügt. Sie verlangt normgerechtes, rollenadäquates Handeln. Was sie aber von vornherein nicht verlangt, ist das Aufgehen der gesamten Person in der Gruppe. Als Zweckverband, der immer nur einen Ausschnitt der sozialen Energien der Mitglieder und nicht „den ganzen Menschen“ vereinnahmt, erlaubt er den Akteuren jene soziale Distanz, die eine Bedingung einfühlsamen Rollenhandelns ist.

Die Handelnden sind aber nicht bloß Rollenspieler („homo sociologicus"), sondern immer auch Subjekte aus Fleisch und Blut. Als solche verteilen sie an ihre Mitmenschen Sympathie und Antipathie, begegnen diesem Gruppenmitglied mit Zuneigung, jenem mit Ablehnung. Wo also Menschen dauerhaft miteinander zu tun haben, entfaltet sich häufig unterhalb und neben den formalen Handlungsgepflogenheiten auch das Nichtgeplante, das Überraschende. Es bilden sich *informelle* (oder in der Literatur auch als „informale" bezeichnete) *Gruppen* aus, die in das Geflecht formeller Gruppen eingelagert sind, aber einer eigenen, nicht durch starre Rollenzumutungen gekennzeichneten Logik folgen. Das mag im Betrieb ein abteilungsübergreifender Freundeskreis von Menschen sein, die ein gemeinsames Hobby haben oder die sich aus nachbarschaftlichen Zusammenhängen kennen. Sie können sich im Sozialraum des Betriebes zu „Cliquen" ausformen, die erheblichen Einfluss auf das soziale Klima auszuüben vermögen (vgl. Prott 2001). Für den Außenstehenden mögen sie schwer identifizierbar sein, weil sie weder über Satzungen (Ziele) noch über Funktionsdifferenzierungen (Binnenstruktur) verfügen, weil sie an den Rändern der Mitgliedschaft zerfließen oder nur eine flüchtige Lebensdauer aufweisen. Gleichwohl sind sie als Element der sozialen Struktur ebenso bedeutsam wie als Ort der Vergesellschaftung: Informelle Gruppen leisten oft wesentliche Beiträge zur Integration (oder auch zur Vergraulung) von Betriebsneulingen. Sie können zudem ein Ausgangspunkt kollektiver Konflikte sein. Ähnlich verhält es sich im Ortsverein der politischen Partei. Da mögen sich in verräucherten Hinterzimmern von Gaststätten Angehörige unterschiedlicher politischer „Fraktionen" zusammenfinden, um neue Ideen durchzusetzen oder künftige Posten zu verschachern. Ihre Existenz als Gruppe ist in keiner Parteisatzung vorgesehen, ja, sie wird im Zweifelsfall von den Repräsentanten der formellen Gruppe als subversiv gegeißelt, dennoch weiß jeder, der Erfahrungen mit parteipolitischer Arbeit gesammelt hat, wie bedeutsam diese locker strukturierten „Montagskreise" oder „Donnerstagskreise" für das Leben der Gesamtgruppe sein können. Ähnlich verhält es sich beim Radrennsport. Seitdem etwa die Tour de France von privaten Firmen gesponsort wird, setzen sich die Mannschaften (formelle Gruppen) aus Fahrern verschiedener Länder zusammen. Das wird aber etwa die Franzosen oder Italiener nicht hindern, sich abends im Hotel auch schon einmal mannschaftsübergreifend zusammenzufinden oder im Verlauf einer langen Etappe das eine oder andere Schwätzchen miteinander zu halten. Der Tatbestand des Unterschieds wie der wechselseitigen Verwebung von formellen und informellen Gruppen erinnert uns einerseits an die Erkenntnisgrenzen der Rollenanalyse (der Mensch in seiner persönlichen Identität ist mehr als die Summe seiner Rollen), andererseits macht er deutlich, dass jede soziologische Analyse etwa der Handlungsdynamik in sozialen Gebilden, schlecht beraten ist, die die *Idee* einer Gruppe, einer Organisation, einer Struktur mit ihrer *faktischen Funktionsweise* gleichsetzt.

Ein anderer bedeutsamer Unterschied ist die Unterscheidung zwischen *Primärgruppen* und *Sekundärgruppen*. Was hat es damit auf sich? Primärgruppen sind Gruppen, in denen es eine sehr enge, unmittelbare und dauerhafte persönliche Verbindung zwischen den Gruppenmitgliedern gibt. Sie werden als „primär" vor allem deshalb bezeichnet, weil sie eine herausragende Bedeutung bei der Ausformung der Persönlichkeit haben. Insofern ist die Familie die „klassische" Primärgruppe. Aber auch Spielgruppen von Kindern oder enge nachbarschaftliche Bezüge können einen solchen Status beanspruchen. Primärgruppen verkörpern gewissermaßen „natürliche" Orte elementarer Sozialisationserfahrungen. Ihnen haftet gerade nicht jene Künstlichkeit an, die für Sekundärgruppen typisch ist. Zurückgespiegelt auf die Handlungstheorie Max Webers könnten wir auch sagen, Primärgruppen sind bevorzugte Orte, in denen wir traditionales, aber auch wertrationales Handeln lernen. Sie sind soziale Zusammenhänge, in denen wir im Lauf des Zivilisationsprozesses gelernt haben, unsere Affekte im sozialen Austausch mit Fremden zu beherrschen. Sekundärgruppen (z.B. die Schulklasse, der Sportverein, die Abteilung eines Betriebes) sind demgegenüber eher geeignet, zweckrationales Handeln mit seinen Tugenden einzuüben, sich im öffentlichen und ökonomischem Raum der Gesellschaft zurechtzufinden. Primärgruppen sind dauerhafter als Sekundärgruppen. Sie unterliegen in der Regel weit weniger den Imperativen des gesellschaftlichen Wandels als manche Sekundärgruppe, zumindest was das innere Gefüge, das Rollenarrangement betrifft. Im Hinblick auf die Rollenanalyse kommt schließlich noch etwas Wichtiges hinzu: Während die Menschen den Primärgruppen als Individuen angehören, sind sie in den Sekundärgruppen bloße Funktionsträger. In beiden Typen sozialer Gruppen werden Normen aufgerichtet, Rollen definiert und gespielt. In der Primärgruppe aber ist die Möglichkeit zur Rollendistanz, zu einem sozusagen eher gleichgültigen Verhaltensmuster wesentlich geringer als in der Sekundärgruppe. Das kommt schon darin zum Ausdruck, dass wir aus unserer Herkunftsfamilie nicht so einfach „austreten" können wie aus einem Sportverein. Ablösungsprozesse bedeuten für die Gruppe wie für die Individuen etwas recht verschiedenes, je nach dem, ob wir es mit einer Primärgruppe oder mit einer Sekundärgruppe zu tun haben.

Das folgende, in Anlehnung an Klaus Feldmann (Wiesbaden 2000, S. 179) konstruierte Schema verdeutlicht wichtige Unterschiede zwischen Primärgruppen und Sekundärgruppen.

Darstellung 4:
Wesensmerkmale von Primärgruppen und Sekundärgruppen

Merkmale	**Primärgruppe**	**Sekundärgruppe**
Personenzahl	klein	groß
Prinzipien	gemeinsame Ziele bei ganzheitlichen Beziehungen	gemeinsame Ziele bei lockeren Beziehungen
Sozialer Kontakt	persönliche Nähe	soziale Distanz
Rolle und Individuum	enge Verknüpfung von sozialer Rolle und Person	Trennung von sozialer Rolle und Person
Idealtypisches Handeln	eher wertrational und traditional, zum Teil affektuell	eher zweckrational, zum Teil affektuell
Dauer der Beziehungen	langfristig	kurzfristig
Grund der Mitgliedschaft	zentrales Ziel, Lebenssinn	Mittel zum Zweck
Beispiele	Familie, langjährige Freundschaft	Berufsgruppe, Verein

Fassen wir zum Schluss dieses Abschnittes noch einmal wichtige Punkte einer einführenden Soziologie der Gruppe *zusammen.* Das Rollenspiel als Ausdruck sozialen Handelns ist in der Regel in den Zusammenhang *sozialer Gruppen* eingebettet. Soziale Gruppen gelten als Keimzellen menschlicher Gesellschaft, weil sie als quasi-natürliche „Gesellungsform" den Menschen als soziales Wesen vom Einsiedlerdasein unterscheiden. Wir sprechen in der Soziologie von einer Gruppe, wenn mindestens drei Menschen ein Minimum gemeinsamer Ziele verfolgen und zu diesem Zweck mehr oder weniger vielfältige Beziehungen (Rollendifferenzierung, Aufgabenteilung, Hierarchie) miteinander eingehen. Eine zufällige Menschenansammlung an einer Verkehrskreuzung oder das Publikum im Kino sind demgegenüber bloß eine „Menge" oder „Masse", denn ihnen fehlt jenes Minimum an innerer Strukturierung zur Erreichung des gemeinsamen Ziels. Als Verflechtungszusammenhänge oder „Figurationen" (Norbert Elias) sind Gruppen ein Element umgreifender sozialer Strukturen. Deshalb öffnet die Differenzierung dieses Begriffs unseren Blick auf die Analyse der Gesamtgesellschaft. Wir unterscheiden zwischen kleinen und großen Gruppen, zwischen Primärgruppen und Sekundärgruppen, zwischen formellen und informellen Gruppen. So ist beispielsweise die Familie eine Primärgruppe, weil sie für die Bestandserhaltung des gesellschaftlichen Gefüges schon wegen ihrer Sozialisationsfunktion eine herausragende Rolle spielt. Als Kleingruppe mit engen persönlichen Bindungen ist sie besonders geeignet, das für Gruppen typische „Wir"-Gefühl mit seiner Abgrenzungsneigung nach außen auszuprägen. Sie ist zudem eine formelle Gruppe, weil sie in der Regel absichtlich geplant und auf Dauer gestellt ist. Im Unterschied dazu ist etwa der Sportverein eine (formelle) Großgruppe, die wir wegen ihrer geringeren Bedeutung für die gesellschaftliche Bestandserhaltung auch als Sekundärgruppe bezeichnen können. Solche Gruppen bilden oft eine differenzierte vertikale und horizontale Positionsdifferenzierung aus, verfolgen kodifizierte Ziele und bedienen sich dazu eines spezialisierten Apparats von Funktionsträgern. Wir sprechen in diesem Zusammenhang auch von *sozialen Organisationen*, deren Analyse in der politischen Soziologie (Soziologie politischer Parteien und Verbände) oder in der Soziologie der Arbeitswelt (Soziologie der Betriebsorganisation) eine besondere Rolle spielen. Vor allem in Großgruppen werden die „offiziellen" Strukturen häufig von einem Geflecht informeller Gruppen überlagert. Als ungeplante Elemente der Sozialstruktur basieren sie häufig auf persönlicher Bekanntschaft, können also Primärgruppeneigenschaften annehmen und schon durch ihren starken inneren Zusammenhalt das formelle Gefüge gehörig durcheinander bringen. Weltanschauliche „Fraktionen" innerhalb politischer Parteien oder auch „Cliquen" in einer Sportmannschaft oder in einem Betrieb haben oft den Charakter solcher informeller Gruppen.

Übungsfragen

Was verstehen Vierkandt und Weber (vgl. Text 3) unter einem „Idealtypus", und warum sind solche begrifflichen Konstruktionen sinnvoll?

Warum sind Gruppen nach Ansicht Vierkandts „soziale Kategorien"?

Welche „Grundeigenschaften" kennzeichnen eine soziale Gruppe? Listen Sie die in Text 7 enthaltenen Dimensionen auf und versuchen Sie, diese in eine Art Rangreihe abnehmender Wichtigkeit zu bringen!

Worin unterscheiden sich „primäre" von „sekundären" sowie „kleine" von „großen" Gruppen hinsichtlich der von Vierkandt hervorgehobenen Wesensmerkmalen von Gruppen?

Welchen Zusammenhang erkennen Sie zwischen „sozialen Gruppen" und „sozialen Rollen"?

Worin bestehen wesentliche Unterschiede zwischen „formellen“ und „informellen“ Gruppen? Erörtern Sie Gemeinsamkeiten und Differenzen im Zusammenhang mit Definitionsmerkmalen der „sozialen Gruppe“?

Was unterscheidet eine „Menge“ von einer „sozialen Gruppe“?

Halten Sie es für sinnvoll, „soziale Gruppen“ im Sinn Durkheims als „soziale Tatsachen“ zu bezeichnen?

Welche Bedeutung und Funktionen können „informelle Gruppen“ im Alltag von Studentinnen und Studenten an einer Hochschule haben?

4. Institutionen als Fundamente der Vergesellschaftung

Am 21. September 2001 empfing George W. Bush starker Beifall aller Abgeordneten beider Häuser des amerikanischen Kongresses, als er in einer Rede Reaktionen auf den Terroranschlag vom 11. September ankündigte. Erfahrene Parlamentsberichterstatter konnten sich nicht erinnern, dass einem Präsidenten der USA in den letzten Jahrzehnten jemals ein auch nur annähernd großer Sympathiebeweis entgegengebracht wurde. Wenige Tage später, am 25. September, bestätigte das Meinungsforschungsinstitut Gallup dieses Einstellungsklima für die Bevölkerung: Mehr als 90% der US-Amerikaner zeigten sich mit der Politik von George W. Bush vollkommen einverstanden. Dabei war der ehemalige Senator von Texas erst wenige Monate im Amt, als denkbar knapper Sieger aus einer Wahl gegen seinen Konkurrenten Al Gore hervorgegangen. Vor allem die Intellektuellen begleiteten die Amtseinführung von Mr. Bush mit Hohn und Spott. Dieser sei, sagten einige von ihnen, der mit Abstand dümmste Präsident, den die USA in ihrer ruhmreichen Geschichte jemals zu erdulden gehabt hätten – ein Verdikt, das angesichts der nicht unbedingt überragenden Geistesgaben eines Ronald Reagan besonders schwer wiegt. Wie ist ein solcher Stimmungsumschwung möglich? Was hatte der Präsident Bush im September 2001, was der Präsidentschaftskandidat Bush im Herbst 2000 nicht hatte? Es ist unwahrscheinlich, dass der *Person* auf wundersame Weise Sympathiewerte zugewachsen sind. Es ist aber wahrscheinlich, dass die Angehörigen von Repräsentantenhaus und Senat ihren frenetischen Jubel am 21.9. weniger an den Menschen George W. Bush adressierten als an das von ihm ausgeübte *Amt* des Präsidenten der Vereinigten Staaten von Amerika, das dieser verkörperte. Die Nation war über Parteigrenzen hinweg angesichts der schrecklichen Ereignisse des 11.9.2001 zusammengerückt. Der terroristischc Angriff wurde so empfunden, wie er offensichtlich gemeint war: als Anschlag auf *Institutionen* der Gesellschaft. Das World Trade Center symbolisierte den Reichtum und die wirtschaftliche Kraft des Landes, das Pentagon seine militärische Stärke. Das Weiße Haus und das Kapitol in Washington, die Geheimdienstberichten zufolge ebenfalls im Fadenkreuz der Terroristen lagen, versinnbildlichten als Sitz von Regierung und Parlament die zentralen Einrichtungen der Demokratie. Nicht nur das Entsetzen über die große Zahl an Toten, auch der Eindruck von der Verwundbarkeit wichtiger *Institutionen* der USA erklären die beispiellosen Zeugnisse politischer Geschlossenheit in Parlament und öffentlicher Meinung in den folgenden Tagen und Wochen.

Ich will in diesem Abschnitt versuchen, einen der schillerndsten Begriffe soziologischer Theoriebildung zu erläutern. Gerade weil er, wie das erwähnte Beispiel andeutet, auf vielgestaltige Phänomene Bezug nimmt, denen eine fundamentale Bedeutung für die Gesellschaft und für Prozesse der Vergesellschaftung der Individuen gemeinsam ist, suchen wir in der Fachliteratur vergeblich nach einvernehmlichen Definitionen. Im Rahmen dieser Einführung geht es nicht darum, eine breite Palette von Begriffsbestimmungen mit dem Bemühen um Vollständigkeit zu entfalten. Vielmehr kommt es darauf an, den Kern der Sache zu verdeutlichen. In einem ersten Schritt unterscheide ich vier verschiedene Bedeutungsbereiche des Begriffs der sozialen Institution, um dann in einem zweiten Schritt die entscheidenden Definitionselemente herauszuarbeiten.

a) Bedeutungsbereiche des Begriffs

(1) Institutionen sind Vergesellschaftungs*formen* mit einer langen historischen Lebensdauer auf juristisch codifizierter Grundlage.

Wenn wir beispielsweise Ehe oder Familie als Institutionen bezeichnen, haben wir im Auge, dass sie als Keimzellen moderner bürgerlicher Gesellschaften schon seit Jahrhunderten existieren. Im Artikel 6 (1) des Grundgesetzes heißt es: „Ehe und Familie stehen unter dem besonderen Schutz der staatlichen Ordnung." In einer nüchternen soziologischen Betrachtung ist die Familie zunächst nichts anderes als eine generationenübergreifende soziale Gruppe, der die Gesellschaft Sozialisationsfunktionen zugeschrieben hat. Nun sind aber eine ganze Reihe von ähnlichen sozialen Gruppen mit ausdrücklichen oder unbeabsichtigten Erziehungsaufgaben ausgerüstet, zum Beispiel Spielgruppen von Kindern, Jugendcliquen oder Sportvereine. Sie stehen gemäß unserer Verfassung jedoch nicht „unter dem besonderen Schutz der staatlichen Ordnung", sind also, soziologisch gesehen, nicht *institutionalisiert.* Gesellschaftspolitische Auseinandersetzungen etwa über die Gleichstellung homosexueller Lebenspartnerschaften mit der herkömmlichen heterosexuellen Familie sind gerade deshalb so heftig, weil sie ein überliefertes institutionelles Arrangement berühren.

(2) Institutionen sind im kulturellen Wertsystem verwurzelte verhaltensregulierende *Normen* mit einem hohen Grad an Erzwingbarkeit.

Dieser zweite Bezugspunkt des Begriffs ist eng mit dem ersten verwoben. Er lenkt unsere Aufmerksamkeit auf das Phänomen der sozialen Rollen. Wie wir an anderer Stelle gesehen haben, erfordert kalkulierbares soziales Handeln von uns die Fähigkeit, in wechselnden sozialen Bezügen und Situationen recht unterschiedliche Rollen spielen zu können. Einige davon mögen flüchtig und unbestimmt sein, weil sie unseren Alltag noch nicht sehr lange und auch nicht kontinuierlich begleiten – denken wir etwa an Verhaltensregulierungen von Radfahrern im Straßenverkehr, an Gepflogenheiten bei „Events" in der „Erlebnisgesellschaft" oder an Kommunikationsprozesse im Internet. Andere Rollen haben einen größeren Traditionsbestand. Sie verkörpern eingeschliffene soziale Gewohnheiten, sind zu Sitten und Gebräuchen verdichtet. Unsere Rollen als „Staatsbürger", als „Wirtschaftsbürger", als „Vater" oder „Mutter", als „Schüler" oder „Lehrer" sind häufig mit „Muss"-Erwartungen aufgeladen, engen also die Verhaltensspielräume beträchtlich ein. Wenn wir Verhaltensvorschriften dieser Art als Institutionen bezeichnen, lenken wir die Aufmerksamkeit abermals auf Basistatbestände einer bestimmten Gesellschaft in Gestalt des sie umgreifenden kulturellen Wertsystems. „Religion" oder „Privateigentum", aber auch die „Sprache" verkörpern in je eigentümlicher Weise Aspekte von Kultur, die einerseits die Unverwechselbarkeit (Identität) einer bestimmten Gesellschaft ausmachen, zugleich aber auch jene Basisnormen hervorbringen, die der dauerhaften Verhaltensregulierung in zentralen Lebensausschnitten dienen.

Der amerikanische Soziologe Talcott Parsons (1902 – 1979) hat Institutionen im Sinn der ersten beiden Punkte als Systeme von Erwartungsmustern bezeichnet, die gerade deshalb als ganz selbstverständlich und als legitim erachtet und befolgt werden, weil sie kulturell verankert sind. Sie sind also Normen, die mit einem hohen moralischen Sanktionspotential ausgestattet sind:

„Institutionen oder institutionelle Muster stellen in dem Bezugsrahmen, der hier verwandt werden soll, einen Hauptaspekt dessen dar, was wir in einem allgemeineren Sinne als Sozialstruktur bezeichnen. Es sind die ***normativen*** *Muster, durch die definiert wird, welche Formen des Handelns oder welche sozialen Beziehungen in einer gegebenen Gesellschaft als angemessen, rechtmäßig oder erwartet betrachtet werden. Die institutionellen Muster unterschei-*

den sich von anderen normativen Mustern, die das Handeln bestimmen können, durch zwei Hauptkriterien. Erstens sind sie von einem allgemeinen ***moralischen Empfinden*** *getragen; sie zu befolgen ist nicht bloß zweckmäßig, sondern eine moralische Pflicht. Zweitens sind sie keine „utopischen" Muster, die – so erstrebenswert sie auch immer sein mögen – nur von einigen wenigen oder nur unter außergewöhnlichen Umständen verwirklicht werden. Der extreme Altruismus der Bergpredigt zum Beispiel oder außergewöhnliches Heldentum werden zwar allgemein gebilligt, doch vom gewöhnlichen Menschen* ***erwartet*** *man nicht, dass er sie verwirklicht. Wenn ein Muster dagegen institutionalisiert ist, so wird seine Befolgung zum Bestandteil der legitimen Erwartungen der Gesellschaft, wie auch der jeweils Handelnden. Die typische Reaktion auf die Verletzung einer institutionellen Regel ist moralische Empörung, die durch ein Gefühl gefärbt ist, „im Stich gelassen" worden zu sein. Ein Treuhänder, der Geld unterschlägt, oder ein Soldat, der desertiert, verfehlen, das zu tun, was die anderen* ***zu Recht*** *von ihnen erwarten."* (Parsons 1964, S. 140f.)

Mit anderen Worten: Wenn soziale Rollen in der kulturellen Basis einer Gesellschaft verankert und von daher besonders gerechtfertigt sind, kann man sie nicht verletzen ohne „moralische Empörung" hervorzurufen. Wenn es der von Parsons beispielhaft angeführte Treuhänder nicht versteht, das ihm anvertraute Vermögen gewinnbringend anzulegen, handelt er zwar „Soll"-Erwartungen im Sinn Dahrendorfs zuwider, aber das mag ihm nachgesehen werden. Den institutionalisierten moralischen Aspekt seiner Rolle jedoch, das ihm anvertraute Vermögen nicht in die eigene Tasche zu stecken, kann er nicht verletzen, ohne sich neben der „Empörung" seines Interaktionspartners auch noch scharfe juristische Sanktionen zuzuziehen. Der Soldat wiederum kann einem Befehl seines Vorgesetzten widersprechen. Er riskiert dann Tadel bis hin zur Degradierung. Sein Ausscheiden aus der Truppe, womöglich im Angesicht des militärischen Feindes, mobilisiert kollektive Entrüstung auch dann noch, wenn sich herausstellt, dass er sich extremer Unmenschlichkeit widersetzt hat. Die jahrzehntelang in Deutschland in beschämender Weise vergeblichen Versuche, die Deserteure der Deutschen Wehrmacht im Zweiten Weltkrieg durch Denkmäler zu ehren, stellen das unter Beweis. Wir sehen also im Licht der Überlegungen von Talcott Parsons, dass bestimmten sozialen Rollen ein „moralischer Kern" anhaftet, der ihren institutionellen Charakter ausmacht.

Der Soziologe Alfred Bellebaum argumentiert ähnlich wie Talcott Parsons, wenn er im folgenden Textdokument soziale Institutionen gleichzeitig als Formen der Vergesellschaftung (Punkt 1) und als an kulturelle Normen (Punkt 2) geknüpfte soziale Rollen auffasst. Darüber hinaus weist er in Anlehnung an Emile Durkheim auf den „Ding"-Charakter der Institutionen hin:

Text 8:
Institutionen als Vergesellschaftungsform und als normatives Muster

Unter Institution wird oft etwas Negatives verstanden. Es geht um das Überlieferte, Starre, nicht so ohne weiteres Veränderbare, das selbst revolutionärem Ansturm Widerstehende - weshalb auch schließlich nichts anderes übrig bleibe, als den langen Marsch durch die Institutionen anzutreten. An dessen Ende werde der Mensch endlich aller institutionellen Fesseln ledig sein, seinen eigentlichen Anlagen entsprechend leben, sich selbst entfalten, über sich selbst bestimmen und verfügen, frei sein können. Die solchen Äußerungen zugrunde liegende kritische Einstellung läßt sich leicht erklären, wenn man Diskrepanzen zwischen überlieferten und nach wie vor wirksamen Handlungsweisen sowie veränderter Wirklichkeit bedenkt...

Menschliches Handeln erschöpft sich zwar nicht in eindeutig geregelten und zumeist gruppengebundenen sozialen Beziehungen, es ist aber doch weithin darin eingebunden, was Veränderungen gar nicht ausschließt. Menschen sind in soziologischer Sicht nicht Monaden, das heißt sich selbst genügenden letzten Einheiten vergleichbar. Sicherlich können nur Menschen etwas tun, gestalten und einrichten. Weil sich aber die Gesellschaft aus Individuen zusammensetzt, so scheint es dem naiven Verstande, daß das soziale Leben keine andere Grundlage als das individuelle Bewußtsein haben könne, weil es sonst in der Luft schweben oder sich im Leeren verlieren würde. Diese Annahme ist falsch. Es gibt noch eine andere zumindest relativ eigenständige Wirklichkeit. E. Durkheim spricht deshalb (mit einem leicht mißverständlichen Ausdruck) vom Kollektivbewußtsein, das er dem Einzelbewußtsein gegenüberstellt. Reichweite und Bedeutung des Kollektivbewußtseins zeigen sich schon daran, daß die Menschen nicht die Wahl haben, in das Gesellschaftsleben einzutreten. Man befolgt Bräuche, Sitten oder Rechtsvorschriften, die andere Menschen lange Zeit vorher geschaffen haben. Viele soziale Gruppen verschwinden nicht deshalb, weil ihre Mitglieder nach und nach sterben, sondern diese werden durch andere Menschen ersetzt. Träger von Wertvorstellungen, Zielen, Lebenseinstellungen, Gefühlen usw. können immer nur Menschen sein. Dennoch sind die genannten „Dinge" insofern eine eigenständige Wirklichkeit, als sie lange Zeit hindurch menschliches Handeln lenken und leiten, eben auch das jener Menschen, die an dem Zustandekommen dieser Wirklichkeit gar nicht beteiligt sind. Selbst wenn Menschen solche Verpflichtungen innerlich anerkennen, diese ihnen mithin als sinnvoll und werthaft erscheinen, behalten sie dennoch ihren verpflichtenden Charakter. Wie real die so verstandene Wirklichkeit ist, zeigen angedrohte oder ausgeführte Sanktionen. Man hat in anderem Zusammenhang vom Widerstandserlebnis als Indiz für die Objektivität sozialer Gruppen gesprochen. Die soziale Wirklichkeit, die sozialen Gruppen, die Glaubensvorstellungen und Bräuche üben Macht aus, begegnen Abweichungen und Verletzungen mit Widerstand. „Ein beständiger leiser Wechsel von Druck, Widerstand und Förderung läßt uns fühlen, daß wir niemals alleine sind" (W. Dilthey). Die Rechtsnormen spielen dabei eine besondere Rolle. Sie haben das (als Wir-Gefühl begreifbare) Kollektivbewußtsein zu schützen und zu sichern. Die Rechtsnormen sind, sofern sie den wahren Zustand der sozialen Beziehungen zum Ausdruck bringen, sichtbare Symbole sozialer Solidarität. Andernorts hat Durkheim das Insgesamt jeder (relativ) eigenständigen sozialen Wirklichkeit, welche durch soziale Normen verschiedenster Art Druck und Zwang auf die einzelnen Menschen auszuüben vermag, Institutionen genannt. Die Soziologie erscheint ihm damit als Wissenschaft von den Institutionen...

Der Sprachgebrauch ist also nicht einheitlich. Unangesehen der im Anhang erläuterten zusätzlichen Bedeutung genügt es hier, unter institutionalisierten Normen solche sozialen Normen zu verstehen, die sich auf zentrale gesellschaftliche Bereiche beziehen, deren klare und eindeutige Regelung für die Existenz und das Funktionieren von Gesellschaften oder einzelner Bereiche nötig ist. Es gibt universale Institutionen. Dazu gehören beispielsweise die institutionellen Bereiche Sicherung der Nachkommenschaft und Heilung von Krankheiten. Andere Institutionen ergeben sich aus den Besonderheiten und Lebensumständen einzelner Gesellschaften. Bei uns haben bestimmte Grußformen und Gastfreundschaft ihre institutionelle Bedeutung verloren. Dagegen sind neuartige Bereiche wie etwa Auseinandersetzungen zwischen Arbeitgebern und Arbeitnehmern (Institution: Gewerkschaft) oder Hilfe für notleidende Menschen (Institution: staatliche oder freie Wohlfahrt) eigens institutionell normiert. Dort, wo Bräuchen oder Sitten vergleichbare institutionelle Verankerungen nicht ausreichen, werden sie zusätzlich oder ausschließlich rechtlich geregelt. Das gilt weithin für die moderne Gesellschaft. In ihr sind institutionalisierte Normen und Rechtsnormen, Institutionen und Recht, identisch - jedenfalls in vielen Bereichen.

Quelle: Alfred Bellebaum: Soziologische Grundbegriffe, 3. Auflage, Stuttgart 1973,
S. 55ff., S. 178ff.

(3) Institutionen sind *organisierte soziale Systeme*, die sich durch ein hohes Maß an Dauerhaftigkeit und innerer Stabilität auszeichnen.

Dieses Verständnis von Institutionen entspricht noch am ehesten unserem alltäglichen Sprachgebrauch. Wenn wir beispielsweise sagen: „Die politischen Institutionen machen mit den Bürgern heutzutage was sie wollen!“ haben wir Phänomene mit einer bestimmten organisatorischen Gestalt vor Augen, zum Beispiel die politischen Parteien, die Regierungsverwaltung oder auch das Parlament. Institutionen können also Organisationen sein, aber nicht jede Organisation ist gleichzeitig auch eine Institution. Das können wir uns an einem einfachen Beispiel verdeutlichen. Der zitierte Stoßseufzer mag einem Angehörigen einer Bürgerinitiative über die Lippen gekommen sein, die sich seit längerem vergeblich für Geschwindigkeitsbegrenzungen in Wohngebieten einsetzt. Diese Initiative mag über Statuten verfügen und ihre Rollen funktional gegliedert haben (Vorstand mit Schriftführer, Beisitzern etc.). Sie trägt also Merkmale „formaler Organisationen“. Interne Meinungsführer mögen den eigenen gewählten Repräsentanten das Leben schwer machen, weil sie aus dem Hintergrund „informeller“ Strukturen heraus agieren – kurz: Wir haben es womöglich mit einem recht rationalen und in sich differenzierten Gebilde zu tun. Im Bewusstsein ihrer Akteure wie dem ihrer politischen Kontrahenten jedoch handelt es sich nicht um eine Institution, weil die Bürgerinitiative lediglich ein punktuelles, vorübergehendes Interesse verfolgt, das sich gegen einen befestigten Block institutionalisierter Organisationen (Stadtentwicklungsbehörde, Kommunalparlament, Bürgermeister etc.) zu behaupten versucht. Während die politischen Institutionen in dieser Konfliktkonstellation durch allgemein anerkannte Normen (Parlamentarismus) und Verfahrensweisen (Gewaltenteilung) legitimiert sind, verkörpert die Bürgerinitiative ein partielles und in der Bürgerschaft oft recht umstrittenes Interesse. Wenn sich allerdings ursprünglich punktuelle soziale Bewegungen gesellschaftlich verallgemeinern, organisatorisch verdichten, verbreitete Anerkennung finden und dadurch zum dauerhaften Bestandteil von Prozessen der Meinungs- und Willensbildung werden, sprechen wir von ihrer „Institutionalisierung“. Dadurch aber, dass sie in den Rang von Institutionen aufrücken, laufen sie gleichzeitig Gefahr, für den damit verbundenen wachsenden Einfluss den Preis des Verlusts ihrer Ursprünglichkeit, Basisverbundenheit und Radikalität zu zahlen. Es kommt dann häufig zu heftigen inneren Auseinandersetzungen über Ziele und Wege, wie etwa die Geschichte der Arbeiterbewegung, der grün-alternativen Bewegung oder der amerikanischen Bürgerrechtsbewegung zeigen. Wir sprechen also von Institutionen als organisierten sozialen Systemen, wenn wir vorzugsweise staatliche oder halbstaatliche Einrichtungen vor uns haben, die in ihrer inneren Verfassung fest gefügt und von großer, gesellschaftlich anerkannter Bedeutung sind.

(4) Institutionen sind *Personen,* soweit sie *Ämter* oder gesellschaftlich wie kulturell als bedeutsam erachtete *Funktionen* verkörpern.

Das Amt des Präsidenten der USA ist eine in der Verfassung des Landes ebenso verkörperte Institution wie der Kongress mit seinen beiden Kammern. George W. Bush gewann mit den oben in Erinnerung gerufenen Ereignissen die historische Chance, aus dem namenlosen Heer amerikanischer Präsidenten herauszutreten und als Person den Status einer Institution zu gewinnen. Wir „adeln“ gleichsam Personen zu Institutionen, wenn sie in herausgehobener Weise die Idee und Bedeutsamkeit eines gesellschaftlichen Sinnzusammenhangs repräsentieren. Der Begriff dient uns also wie auf der Ebene der Einordnung von Rollen abermals zur Unterscheidung des Wichtigen von dem weniger

Wichtigen. In diesem Sinne gilt vielen Max Schmeling als eine Institution des deutschen Boxsports, nicht aber Sven Ottke. Uwe Seeler oder „Kaiser“ Franz Beckenbauer sind Institutionen des deutschen (und internationalen) Fußballs, kaum aber deren ehemalige Mannschaftskameraden „Katsche“ Schwarzenbeck oder „Charly“ Dörfel. Das liegt wohl daran, dass Popularität und Prominenz der einen zeitlich überdauern, während die anderen rasch in Vergessenheit geraten. Solche personell verkörperten Institutionen stehen gewissermaßen für das Ganze des Sinnzusammenhangs; sie rufen Gedankenverbindungen an „typische“ Tugenden hervor (z.B. die spielerische Eleganz des „Kaisers“ oder der unbändige Kampfeswille von Seeler), eignen sich womöglich auch als Vorbilder für den Nachwuchs. Wenn wir uns die geschichtlich gewordene Eigenart eines kulturellen Sinnzusammenhangs in Gestalt herausragender Figuren vor Augen führen, wenn wir das personalisierte Wesen einer Sache in den Blick nehmen, dann haben wir „Institutionen“ in diesem Sinne vor Augen. Man könnte auch sagen: Das Wesen der deutschen Volksmusik (und damit vielleicht auch eines Teils unseres nationalen „Gemüts“) zieht sich in der Person eines Heino zusammen, so wie der Wiener Walzer von Richard Strauß oder die klassische Musik von Beethoven oder Bach verkörpert werden. Wir können, in anderen Worten, die Bedeutung solcher Personen nicht wegdenken, wenn wir den Kern solcher kultureller Phänomene verstehen wollen.

b) Definitonselemente des Begriffs

Gehen wir nun einen Schritt weiter und versuchen vor dem Hintergrund der erörterten Phänomene den soziologischen *Begriff der Institution* präziser zu fassen. Wir haben es offenbar in jedem der vier Bedeutungsbereiche mit gewichtigen, sozial besonders bedeutsamen Erscheinungen der Gesellschaft und des gesellschaftlichen Lebens zu tun. Soziale Institutionen sind relativ stabile, auf Dauer angelegte Ordnungsmuster des sozialen Lebens, die auf ein hohes Maß an Zustimmung rechnen können. In gewisser Weise sind sie „gefrorene Antworten auf fundamentale Fragen des sozialen Lebens“ (Imogen Seger). In Anlehnung an Talcott Parsons spricht manches für diese Kurzdefinition:

Institutionen bezeichnen die normative Zusammenfassung und Ordnung jener Verfahrens- und Verhaltensweisen für die Befriedigung von Bedürfniskomplexen, die für Bestand und Entwicklung der Gesamtgesellschaft wie für das Handeln der Menschen in ihr von strategischer Bedeutung sind.

Kommen wir noch einmal auf Alfred Bellebaum zurück. Für ihn sind Institutionen in erster Linie Verhaltensregulierungen in „strategisch bedeutsamen

Bereichen sozialer Beziehungen“. Im Sinn der von mir vorgeschlagenen Definition verbergen sich hinter solchen „Bereichen“ elementare Bedürfniskomplexe. In Anlehnung an Bellebaum (Ebenda, S. 179) können wir nun, ohne Anspruch auf Vollständigkeit, derartige Bedürfniskomplexe verschiedenen Institutionen zuordnen, die uns in Gestalt der unter (1) bis (3) erörterten Phänomene begegnen.

Darstellung 5:
Soziale Institutionen im Kontext von Bedürfniskomplexen

Bedürfnisbezogene Handlungsfelder	**Institutionen**
Produktion und Verteilung von Gütern	Wirtschaft
Ordnung politischer und staatlicher Beziehungen	Herrschaft
Sicherung der Nachkommenschaft	Ehe, Familie, Verwandtschaft
Verkehr mit überirdischen Mächten	Religion
Heilung von Krankheiten	Medizin
Verbreitung von Informationen	Journalismus
Außerfamiliäre Erziehung	Schule

Im Zusammenhang mit einer soziologischen Theorie der Institutionen spielen vor allem zwei Gesichtspunkte eine besondere Rolle, auf die hier abschließend kurz hinzuweisen ist. Das ist zum einen die Eigengesetzlichkeit von Institutionen und zum anderen deren krisenhafte Veränderungen.

Zum ersten Aspekt. Darstellung 5 legt das (funktionalistische) Missverständnis nahe, dass Institutionen sich gegenüber den auf sie bezogenen Handlungsfeldern allein in einer Art dienenden Rolle befinden. Manche Soziologen (z.B. Helmuth Schelsky und Arnold Gehlen) haben aber mit guten Gründen darauf aufmerksam gemacht, dass mit ihrer zunehmenden gesellschaftlichen Verankerung auch Tendenzen zur Eigengesetzlichkeit verbunden sind. An diesen Grundgedanken lassen sich gut systemtheoretische Überlegungen zu den Selbstbezüglichkeiten sozialer Systeme anschließen, auf die hier nicht näher einzugehen ist. An einem einfachen Beispiel lässt sich das Gemeinte veranschaulichen. Die Institution der Ehe ist historisch entstanden und anerkannt als Einrichtung zur Sicherung der Nachkommenschaft. In Gestalt der ökonomischen „Vernunftehe“ kann sie aber auch das Bedürfnis nach Macht und Ansehen nähren und befriedigen, also mit Funktionen „aufgeladen“ sein, die ihrem ursprünglichen institutionellen Zweck gerade nicht entsprechen. Man könnte auch in naiver Weise vermuten, dass Institutionen von der Bildfläche verschwinden, wenn sie ihre Ziele weitgehend erreicht haben. Am Beispiel der deutschen Vertriebenenverbände scheint eher das Gegenteil der Fall zu sein. Nachdem sie ihren ursprünglichen Zweck, die Integration von Flüchtlingen in die deutsche Nachkriegsgesellschaft, erfolgreich mitbewältigt hatten, schöpften sie bis heute aus dem abgeleiteten Bedürfnis der Brauchtumspflege offenbar eine hinreichend legitimationsfähige ununterbrochene Existenzberechtigung. Zu gesellschaftlichen Großorganisationen mit hauptamtlichen Apparaten verfestigt, kreieren Institutionen in Gestalt organisierter sozialer Systeme also auch neuartige Bedürfniskomplexe, um sich am Leben zu erhalten.

Zum zweiten Aspekt, der von Soziologen in nahezu modischer Diktion wieder und wieder beschworenen „Krise der Institutionen." In unregelmäßigen Abständen signalisieren demoskopische Umfragen Vertrauensverluste bedeutender Institutionen in der Bevölkerung. Davon sind vor allem die Kirchen, das Fernsehen und die politischen Parteien betroffen, während Gewerkschaften und Banken mit einem „blauen Auge" davon kommen und Polizei und Justiz teilweise sogar an Ansehen gewinnen (vgl. Frankfurter Rundschau vom 29.1.1996). Besonders gravierend erscheint der Vertrauensschwund der politischen Parteien. Viele Bürgerinnen und Bürger interessieren sich zwar eigenem Bekunden zufolge für das politische Geschehen, aber 72% der Westdeutschen und sogar 78% der Ostdeutschen lehnen die Übernahme eines politischen Amtes, und sei es auch nur auf der kommunalen Ebene, rundheraus ab. Verbirgt sich hinter solchen Zahlen eine Krise von Institutionen? Die Frage ist nicht eindeutig zu beantworten. Zunächst zeigen die empirischen Befunde, dass das Zutrauen zu manchen Institutionen steigt, während es anderen verloren geht. Von einer „Krise des Institutionensystems" zu sprechen, ist also voreilig. Dann müssen wir uns klar machen, dass Befunde von Meinungsumfragen im Zeitablauf häufig einer Fieberkurve folgen, deren Ausschläge nach oben oder unten von eher zufälligen Ereignissen mit beeinflusst werden. Sie sind also nicht unbedingt ein verlässliches Anzeichen für das, was sie angeblich messen sollen. Stimmungsbilder können wahrscheinlich nie genau ergründen, wie wichtig den Menschen die ihr soziales Leben einrahmenden und mit Sinn vermittelnden Institutionen wirklich sind. Sich über eine Institution abfällig äußern ist das eine, sich von ihr durch eigenes Verhalten zu distanzieren ist noch einmal etwas ganz anderes. So verstanden, kann nicht einmal die erklärte Abstinenz der Bevölkerung gegenüber politischen Ämtern als Indiz für eine praktische Abwendung von politischen Institutionen genommen werden, solange das politische System über ausreichenden Nachwuchs verfügt. Bedenklicher mag es da schon stimmen, dass die Partei Bündnis 90/Die Grünen Kandidaturen für eine Kommunalwahl in Nordhessen vor einigen Jahren per Zeitungsanzeige offerierte.

In jedem Fall müssen wir auf der Suche nach verlässlichen Anzeichen für eine Institutionenkrise in der Bevölkerung zwischen *Einstellungen* und *Verhaltensweisen* unterscheiden. Es kann beispielsweise auch sein, dass eine bestimmte Institution an praktischer Bindungskraft verliert, während sie weiterhin in hohem Ansehen steht. Umgekehrt können Institutionen (vorübergehend) massiv an Vertrauen verlieren, ohne aber wirklich ins Wanken zu geraten und ihre verhaltensprägende Kraft einzubüßen. Mancher revolutionär gesonnene deutsche Student hatte sich ja im Rückenwind der Studentenrevolte der späten sechziger Jahre des vorigen Jahrhunderts auf eine Art langen „Marsch durch die Institutionen“ begeben, um die Gesellschaft in fröhlicher Unbefangenheit aus den Angeln zu heben. Einige von ihnen landeten am Ende warm und trocken in den Sesseln hoch geachteter Spitzenpositionen. Sie selbst hatten sich eher geändert als die Institutionen, denen sie den Kampf angesagt hatten. Auf Widersprüchlichkeiten zwischen Einstellungen und Verhaltensweisen gegenüber Institutionen hat der Soziologe Karl Otto Hondrich am Beispiel von Ehe, Familie, Freundschaft und Nachbarschaft aufmerksam gemacht. Seine Überlegungen mahnen uns, genauer hinzusehen, uns bei der Beurteilung sozialen Wandels nicht mit vorschnell verallgemeinerten Einzelerfahrungen zufrieden zu geben. Institutionen sind die Säulen der gesellschaftlichen Verhältnisse. Manchmal weist die eine oder andere davon Risse auf, aber selten stürzt eine ein, geschweige denn das gesamte System.

Text 9:
Die Bindungskraft von Institutionen

Die individuellen Ehen zerbrechen – die Institution bleibt. Man könnte sagen: Weil das moderne Paar die moderne kollektive Vorstellung von der Ehe als einer Institution des liebevollen und harmonischen Zusammenlebens hochhält, trennt es sich lieber, als das Ideal der Institution aufzugeben. Indem es sich individuell trennt, trägt es die Liebesbindung als kollektive, wenn auch verwandelte Institution weiter. So heilig wird diese Institution, dass man sich ihr auch ohne gesetzlichen Schutz annähert. Heute wollen auch unverheiratete und homosexuelle Paare von Staats wegen so behandelt werden, als ob sie verheiratet werden – und bezeugen damit ihre Hochachtung für die totgesagte Institution der Ehe.

Den Auflösungsprozessen stehen – man möchte sagen: ungeahnte – Stabilisierungs- und Restitutionsprozesse gegenüber. Das zeigt sich in den empirischen Langzeitstudien für fast alle Industriegesellschaften. Weit entfernt davon zu zerreißen, werden die Familien- und Verwandtschaftsbeziehungen zwischen den Generationen immer länger und enger, wie ja auch die Menschen immer länger leben und mehr zu vererben haben. Auch Scheidungen als Auflösung von Wahlbindungen verweisen die Menschen zurück auf ihre nicht gewählten Herkunftsbindungen: Man sucht Unterstützung und Halt bei Eltern, alten Freunden, klammert sich an die eigenen Kinder...Freundschaften werden nicht weniger, sondern mehr. Lebendige Nachbarschaft gibt es weiterhin, gerade auch in den ach so anonymen Städten. Selbsthilfegruppen und Bürgerinitiativen kommen hinzu. Ortsgebundenheit nimmt zu, Mobilität ab, die Menschen leben heute besser integriert als früher. Solidarität lebt in vielen Bezügen, bei amnesty international, Computerfreaks, Motorradkumpels – und sie kann durchaus an die klassische Arbeitersolidarität anknüpfen. Ganz entgegen den landläufigen Vorstellungen zeigt die Statistik, dass es heute nicht weniger, sondern viel mehr Ehrenämter gibt als etwa vor dreißig Jahren. Und was das traditionelle Vereinsleben angeht, von dem man annimmt, es sieche dahin: In Hessen ist die Zahl der Turn- und Sportvereine in den letzten Jahren kontinuierlich angestiegen, und die Mitgliederzahl hat sich vervierfacht.

Quelle: Karl Otto Hondrich: Der neue Mensch und seine Herkunft. In: Frankfurter Allgemeine Zeitung vom 31.5.1997, S. 15f.

Fassen wir noch einmal wichtige Überlegungen dieses Abschnitts *zusammen* und ergänzen sie durch verallgemeinernde theoretische Überlegungen. Vom Standpunkt der gesellschaftlichen Stabilität her gesehen, sind verschiedene soziale Rollen oder soziale Gruppen unterschiedlich wichtig. Der Bestand einer Gesellschaft wird kaum berührt, wenn die soziale Rolle des Beitragskassierers im Gesangverein durch elektronischen Bankeinzug wegfällt oder wenn ein Fußballclub wie Rhenania Würselen aus dem Vereinsregister gestrichen wird. Anders verhält es sich aber, wenn etwa die Elternrollen durch die rechtliche Anerkennung von Homosexuellenehen in Frage gestellt werden oder wenn Großorganisationen wie allgemeinbildende Schulen privatisiert werden sollen. Jetzt regt sich Widerstand, weil hier nicht beliebige Gruppen oder Rollen zur Debatte stehen, sondern *Institutionen* in ihrem Bestand gefährdet sind. Kaum ein Begriff wird in der Soziologie so uneinheitlich definiert, wie der der sozialen Institution. Das hängt sicher mit der Vielgestaltigkeit des damit bezeichneten Bedeutungskomplexes zusammen. Feldmann bezeichnet Institutionen als „langfristig angelegte gesellschaftliche Problemlösungen" oder auch als „Leim, der die Menschen in der Gesellschaft zusammenhält." (Feldmann 2000, S. 189) Im Kontext der verschiedenen „Master-Ansätze" gewinnt der Begriff Bedeutungsunterschiede: „In *funktionalistischer* Perspektive sind Institutionen die Problemlösungen, die sich durchgesetzt haben, um die zentralen Aufgaben der Gesellschaft zu erfüllen. In einer *Konfliktperspektive* sind Institutionen Handlungsmuster, die der Machterhaltung der herrschenden Gruppen dienen. Aus *interaktionistischer* Sicht haben sich im Laufe der Entwicklung Kommunikations- und Symbolsysteme verfestigt, die nun einen verlässlichen Rahmen für den ständigen Symbolaustausch der Menschen bilden.“ (Feldmann 200, S. 189) Huinink wiederum versteht unter Institutionen „umfassendere Ordnungen von ... sozial verbindlichen Handlungsanweisungen oder -normen, einzelnen sozialen Rollen und Bestimmungselementen sozialer Beziehungen zwischen Menschen in einem sozialen Interaktionssystem.“ (Huinink 2001, S. 47) In diesem Sinn ist etwa die Familie eine soziale Institution. In Anlehnung an Talcott Parsons und ähnlich wie Bellebaum (vgl. Text 8) können wir Institutionen präziser als Systeme von normativen Zusammenfassungen jener Verfahrensweisen bezeichnen, die für die Gesamtgesellschaft von strategischer Bedeutung sind. Eine solche „Verfahrensweise“ ist dann beispielsweise die Schule ebenso wie die Sprache, die monogame Ehe ebenso wie der öffentliche Personennahverkehr. Institutionen dienen der Befriedigung wichtiger Bedürfniskomplexe. Als auf Dauer gestellte Grundsachverhalte der Gesellschaft neigen sie zur Bestandssicherung auch dann, wenn sich ihre ursprüngliche Zweckbestimmung gewandelt hat (z.B. Vertriebenenverbände). Sie geraten in die Krise, wenn sie den an sie gerichteten gesellschaftlichen Erwartungen nicht mehr gerecht werden. Wenn wir in der Soziologie von einer Krise der Gesellschaft sprechen, belegen wir unsere Vermutungen in der Regel mit dem Hinweis auf das Versagen ihrer „tragenden Säulen“ – eben der im Rechtssystem verankerten Institutionen. Wir sind aber im Licht der empirischen Sozialforschung gut beraten, keine vorschnellen Schlüsse über die vermeintlich abnehmenden Bindungskräfte zu ziehen, wie Karl Otto Hondrich (Text 9) nachgewiesen hat.

Übungsfragen

Welche Zusammenhänge zwischen den Überlegungen Emile Durkheims (vgl. Text 1) und Alfred Bellebaums (vgl. Text 8)erkennen Sie?

Was haben „soziale Gruppen“ (vgl. Text 7) und „Institutionen“ gemeinsam und worin unterscheiden sie sich?

Alfred Bellebaum hält es für sinnvoll, selbst den Staat als soziale Gruppe zu bezeichnen. Was spricht im Sinn der Definition von Alfred Vierkandt (vgl. Text 7) für und was spricht gegen eine solche Gleichsetzung?

Alfred Bellebaum spricht von Institutionen, wenn wir es mit normativ geregelten und gleichzeitig für die Gesellschaft strategisch wichtigen Bereichen zu tun haben. Denken Sie einmal nach: Welche gesellschaftlichen Bereiche sind für den Bestand der Gesellschaft weder strategisch wichtig noch normativ streng geregelt, also in diesem Sinn nicht „institutionalisiert“? Nennen Sie mindestens einen solchen Bereich und begründen Sie Ihre Ansicht!

Wie läßt sich die Auffassung begründen, die Sprache sei eine der wichtigsten gesellschaftlichen Institutionen?

In der Soziologie ist gelegentlich von einer „Krise der Institutionen" die Rede. Was könnte man darunter im Sinn des Begriffsverständnisses von Bellebaum verstehen? Erläutern Sie das Problem am Beispiel einer mutmaßlichen „Krise der Institution Wissenschaft"!

Welchen Zusammenhang erkennen Sie zwischen „gesellschaftlichen Bedürfniskomplexen", „sozialen Handlungsfeldern" und „Institutionen"?

Was haben „soziale Organisationen" und „Institutionen" gemeinsam und worin unterscheiden sie sich?

Welche Rolle spielt das Rechtssystem einer Gesellschaft im Zusammenhang mit Prozessen der „Institutionalisierung"?

5. Vergesellschaftung des Individuums durch Sozialisation

Spätnachmittags im Kassenbereich eines Supermarkts. Es haben sich lange Schlangen gebildet. „Sehen Sie sich das an: Es sind mal wieder nur drei von fünf Kassen geöffnet", wendet sich eine ältere Dame an ihre Nachbarin, die ihr beipflichtet: „Was erwarten Sie denn? Es weiß doch jeder, dass Deutschland eine Servicewüste ist!" Die Kassiererinnen tun ihr bestes, können aber auch nicht verhindern, dass hier und da Anzeichen von Ungeduld aufbrechen. In das allgemeine Gemurmel mischen sich auch Kinderstimmen. Eine junge Mutter scheint mit ihren Nerven am Ende zu sein: „Frederick-Maximilian", wendet sie sich fast flehend an den ungestüm ins Süßigkeiten-Regal greifenden Vierjährigen, „wir hatten doch vereinbart, dass es jeden Tag nur ein Eis gibt. Kannst Du denn nicht hören? Du hast Dein Eis doch schon bei der Oma gekriegt." Der Kleine lässt sich nicht beirren. Mit einem entschlossenen „Mama, das ist aber schon lange her" fingert er unverdrossen in der Auslage herum. Die Umstehenden beobachten die Szene mit einer Mischung aus neugieriger Anteilnahme, verklärten Sympathiebekundungen („Ist der Kleine nicht süß?") und hinter vorgehaltener Hand getuschelten Missbilligungen. „Das hätte es zu meiner Zeit nicht gegeben", sagt die ältere Dame, „da wussten wir Kinder im Umgang mit den Erwachsenen noch was sich gehört." „Zu Ihrer Zeit", mischt sich ein junger Mann ein, „durften Kinder ja auch nur Ja und Amen sagen", und fügt hinzu: „Wozu das in Deutschland am Ende geführt hat, muss ich Ihnen ja wohl nicht erklären." Ein anderer sucht zu beschwichtigen: „Haben Sie doch Verständnis für die arme Frau mit dem Kleinen. Die Kinder lernen doch heute schon im Kindergarten, dass sie alles dürfen. Dagegen kommt man doch gar nicht an."

„Und erst das Fernsehen. In der Werbung wird doch so getan, als ginge es nur noch um Haben, Haben, Haben“, bekräftigt ein anderer. Mit der Überlegenheit anzeigenden Geste des Wissenden setzt ein weiterer Kunde noch eins drauf: „Nehmen sie doch nur einmal die Schule. Da tanzen doch schon die Erstklässler den Lehrern auf der Nase herum.“ Aus sicherer Distanz beobachten zwei Jugendliche mit geschulterten Skateboards das aufgeregte Durcheinander mit einer gewissen Belustigung: „Ey, Alter, das ist ja echt cool hier, da geht ja richtig die Post ab.“ Inzwischen hat die junge Mutter ihre Nudeln, Obst und Gemüse auf das Rollband gelegt und das Etui mit der Kreditkarte gezückt. Der freundliche junge Mann hat ihr seinen Kugelschreiber geliehen, die ältere Dame räumt bereits grummelnd („Unmöglich finde ich das Kind!“) ihre Waren in die Plastiktüte, und die nette Kassiererin tätschelt Frederick-Maximilian wohlwollend die Backe, auf der sich bereits die Reste eines „Domino“-Eises ausbreiten. „Die Verpackung“, ergreift die Mutter noch einmal das Panier ihrer Erziehungspflichten, „schmeißt Du aber nicht auf die Erde, das gehört in die Mülltonne.“ Der wohl gesättigte Kleine folgt bereitwillig.

Wir sind Zeuge einer (fiktiven) Szene alltäglicher Sozialisationsbemühungen geworden, bei der unterschiedliche Vorstellungen darüber, was im Umgang zwischen Erwachsenen und Kindern richtig oder falsch, angemessen oder unangemessen ist, im öffentlichen Raum aufeinanderprallen. Hat die Mutter ihre Rolle richtig gespielt? Haben die zufällig versammelten Interaktionspartner überhaupt das Recht, sich in ihr Erziehungshandeln einzumischen? Welche Vorstellungen und Leitbilder über gelingende Erziehung verbergen sich hinter den Äußerungen der Beteiligten? Alle diese Fragen verweisen auf einen der elementarsten soziologischen Tatbestände, nämlich die Vermittlung von Individuum und Gesellschaft durch Sozialisation. Ich will in diesem Kapitel unterschiedliche Sichtweisen auf das Problem veranschaulichen, den Begriff der Sozialisation vor diesem Hintergrund näher bestimmen und differenzieren sowie unterschiedliche Formen, Etappen und Folgen von Sozialisationsprozessen in einem groben Überblick erörtern. Dabei soll auch der enge Zusammenhang von sozialem Handeln, sozialen Rollen und Gruppen sowie der Institutionalisierung noch einmal deutlich werden. In unserem Kaufhausbeispiel ist das alles wie in einem Brennglas zusammengezogen: Die Interaktionspartner beziehen sich in ihrer Kontroverse erkennbar aufeinander (*Handlungsaspekt*), gehen aber nur eine flüchtige, unstrukturierte Verbindung ein (*Gruppenaspekt*). Im Zentrum stehen die *sozialen Rollen* des Kindes und der Mutter mit ihren wechselseitig aufeinander bezogenen Erwartungshaltungen und Sanktionspotentialen. Der daraus resultierende Rollenkonflikt strahlt auf die unmittelbare Umgebung aus, weil die Gültigkeit von Erziehungsnormen zur Debatte steht, die den Rang einer *gesellschaftlichen Institution* haben. Die Akteure können jedoch nur eine unterschiedliche Partei ergreifen, weil in der Gesellschaft kontroverse Ansichten darüber verbreitet und zugelassen sind, was zum Wohle von Kindern von verschiedenen Sozialisationsagenturen (Familie, Schule, Fernsehen) geleistet werden soll.

a) Vermittlung und Aneignung von Normen

Die Soziologie hat es ganz allgemein, wie wir oben gesehen haben (vgl. Darstellung 1), mit der Vermittlung von Individuum und Gesellschaft in gleichermaßen sozial- wie individuell lebensgeschichtlichen Vorgängen zu tun. Insofern ist Sozialisation der Kern dessen, was wir Vergesellschaftung der Subjekte nennen können. Was macht die Gesellschaft aus und mit den Individuen im Verlauf ihres Heranwachsens? Wenn wir so fragen, begreifen wir die Sozialisation als einen Vermittlungsprozess, in dem die Gesellschaft gleichsam die einzige aktive Rolle übernimmt. Dabei sollten wir allerdings nicht übersehen, dass in diesem oft recht verwickelten und langandauernden Vorgang immer auch eine mehr oder weniger starke aktive Komponente auf der Seite des zu sozialisierenden Subjekts eingeschlossen ist. Wir können also auch fragen: Was machen die Individuen in ihrer Lebensgeschichte mit der Gesellschaft? Nur wenn wir beide Perspektiven zusammendenken, vermeiden wir das Missverständnis, Sozialisation lediglich als einen einseitigen Vorgang zu deuten. Die *Vermittlung*, so könnten wir auch sagen, ist nur die eine Seite des Vorgangs, die *Aneignung* des Vermittelten die andere.

Dem gelernten Pädagogen Emile Durkheim ging es bei seinem Versuch, die Soziologie als eigenständige Disziplin im Kanon der Wissenschaften zu etablieren, um ein Verständnis von Sozialisation, das sehr stark den „Zwangscharakter" dieses Vorgangs betonte. Er hat, wie das folgende Zitat belegt, die subjektive Aneignungsperspektive weitgehend außer acht gelassen, was ihm den Vorwurf des „Soziologismus" eingetragen hat:

„Betrachtet man die Tatsachen, wie sie sind und wie sie immer waren, so liegt es auf der Hand, dass die ganze Erziehung in einer ununterbrochenen Bemühung besteht, dem Kinde eine gewisse Art zu sehen, zu fühlen und zu handeln aufzuerlegen, zu der es spontan nicht gekommen wäre. Von Geburt an zwingen wir es, regelmäßig zu bestimmten Stunden zu essen, zu trinken und zu schlafen, zwingen es auch zur Reinlichkeit, zum Stillsein und Gehorsam. Später zwingen wir es, Rücksicht zu nehmen, Anstand und guten Ton zu wahren, zwingen es zur Arbeit usw. Wenn mit der Zeit dieser Zwang nicht mehr empfunden wird, so

geschieht dies deshalb, weil er nach und nach Gewohnheiten und innere Tendenzen zum Entstehen bringt, die ihn überflüssig machen; aber sie ersetzen ihn nur, weil sie ja von ihm herstammen...Man kann hier in einem verkleinerten Abbilde ersehen, wie das soziale Wesen in der Geschichte entsteht. Der immerwährende Druck, den das Kind erleidet, ist der Druck des sozialen Milieus selbst, das es nach seinem Vorbilde zu formen strebt. Die Eltern und Lehrer sind nur die Stellvertreter und Vermittler des Milieus." (Durkheim 1965, S. 108f.)

Sozialisation, das ist in diesem Verständnis ein ständiger, milieuvermittelter, unausweichlicher Druck, der nicht erlebt sondern erlitten wird – eine Zwangsveranstaltung eben, in der die Gesellschaft sich die nachwachsenden Subjekte gewissermaßen bis zu dem Punkt zurichtet, an dem der äußere Zwang zum inneren Zwang umgemodelt wird und als „soziale Tatsache" kaum noch spürbar bleibt. Was aber ist „die Gesellschaft", wie konkretisiert sie sich in „sozialen Milieus"? Sind sie so homogen, wie Durkheims Vorstellung das nahe legt? Sofern unser Kaufhausbeispiel ein Minimum an Verallgemeinerungsfähigkeit beanspruchen kann, sind Zweifel angebracht. Der Zwang, „regelmäßig zu bestimmten Stunden zu essen", „zur Reinlichkeit, zum Stillsein und Gehorsam" mag Frederick-Maximilian noch nicht überwältigt haben, was die vermutlich in dieser Richtung erfolgreich sozialisierte ältere Dame entrüstete. Im Licht neuerer soziologischer Erkenntnisse über ein liberalisiertes Erziehungsklima in weiten Teilen unserer Gesellschaft erscheinen uns Durkheims Schilderungen als nicht recht zeitgemäß. Offenbar konkurrieren auf der Grundlage eines prinzipiellen, institutionell abgesicherten Grundverständnisses darüber, dass Erziehung darauf hinauslaufen soll, heranwachsende Menschen zu gleichermaßen eigenständigen und sozial verpflichteten Subjekten heranzubilden, verschiedene Erziehungsideale miteinander, in denen sich ein Pluralismus von Wertvorstellungen äußert. Dabei spielen Milieudifferenzierungen als Ausdruck sozialer Schichtung gewiss eine wichtige Rolle: Die Neigung in bürgerlichen Milieus, Kinder beim Griff ins Süßigkeitenregal durch „vernünftiges Zureden" und nicht durch einen unkommentierten Schlag auf die Hand zu disziplinieren, ist sicher stärker ausgeprägt als in von sozialer Not und wirtschaftlicher Benachteiligung gekennzeichneten „Arme-Leute-Vierteln".

Die Verfasser des „Studienbriefs Grammatik Soziologie" machen sich ganz im Unterschied zu Emile Durkheim die Subjektperspektive von Sozialisationsprozessen zu eigen, wenn sie die Eigensinnigkeiten in Erzichungsverläufen hervorheben:

„Schließlich soll nochmals ausdrücklich auf die ***Eigenaktivität des Individuums*** *im Sozialisationsprozess verwiesen werden. Zwar ist das zu sozialisierende Kind in seinen ersten Lebensjahren in seinem physischen Überleben völlig abhängig von seiner sozialen Umwelt, was es damit „bezahlt", dass es sich dieser Umwelt anpasst. Aber diese „Anpassung" erfolgt ja nicht so, dass das Kind einfach alles aufnimmt, sondern es trifft schon unbewusst eine Auswahl aus der angebotenen Fülle. Was ihm nicht passt, das sieht und hört es nicht; es lernt also durchaus nicht alles, und was es lernt, lernt es verschieden gut. So setzt sich also das Individuum – mit zunehmendem Alter immer deutlicher – auch bewusst und unbewusst mit seiner materiellen und gesellschaftlichen Umwelt auseinander, wirkt auf dieselbe zurück und macht sie sich auf seine eigene Art und Weise zu eigen. Sozialisationsvorgänge sind deshalb keineswegs einseitig, sondern müssen notwendigerweise als* ***soziale Interaktionsprozesse*** *begriffen werden, - ein Aspekt, den beispielsweise Goslin (1969) betont, wenn er die Sozialisation als einen „two-way"-Prozess charakterisiert."* (Studienbrief Grammatik Soziologie 1984, S. 39)

Wenn wir also von Sozialisation (oder auch in einer mehrdeutigen Weise von „Sozialisierung") sprechen, haben wir es, darin sind sich die Fachleute einig, immer mit der Einbeziehung menschlicher Individuen in einen sie umgebenden gesellschaftlichen Zusammenhang zu tun. In diesem Sinn ist das erfolgreich sozialisierte Individuum das sozial und kulturell handlungsfähige Subjekt. Am gattungsnotwendigen Tatbestand der Sozialisation erkennen wir einen wichtigen Unterschied zwischen Mensch und Tier. Weil der Mensch ein instinktreduziertes, aber gleichzeitig geselliges Lebewesen ist (vgl. dazu auch das Verständnis der „Gruppe" als „soziale Kategorie" bei Vierkandt), muss die Gesellschaft besondere, auf Dauer gestellte – also institutionalisierte – Anstrengungen unternehmen, soziale Handlungsfähigkeit entwickeln und stabilisieren zu können. Diesem Zweck dienen verschiedene Sozialisationsagenturen wie Familie, Schule oder Berufsausbildung, denen je spezifische Aufgaben im Prozess des Heranwachsens zugeschrieben werden, an dessen zeitlich schwer bestimmbaren Ende die „sozio-kulturelle Geburt" des Menschen steht.

Aus dem Blickwinkel der Gesellschaft werden im Sozialisationsprozess Wertvorstellungen und Normen, Rollen, Sitten und Gebräuche an nachwachsende Individuen weitergegeben, die für die Eigenart einer bestimmten Gesellschaft unverzichtbar und charakteristisch sind. Auf diese Weise sichert die Gesellschaft ihren Bestand und ihre Identität über den Wechsel der Generationen hinweg – oder sie versucht das doch mindestens, denn nicht zu allen Zeiten und bezogen auf jeden Heranwachsenden gelingen solche Tradierungen in gleicher

Weise. Wenn beispielsweise in massiven Generationskonflikten überkommene Leitbilder und Rollenmuster in Frage gestellt werden, wenn Teile der Gesellschaft die vermeintlich selbstverständlichen Maßstäbe nicht länger zu akzeptieren bereit sind, kommt es zu Brüchen, zu Um- und Neudefinitionen sozialer Rollen. Aber selbst wenn die herrschenden Normen relativ klaglos akzeptiert werden, erfolgt ihre Übernahme in einzelnen Lebensgeschichten doch nicht widerspruchsfrei. Die Vorstellung einer völlig gleichförmigen Prägung von Persönlichkeiten widerspricht der Lebenserfahrung ebenso wie Erkenntnissen der Sozialisationsforschung. Das aber ist nicht als untrügliches Zeichen gesellschaftlicher Instabilität aufzufassen. Eher gilt das Gegenteil: Ein gewisses, aber von der Gesellschaft und ihren sanktionsbewehrten Institutionen doch kontrollierbares Potential von individueller Widerspenstigkeit und Auflehnungsbereitschaft gegen soziale Normen ist in komplexen, modernen Gesellschaften geradezu erwünscht und erforderlich, weil nur auf diese Weise sich „Persönlichkeiten" ausbilden können, die auch gelernt haben, sich gegen zu enge Grenzen erfolgreich zur Wehr zu setzen. So verstanden, ist eine Sozialisation nicht nur dann gescheitert, wenn der Herangewachsene die Normen und Wertmuster total ablehnt und womöglich ständig mit dem Gesetz in Konflikt kommt, wenn Frederick-Maximilian also ununterbrochen in fremde Regale greift, sondern auch dann, wenn er in einer Art vorauseilenden Gehorsams immer nur das tut, was tatsächlich oder vermeintlich von ihm verlangt wird. „Fehlanpassung" ist in einer sich freiheitlich verstehenden Gesellschaft, in der weder religiöse Autoritäten noch Zentralkomitees Instanzen umfassender Verhaltensregulierung sind, also ebenso ein Indiz gescheiterter Sozialisation wie „Überanpassung". Wer nie „über die Stränge geschlagen" oder machtbewehrte Autoritäten herauszufordern gelernt hat, dem wird man im späteren Leben kaum zutrauen, einmal etwas Überraschendes, Originelles zu tun – mit einem Wort: kreativ zu sein. So gesehen, kann Frederick-Maximilian seine früh eingeübte fröhliche Unbefangenheit bei der Verletzung sozialer Normen später einmal zugute kommen, so sehr sein Verhalten der unmittelbaren Umgebung im Kindesalter auch auf den Wecker fallen mag.

b) Erziehung und Sozialisation

Wenn wir davon sprechen, im Sozialisationsprozess übermittle „die" Gesellschaft ihre Normen und Wertvorstellungen, Rollen, Sitten und Gebräuche an die nachwachsende Generation, haben wir es natürlich mit einer sehr abstrakten Aussage zu tun. Erstens ist das zu Übermittelnde in sich recht differenziert, zweitens konkretisiert sich die Gesellschaft aus der Wahrnehmungsperspektive der zu Sozialisierenden in einem Geflecht verschiedener Sozialisationsagenturen, denen in unterschiedlichen Phasen des Prozesses ein je eigenes Gewicht zukommt. Zweifellos spielen dabei Familie und Kindergarten, Schule und Berufsausbildung beziehungsweise akademische Instanzen eine herausgehobene Rolle. Es handelt sich dabei um Einrichtungen, denen die Gesellschaft *ausdrücklich* die Funktion zuschreibt, an der *Erziehung* von Kindern, Jugendlichen und jungen Erwachsenen mitzuwirken. Wir werden noch sehen, dass die Begriffe Erziehung und Sozialisation nicht deckungsgleich sind, weil sie auf unterschiedliche Sachverhalte verweisen.

Dabei kommt der Familie sicher aus verschiedenen Gründen eine besonders wichtige Stellung zu, denn sie ist ja in der Regel der Ort, an dem kleine Kinder Basiserfahrungen mit oft lebenslangen Prägungen machen. Diese vorwiegend von der Familie bewerkstelligte elementare Sozialisation in der frühen Kindheit wird auch als *primäre Sozialisation* bezeichnet, auf der die *sekundäre Sozialisation* im Jugendalter aufbaut. In der Familie eignen wir uns beispielsweise sprachliche und nichtsprachliche Ausdrucksformen an, die uns später in die Lage versetzen, in unterschiedlichen Situationen zu handeln und zu kommunizieren. Später übernimmt die Schule in dem Maß wichtige Sozialisationsfunktionen, in dem der Einfluss der Familie auf den Heranwachsenden zu verblassen beginnt. Formen disziplinierten, leistungsbezogenen Lernens, die Vermittlung gesellschaftlich bedeutsamer Wissensbestandteile, die wir in der Schule lernen, sind geeignet, den Schritt ins Berufsleben vorzubereiten. Weil er von familientypischen Affektbindungen weitgehend befreit ist, gilt der staatliche (Schule) beziehungsweise halbstaatliche (z.B. öffentlich geförderte Jugendverbandsarbeit) Bereich als besonders geeignet, Normen zu vermitteln und Rollen einzuüben, die der „Ernstsituation“ des Erwachsenseins in hochentwickelten, arbeitsteiligen Gesellschaften nahe kommen.

Das folgende Schema hat Klaus Feldmann in Anlehnung an ein handlungstheoretisches Konzept von Talcott Parsons entwickelt. Es zeigt uns, welche Handlungsorientierungen und Wertmuster in der primären Sozialisation der Familie und welche in der sekundären Sozialisation der Schule in der Relation der jeweiligen hauptsächlichen Rollenspieler (Mutter, Kind, Lehrer, Schüler) vor allem vermittelt werden sollen.

Darstellung 6:
Handlungsorientierungen auf der Grundlage kultureller Wertmuster in der primären und sekundären Sozialisation

Handlungs-orientierungen / Wertemuster	Primäre Sozialisation (Mutter zu Kind)	Sekundäre Sozialisation (Lehrer zu Schüler)
Affektiv (A) oder neutral (N)	A (Mutter liebt ihr Kind)	N (Lehrer darf die Schüler nicht lieben)
Ganzheitlich (G) oder spezifisch (S)	G (Mutter betrachtet alle Merkmale ihres Kindes)	S (Lehrer betrachtet die Leistungen in bestimmten Fächern)
Selbstorientiert (S) oder gemeinschaftsorientiert (G)	G (Mutter ist familienorientiert)	G/S (Lehrer wendet sich an einzelne Schüler oder an die Klasse)
Universalistisch (U) oder partikularistisch (P)	P (Mutter interessiert sich nur für ihr Kind)	U (Lehrer vertritt einen Kulturbereich)
Zuschreibung (Z) oder Leistung (L)	Z (Mutter gibt Zuwendung unabhängig von Leistung)	L (Lehrer beurteilt den Schüler nur nach Leistung)

Quelle: Klaus Feldmann: Soziologie kompakt, Wiesbaden 2000, S. 238.

Nun erschöpft sich Sozialisation im soziologischen Begriffsverständnis, wie oben schon angedeutet, vor allem aus drei Gründen nicht in dem, was Pädagogen unter Erziehung verstehen. *Erstens* meint ja Erziehung das wie auch immer messbare Resultat absichtlicher, womöglich planvoller Beeinflussungsversuche, die oft von Wertvorstelluhngen geleitet sind. In diesem Sinne können wir Erziehung auch als intentionale Sozialisation bezeichnen. Wenn wir dagegen von funktionaler Sozialisation sprechen, haben wir einen unbeabsichtigten Lernvorgang vor Augen, der sich womöglich hinter dem Rücken einer Erziehungsanstrengung abgespielt hat. Machen wir uns diesen Gedanken mit einem Beispiel klar. Im Sozialkundeunterricht erklärt die Lehrerin Grundsätze der Demokratie. Sie spricht von Gewaltenteilung und Volkssouveränität, vom Wahlrecht und von der Pflicht zum Wählen, von der überragenden Rolle unreglementierter Meinungsfreiheit für die politische Willensbildung. Die Schülerinnen und Schüler sollen lernen (intentionale Sozialisation), nach welchen

Prinzipien ein Staatswesen mündiger Bürger funktioniert. Es mag sich ein lebhaftes Gespräch anschließen, in dessen Verlauf die Lehrerin aber einem widerborstigen Schüler mehrfach das Wort abschneidet. Vielleicht hat die Klasse jetzt die unangenehme Lernerfahrung gemacht, dass pädagogische Ziele und pädagogisches Handeln zwei verschiedene Paar Schuhe sein können. Möglicherweise verliert die Lehrerin dadurch einen Teil ihrer Glaubwürdigkeit, gefährdet also ihre künftigen Erziehungsbemühungen. Das heißt aber nicht, dass die Klasse nichts gelernt hat. Allerdings hat sie etwas anderes gelernt als der Lehrerin lieb sein kann. Mit anderen Worten: Nicht alles, und womöglich nicht einmal das meiste von dem, was wir tatsächlich lernen, ist das Ergebnis absichtlicher Erziehungsanstrengungen. Deshalb ist Sozialisation immer mehr als Erziehung, umschließt unser Begriff einen größeren Bedeutungshorizont als jener der pädagogischen Disziplinen. Sozialisation meint im Ergebnis die Summe bewusstseins- und verhaltensprägender Einflüsse, denen Menschen vor allem in den frühen Phasen ihres Lebens ausgesetzt sind, seien sie nun geplant oder nicht geplant.

Auch den *zweiten Grund* der fehlenden Deckungsgleiche zwischen Sozialisation und Erziehung können wir uns gut durch ein Beispiel aus dem Alltag der Schule verdeutlichen. Wir sind Zeuge eines Elternabends. Manche Mütter und Väter beklagen sich über den häufig mangelhaften Erfolg der pädagogischen Bemühungen des Klassenlehrers. In Erdkunde, sagt eine Mutter, sei ihr Sohn auch mit 14 Jahren noch so schlecht, dass er nicht einmal von den meisten deutschen Bundesländern die Hauptstädte „aufsagen" könne. Früher, fügt ein Vater erklärend und bekräftigend hinzu, als es noch nicht dieses schreckliche Kabelfernsehen gab, habe man im Kreis der Familie begeistert und ausdauernd „Stadt, Land, Fluss..." gespielt und sich dabei sozusagen ganz nebenbei ein paar Geographiekenntnisse antrainiert. Einmal auf die Fährte der nicht-intentionalen Sozialisation geführt, räumt ein anderer Vater ein: „Seitdem mein Junge im Fußballverein ist und sich für die Bundesliga interessiert, weiß er wenigstens, dass Stuttgart in Baden-Württemberg und nicht in Bayern liegt." Hinter diesen verschiedenen Erfahrungssplittern verbirgt sich der zweite wichtige Unterschied zwischen intentionaler und funktionaler Sozialisation. Es nehmen offensichtlich gesellschaftliche Akteure und Institutionen am Sozialisationsprozess teil, die für pädagogische Aufgaben eigentlich nicht vorgesehen sind. Freundschaftsgruppen, Freizeitverbände, Sportvereine, die Konsumindustrie einschließlich der sie begleitenden Werbewirtschaft mit ihrer ausgefeilten Warenästhetik, nicht zuletzt die Massenmedien, üben ja einen nachhaltigen Einfluss auf unsere Leitbilder und Verhaltensmuster aus. Viele kleine Kinder sind bekanntlich stärker vom Werbefernsehen als von den ausdrücklich für sie produzierten Sendungen fasziniert. Sie eignen sich dadurch ohne Zweifel Wirklichkeitserfahrungen an. Die Produzenten der Werbesendungen wollen ein Geschäft machen und nicht Kinder erziehen. Wenn sich das eine mit dem anderen so ineinander fügt, dass Markenartikelhersteller wie Pädagogen zufrieden sind, ist das um so besser. Weil das jedoch meistens nicht der Fall ist, beklagen Fachleute, dass viele Erziehungsbemühungen von Eltern oder Lehrern an der Wirkungsmacht des Fernsehens als einem „heimlichen“ Erzieher abprallen.

Und ein *Drittes* kommt hinzu. Sozialisation umgreift im Unterschied zur Erziehung einen längeren Lebensabschnitt. Wenn wir dem Elternhaus, der Schule, der Berufsausbildung, der akademischen Ausbildung, der Bundeswehr beziehungsweise dem zivilen Ersatzdienst schon längst „entwachsen“ sind, hören wir ja nicht automatisch auf zu lernen. Die Vorstellung der Soziologen von der „sozio-kulturellen Geburt“ des Menschen durch Sozialisation lässt sich nicht an ein Datum binden, etwa die Konfirmation oder die Volljährigkeit oder den Abschluss einer Berufsausbildung. Der eine Mensch ist eher „reif“ als der andere, und manche werden das womöglich nie. Wenn die Erziehung längst zuende ist, geht der Sozialisationsprozess, wenn auch im Regelfall mit abnehmender Intensität, doch weiter. Es mag zwar sein, dass unsere Fähigkeit, neue Eindrücke in verhaltensverändernder und persönlichkeitsbildender Weise zu „verarbeiten“, mit zunehmender Lebensdauer tendenziell abnimmt, aber sie kommt doch nicht völlig zum Stillstand. In neuen Lebensphasen, hervorgerufen zum Beispiel durch Berufswechsel, Arbeitslosigkeit, Eheschließung, Scheidung, Ruhestand usw. ergeben sich veränderte Sozialisationskonstellationen, die liebgewordene Gewohnheiten und Maßstäbe entwerten können, unter Umständen ganz neue Handlungsdispositionen herausfordern.

Gerade angesichts zunehmender weltweiter Wanderungsbewegungen großer Bevölkerungsgruppen können wir uns die Bedeutung lebenslangen Lernens klar machen. Immer häufiger werden Einheimische mit Fremden als Trägern einer anderen Kultur konfrontiert. Das eröffnet Chancen, sich selbst durch die Konfrontation mit dem Unbekannten besser zu verstehen. Das ruft aber auch Ängste hervor, die sich bis zu dumpfer und aggressiver Ablehnung steigern können. Ob und wie wir als Erwachsene lernen, Fremde nicht als Bedrückung sondern als Bereicherung zu erleben, hat viel mit unserer Sozialisation zu tun. Unter strukturellen Gesichtspunkten kann viel davon abhängen, in welcher sozialen Schicht, in welchem Milieu wir groß werden. Die in Blankenese aufgewachsene Tochter einer Hamburger Kaufmannsfamilie hat es gewiss leichter, sich Angehörigen fremder Kulturen gegenüber unvoreingenommen zu verhalten, als der Sohn eines Wilhelmsburger Bauhilfsarbeiters, dem die Zugewanderten als potentielle Gefährdung seiner materiellen Existenzchancen erscheinen mögen.

c) Sozialisation und Kultur

Der Zusammenhang von Lebenslagen und Schichtzughörigkeit mit beabsichtigten und unabsichtlichen Erziehungsvorgängen ist ein wichtiges Forschungsfeld der empirischen Sozialisationsforschung. Sie kann sich dabei auf allgemeine Erkenntnisse *idealtypisch gedachter Lernschritte* im Verlauf des Erwachsenwerdens stützen: Nachdem sich Kleinkinder elementare Verhaltens- und Kommunikationsregeln im familiären Umfeld angeeignet haben („Konditionierung“), sind sie in der Regel disponiert zur Übernahme von Werten, Normen und Rollen. Wir bezeichnen diese Hereinnahme „sozialer Tatsachen“ in die individuelle Motivationsstruktur als „Internalisierung“, als verhaltenssteuernde Verinnerlichung gesellschaftlicher Grundtatbestände. Aus dem sozialen Zwang wird im Sinn Durkheims eine Art Selbstzwang, sofern wir die gesellschaftlichen Regeln prinzipiell zu akzeptieren bereit sind. Ein wichtiger, aber auch besonders zerbrechlicher Aspekt solcher in Kindheit und Jugend erfolgender Verinnerlichung ist nun die „Enkulturation“. Wir verstehen darunter die Internalisierung jener unabdingbaren Grundwerte einer bestimmten Gesellschaft, die sie womöglich von der Gesellschaft der Fremden unterscheidet. Es handelt sich dabei um Leitbilder und Ideologien, die in spezifischen kulturellen Traditionen gewachsen sind. Wenn solche Leitbilder die Achtung vor dem Fremden, die Toleranz gegenüber anderen Kulturen und Traditionen, die Akzeptanz universeller Menschenrechte einschließen *und* erfolgreich sozialisiert wurden, wächst zweifellos die Chance, auch im fortgeschrittenen Lebensalter dem Fremden unvoreingenommen und aufgeschlossen zu begegnen. Wenn demgegenüber Enkulturation von der Gewissheit des letzten deutschen Kaisers geprägt bleibt, am deutschen Wesen solle die Welt genesen, ist interkulturelles Lernen nachhaltig blockiert.

Der folgende Text bezieht sich auf den Zusammenhang von Persönlichkeitsbildung und Enkulturation. In ihm bezieht sich sein Autor Max Horkheimer (1895 – 1973), der Mitbegründer der „Frankfurter Schule“ der Soziologie, auf eine empirische Sozialisationsstudie, die er während seiner Emigration in den USA zusammen mit Theodor W. Adorno verfasst hat. Ausgehend von der Frage, wie es den Nationalsozialisten möglich war, nahezu ein ganzes Volk in einen Taumel der Begeisterung für eine verbrecherische Ideologie zu versetzen, beschäftigten sich diese Soziologen mit dem Zusammenhang von familialer Sozialisation und Charakterstrukturen. Ihre Resultate über Rolle und Funktion der Familie in der modernen Gesellschaft mögen zum Widerspruch reizen, doch die analytische Schärfe, mit der Horkheimer die auf einer breiten empirischen Basis gewonnenen Muster autoritärer Persönlichkeitsbildung herauskristallisiert, gewinnen vor dem Hintergrund wiedererstarkenden nationalsozialistischen Denkens in Deutschland eine beklemmende Aktualität.

Text 10:
Max Horkheimer: Muster autoritärer Persönlichkeitsbildung

Die Rolle, welche die Familie als Ideologie heute spielt, ist im einzelnen von der empirischen Forschung nachgewiesen worden. Eine Studie, die sich auf die Natur und den Hintergrund des autoritätsgebundenen Charakters in den Vereinigten Staaten (in den vierziger Jahren - J.P.) richtete, trägt direkt zu unserem Problem bei. Durch eine Kombination verschiedener Arten von Fragebogen, intensiver Interviews und projektiver Methoden sucht die Studie systematisch, eine Beziehung nachzuweisen zwischen bestimmten Charakterzügen und Einstellungen auf der einen Seite und offen ausgesprochenen politischen und wirtschaftlichen Meinungen, die als potentiell faschistisch angesehen werden können, auf der anderen. Hierher gehören rassische Vorurteile, Verherrlichung der eigenen Gruppe, aggressiver Nationalismus, Hetze gegen die Arbeiterklasse und kaum verhüllte Verachtung für demokratische Institutionen. Die Studie suchte die besonderen Formen des autoritätsgebundenen Charakters zu ergründen, wie er in weiten Bereichen der heutigen Mittelklasse vorherrscht.

Die Ergebnisse haben gezeigt, daß Individuen, die als besonders anfällig für faschistische Propaganda angesehen werden können, eine Ideologie vertreten, die eine starre, unkritische Identifizierung mit der Familie fordert. Außerdem lassen diese Personen erkennen, daß sie sich in ihrer frühen Kindheit der Autorität der Familie absolut unterwerfen. Gleichzeitig erweist sich aber das im Grunde Unechte der Familie daran, daß die faschistisch gesinnten Personen keine echte Beziehung zu ihren Eltern besitzen, sondern diese nur in einer ganz konventionellen und äußerlichen Weise akzeptieren. Eben diese Verbindung von Unterwürfigkeit und Kälte ist es, die den potentiellen Faschisten von heute mehr als irgend etwas anderes kennzeichnet.

Von den faschistisch gesinnten Versuchspersonen der Studie idealisierten nahezu alle ihre Eltern. Ein typischer Vertreter dieser Gruppe antwortete auf die Frage, wen er für die größten Persönlichkeiten der Geschichte halte: meine Eltern. Dieser Elternkult beruht in den meisten Fällen auf der Bewunderung eines strengen, strafenden Vaters. Spuren der Feindseligkeit ihm gegenüber sind zwar sichtbar, als Ganzes ist der Widerstand gegen die väterliche Autorität jedoch verwandelt und kehrt sich nun ausschließlich gegen die Schwachen und Unterdrückten. Dementsprechend dient die Anerkennung der Familie dem Individuum dazu, seinem sozialen Narzißmus Ausdruck zu verleihen. Die Eltern, die Bekannten und die Mitglieder der eigenen Gruppe sind allesamt „wunderbare Leute“, die anderen „haben nicht das Niveau“, sind liederlich und gewöhnlich. Durch die starre Unterscheidung zwischen jenen, die ebenso „wie man selbst“ sind, und dem Rest der Welt nehmen die autoritären Neigungen des potentiellen

Faschisten ein Moment inhumaner Abstraktheit an - Verherrlichung der Autorität an sich, ohne bestimmte Vorstellung von dem Zweck, dem die Autorität dienen soll. Der autoritätsgebundene Charakter reagiert völlig konventionell und stereotyp. Das Bild des Vaters ist das einer Respektsperson. Das Bild der Mutter ist zusammengesetzt aus den Standardeigenschaften der Weiblichkeit, wie praktischem Geschick, gutem Aussehen, Sauberkeit und Gesundheit. Wo einst Raum war für Gewissen, individuelle Unabhängigkeit und die Möglichkeit des Widerstands gegen den sozialen Konformitätsdruck, dort verblieb als einziger Maßstab Erfolg, Popularität und Einfluß, verbunden mit dem eifrigen Bestreben des Subjekts, durch ungezügelte Identifizierung mit allem, was in der Realität Macht ausübt, voranzukommen. Keine geistige Autorität, sei sie religiös, moralisch oder philosophisch, wird immer um ihrer selbst willen akzeptiert; allein das Bestehende wird anerkannt. Was „unpopulär" ist, was immer von der Macht verworfen wird, soll auch machtlos bleiben.

Während der autoritätsgebundene oder sado-masochistische Charakter keineswegs ein neues Phänomen ist - er kann in der gesamten Geschichte der bürgerlichen Gesellschaft beobachtet werden - , scheinen seine eigentümliche Abstraktheit und Verhärtung symptomatisch für eine Welt, die an der familiären Autorität festhält, nachdem sich die innere Substanz der Familie aufgelöst hat. Der abstrakten Verherrlichung der Familie entspricht der nahezu vollständige Mangel einer konkreten Beziehung zu den Eltern überhaupt, sei sie positiv oder negativ. Demzufolge weist das gesamte Gefühlsleben des autoritätsgebundenen Charakters Züge von Oberflächlichkeit und Kälte auf, die manchmal Merkmalen nahekommen, die man bei bestimmten Psychotikern beobachten kann. Unter diesen Zügen finden sich namentlich eine generelle Verachtung des Mitgefühls - Mitgefühl von eben der Art, die mehr als alles andere die Liebe der Mutter zu ihrem Kind erkennen ließ.

Die Struktur der gefühlsmäßigen Verbundenheit der Individuen mit ihren Eltern wurde in den Interviews genau untersucht. Übereinstimmend mit dem Gesamtbild des autoritätsgebundenen Charakters wurde nachgewiesen, daß seine frühe Rebellion gegen den Vater verdrängt und auf einer unbewußten Stufe festgehalten wird - und nur in einer bestimmten Form des um Autorität zentrierten Charakters des „Radfahrertyps" zum Vorschein kommt. Darüber hinaus wirkt Unterwürfigkeit gegenüber dem Vater auch heute noch als entscheidendes Modell an der Ausbildung der sozialen und politischen Überzeugungen mit. Häufig äußert sie sich in Aggressivität. Bei Jungen erwies sich die bewußte Ablehnung der Liebe zur Mutter als gleichfalls sehr bedeutsam. Während seiner frühen Anpassung an die Erfordernisse des Lebens gewinnt der Junge den Eindruck, daß die Mutter wegen ihres Geschlechts etwas Schwaches und Verächtliches darstellt. Er spürt die Ambivalenz in ihrer offiziellen Verherrlichung und betrachtet sie als Mitglied einer minderen Rasse. Die Kälte und Oberflächlichkeit des autoritätsgebundenen Charakters sind weitgehend eine emotionelle Folge dieser Ablehnung. Härte, Rücksichtslosigkeit und ein übertriebener Anstrich von Männlichkeit, die durchweg zu politisch-faschistischen Ideologien führen, haben ihre Wurzeln in dem gestörten Verhältnis zur Mutter oder vielleicht noch mehr in dem Mangel jeder echten Beziehung zu ihr. Dies ist jedoch vermutlich noch nicht einmal die wichtigste Folge des verkümmerten Verhältnisses zwischen

Mutter und Kind. Am tiefsten scheint davon die Toleranz des Individuums für das andere Geschlecht betroffen. Ein anti-femininer Affekt, der auf der Ablehnung der Mutter beruht, gibt das Modell ab für die spätere Ablehnung all dessen, was als „anders" eingeschätzt wird. Die von den Faschisten abgelehnten Fremdgruppen, vor allem die Juden, werden oft mit „femininen" Zügen wie Schwäche, gefühlsbetont, Mangel an Selbstdisziplin und Sinnlichkeit ausgestattet. Verachtung für Züge des anderen Geschlechts, sobald sie bei Mitgliedern des eigenen Geschlechts auftreten, scheint regelmäßig mit einer stark verallgemeinerten Unduldsamkeit gegenüber allem, was anders ist, verbunden zu sein...

Die Nationalsozialisten, die die hier aufgezeigten sozialen und psychologischen Mechanismen so raffiniert zu nutzen wußten, erkannten auch den inneren Widerspruch zwischen der Familie im echten Sinn und der barbarischen Welt, die sie vertraten. Obwohl sie in der Ideologie die Familie für eine Gesellschaft als unerläßlich priesen, die auf dem Grundsatz des Blutes aufgebaut war, beargwöhnten und attackierten sie die Familie in der Realität als möglichen Schutz gegen die Massengesellschaft. Sie betrachteten sie als virtuellen Verschwörer gegen den totalitären Staat. Ihre Einstellung zur Familie ähnelt ihrer ambivalenten Politik gegenüber der Religion, dem freien Unternehmertum und dem Verfassungsstaat. Heute erhebt sich die Frage, ob das komplizierte Zusammenspiel jener Kräfte etwas Einmaliges war oder ob sich hier eine allgemeine geschichtliche Tendenz ankündigt.

Quelle: Max Horkheimer: Autorität und Familie in der Gegenwart. In: Claessens/Milhoffer (Hrsg.): Familiensoziologie - Ein Reader als Einführung, Frankfurt 1973, S. 80ff.

Der Aspekt der Verinnerlichung kulturprägender Normen verweist uns im übrigen auf die historische Vielgestaltigkeit von Sozialisationsprozessen. Vor allem die Forschungsergebnisse der modernen Völkerkunde (Ethnologie) haben uns gezeigt, wie sehr uns die Vorstellung in die Irre führen kann, es gäbe quasi natürliche, biologische Dispositionen als stabiles Fundament der Sozialisation. Nicht zuletzt die amerikanische Ethnologin Margaret Mead hat durch ihre gründlichen Erkundungen der Sitten und Gebräuche von Südseevölkern mit dem Vorurteil aufgeräumt, es gäbe eine naturgewollte soziale Festlegung der Geschlechterrollen. Zwischen 1925 und 1933 besuchte sie verschiedene Gesellschaften auf Neuguiniea. Sie fand heraus, dass es erhebliche Unterschiede zwischen ihnen gab, die sich nicht nur in den Sitten und Gebräuchen, in sozialen Gewohnheiten und im Temperament nachweisen lassen, sondern nicht zuletzt auch im geschlechtsspezifischen Verhalten:

„Gemessen an unserer eigenen Kultur waren bei einem der von Margaret Mead untersuchten Stämme, den ***Tchambuli****, die Rollen von Mann und Frau geradezu vertauscht. Die Frauen besaßen dort aktive, sachorientierte, planende und herrische Eigenschaften, zogen zum Fischen aus und ernährten die Fami-*

lie. Die „typisch fraulichen" Interessen gingen ihnen völlig ab. Ihre Männer dagegen blieben im Dorf und widmeten sich der Herstellung von Kostümen und Masken, der Malerei, dem Tanz und der Gestaltung von Festlichkeiten. Bei den benachbarten ***Arapesh*** *und* ***Mundugumor*** *fand die Ethnologin eine völlig andere Form der Rollenverteilung und nur sehr geringe Temperamentunterschiede zwischen Mann und Frau. Bei den Arapesh zeigten Männer und Frauen eine gleichermaßen sanfte und eher ängstliche Persönlichkeitsstruktur und einen ausgesprochen altruistischen Sozialcharakter, gutmütig, freundlich und verständnisvoll gegenüber den Wünschen und Bedürfnissen anderer Menschen; bei den kannibalistischen Mundugumor erscheinen beide Geschlechter in ihrem Charakter dagegen rücksichtslos und egoistisch, misstrauisch und ehrgeizig, gewalttätig und aggressiv gegenüber ihrer Umwelt."* (Studienbrief Grammatik Soziologie 1984, S. 35)

Sozialisation als prozesshafte und widersprüchliche, intentionale und funktionale Vermittlung von Individuum und Gesellschaft ist also nicht nur ein zentraler Gegenstand der Soziologie, sondern auch der Ethnologie, der Pädagogik und der Psychologie. Vor allem in der Familie (Primärgruppe) und in der Schule (Sekundärgruppe), so können wir an dieser Stelle *zusammenfassen*, wird der heranwachsende Mensch „gesellschaftsfähig" gemacht. Sie sind die wichtigsten Institutionen, in denen die soziokulturelle Person mit der Fähigkeit zum Rollenspiel im Sinn einer Art „zweiter Geburt" erzeugt wird. Wir bezeichnen diesen vor allem Kindheit und Jugend umgreifenden Prozess als *Sozialisation* im Sinn von Vergesellschaftung des Subjekts (im Unterschied etwa zu Sozialisierung als Vergesellschaftung von Unternehmen). Dabei geht es einerseits um die Aneignung der Individuen durch die Gesellschaft: Die Gesellschaft verpflichtet die Individuen auf ihre zentralen Wertmuster, Normen und Basisrollen. Andererseits eignet sich das Individuum eben diese Werte, Normen und Verhaltensmuster aktiv an, was immer auch ein Moment subjektiven Eigensinns beinhaltet, ohne das die Sozialisation recht undifferenziert verliefe. Sozialisation ist dabei mehr als Erziehung. Während wir unter Erziehung die ausdrücklich beabsichtigten und institutionalisierten prägenden Einflüsse etwa von Elternhaus oder Schule verstehen, umgreift Sozialisation auch die nicht geplanten, von anderen Institutionen ausgehenden Einflüsse auf die Persönlichkeitsbildung. Das sind nicht zuletzt altersgleiche Gruppen, aber auch das Massenkommunikationssystem der Gesellschaft. Fehlverläufe gesellschaftlicher Entwicklungen im Sinn von Destabilisierungen etwa des politischen Systems in modernen Demokratien werden häufig auf defizitäre Sozialisationsverläufe zurückgeführt. Manche Zeitkritiker vertreten etwa die Ansicht, dass die beängstigende Sympathie vor allem junger Leute in den östlichen Regionen unseres

Landes für nationalsozialistische Weltbilder mit tradierter autoritärer Persönlichkeitsbildung zu tun hat (vgl. in diesem Zusammenhang die Aktualität von Text 10). Unter soziologischen Gesichtspunkten, das sollte in diesem Abschnitt deutlicher werden, interessiert sich die empirische Sozialisationsforschung beispielsweise für solche Fragen:

Welchen besonderen Einfluss übt die Zugehörigkeit der Menschen zu bestimmten sozialen Klassen, Schichten oder Milieus auf die Richtung, die Intensität und das Resultat von Sozialisationsverläufen aus?

Welche Sozialisationsagenturen sind in intentionaler und funktionaler Weise an diesen Prozessen beteiligt, und welchen Einfluss üben sie in verschiedenen Etappen des Hereinwachsens in die Gesellschaft aus?

Übungsfragen

Welche Zusammenhänge erkennt Max Horkheimer zwischen der Sozialisation in der Familie und der Ausbildung autoritärer Charaktere?

In welchen Persönlichkeitseigenschaften äußert sich eine mißlungene „Enkulturation“ des autoritätsgebundenen Charakters nach Horkheimer hauptsächlich?

Zwei Personen setzen sich mit den von Horkheimer erörterten Merkmalen des autoritären Charakters auseinander. Der eine behauptet: „Diese Merkmale verweisen auf in sich stimmige Persönlichkeitsbilder.“ Der andere meint: „Die Merkmale zeigen im Gegenteil in sich zerrissene Persönlichkeitsbilder.“ Was spricht für die eine wie die andere Ansicht?

Max Horkheimer unterscheidet in seinem Text zwischen der „Familie als Ideologie“ und der „Familie als Realität“. Was versteht er darunter jeweils, und welchen Zusammenhang zwischen beiden Formen und der Ausbildung autoritätsgebundener Charaktere deutet er zumindest an?

Was haben intentionale und funktionale Sozialisationsprozesse gemeinsam und worin unterscheiden sie sich? Erörtern Sie die Probleme an einem Beispiel aus der primären Sozialisation!

In einer Diskussion behauptet jemand: „Die primäre Sozialisation hat in der modernen Gesellschaft stark an Bedeutung verloren.“ Ein anderer widerspricht ihm: „Noch nie zuvor war die Erziehung im Elternhaus für die Stabilität der Gesellschaft so wichtig wie heute.“ Wie lassen sich die jeweiligen Behauptungen begründen?

Welcher Zusammenhang besteht zwischen Sozialisation und sozialen Rollen?

Wir sind nun am Ende dieses Hauptabschnitts angelangt. Es ging mir darum, ein Grundverständnis für Vergesellschaftungsprozesse zu wecken. Wenn wir uns jetzt noch einmal die Darstellung 1 in Erinnerung rufen, werden die Bezüge und Zusammenhänge deutlicher. Im Mittelpunkt des zu Erklärenden steht das *soziale Handeln* der Menschen als geselliger Wesen. Warum verhalten sie sich in bestimmten Situationen oder Phasen ihrer Lebensgeschichte gegenüber ihren Mitmenschen in einer typischen, häufig beobachtbaren Weise? Was verbirgt sich hinter solchen Regelmäßigkeiten? Es stellte sich heraus, dass soziales Handeln einerseits recht unterschiedlichen Motiven geschuldet sein kann, andererseits aber die Freiheitsgrade unseres Tuns und Lassens von *sozialen Gruppen* und *Institutionen* eingeschränkt und erweitert werden können. Als „homo sociologicus" ist der Mensch ein Spieler *sozialer Rollen*, die als gebündelte Verhaltenserwartungen mit Sanktionen verknüpft sind. Weil wir im Verlauf unseres Lebens gleichzeitig und nacheinander recht verschiedene soziale Positionen einnehmen, ist es nicht leicht, allen an sie gerichteten Erwartungen gleichzeitig gerecht zu werden. Unsere persönliche und soziale Identität steht dabei permanent unter Druck. Vor allem dann, wenn wir uns dem Verhaltensprogramm institutionalisierter Rollen zu widersetzen suchen, spüren wir gelegentlich die „ärgerliche Tatsache" der Gesellschaft in unangenehmer Weise. Wir lernen, uns rollengerecht zu verhalten, im Verlauf von Prozessen der *Sozialisation*. Als prinzipiell lebenslange Persönlichkeitsprägung ist Sozialisation mehr als ausdrücklich beabsichtigte Erziehung, obwohl gerade die Familie und die Schule als Institutionen der primären und sekundären Sozialisation in ihm eine herausgehobene Bedeutung haben.

C. Gesellschaftsstrukturen: Muster und Dynamik sozialer Ungleichheit

In diesem Kapitel wechseln wir die Perspektive. Nach wie vor beschäftigen uns Vermittlungsprozesse zwischen Individuum und Gesellschaft, aber jetzt steht nicht Vergesellschaftung *als Prozess*, sondern der *strukturelle Rahmen* dieses Prozesses im Mittelpunkt der Betrachtung. Wir beschäftigen uns mit den sozialen Gebilden, die zugleich das Resultat sozialen Handelns sind wie sie diesem einen verlässlichen Rahmen vermitteln. In einem ersten Schritt versuche ich, den Gehalt eines modernen Begriffsverständnisses von „Gesellschaft" herauszufiltern, indem ich ihn mit seinem Gegenteil, dem Begriff der „Gemeinschaft" konfrontiere. Dabei leistet uns die Erinnerung an Überlegungen des deutschen Soziologen Ferdinand Tönnies (1855 – 1936) gute Dienste, eines Zeitgenossen von Max Weber, dessen Theorie über „Gemeinschaft und Gesellschaft" in den letzten Jahren den „Kommunitaristen" wichtige Anregungen vermittelt haben. Dann interessiert uns das Verständnis des gesamtgesellschaftlichen Wandels im Licht der Erkenntnisse von Karl Marx, die bis heute nachhaltige Spuren im soziologischen Denken hinterlassen haben, denen in ausgewählten Ansätzen der Kritik an der historisch-materialistischen Geschichtsbetrachtung nachzugehen ist. Marx kann unser Verständnis für Muster und Dynamik sozialer Ungleichheit schärfen, selbst wenn seine Vorstellung vom dominierenden Klassencharakter sozialer Schichtung einer differenzierteren sozialen Realität nicht gerecht werden kann. Begriff und Probleme von sozialer Schichtung und Mobilität im Kontext neuerer soziologischer Konzepte sollen diesen Hauptabschnitt abrunden.

1. Gesellschaft und Gemeinschaft: Begriffliche Tradition und aktuelle Perspektiven

Unser einführendes *Beispiel* bezieht sich auf den Erfahrungshorizont der Massenkommunikation. In Radio und Fernsehen, Tageszeitungen und Zeitschriften begegnen uns die Begriffe „Gemeinschaft" und „Gesellschaft" ähnlich dem alltäglichen Sprachgebrauch in einer verwirrenden Vielzahl von Bedeutungen. Greifen wir einige Beispiele heraus. Vor einigen Jahren strahlte die ARD unter dem Titel „Unter deutschen Dächern" eine Serie aus, deren Untertitel „Bilder aus dem Alltag der *deutschen Gesellschaft*" zumindest ahnen ließ, was uns in den einzelnen Folgen (z.B. über das Vereinsleben oder den Kölner Karneval) erwartete. Aber wie passt diese Vorstellung von der Sache zusammen mit der von vielen Zeitungen gepflegten Rubrik *Aus der Gesellschaft*, in der wir ganz überwiegend mit Klatsch und Tratsch aus der Welt der großbürgerlichen und aristokratischen Prominenz bekannt gemacht werden? Im ersten Fall umschließt Gesellschaft offenbar ein ganzes soziales Universum, während es im zweiten Fall nur auf den Ausschnitt der „feinen Leute" beschränkt bleibt. Ähnlich verhält es sich mit „Gemeinschaft". Eine angesehene deutsche Wochenzeitung überschrieb im September 2001 einen Kommentar mit dem Titel „Die *Staatengemeinschaft* ist geeint im Kampf gegen den Terrorismus", während wir im Inneren des Blattes einen Abgesang auf das „Ende der *Dorfgemeinschaft*" finden konnten. Manche von uns mögen bei solchen begrifflichen Verknüpfungen unangenehm berührt sein, weil sie Assoziationen etwa an die „deutsche Volks*gemeinschaft*" nationalsozialistischer oder die „sozialistische Menschen*gemeinschaft*" stalinistischer Tradition wachrufen. Die Beispiele einer nahezu inflationären Begriffsverwendung ließen sich fortsetzen. Sie deuten dreierlei an: Erstens haben die Begriffe Gesellschaft und Gemeinschaft im alltäglichen Sprachgebrauch, wie er von Massenmedien transportiert wird, einen historischen Hintergrund, in den die verschiedensten Bedeutungen eingeschlossen sind. War in früheren Zeiten und in bestimmten sozialen Gruppen der Begriff „Gesellschaft" für die sozial Bessergestellten reserviert (etwa in Gestalt der „Abendgesellschaft" oder der „Teegesellschaft" in hanseatischen Kaufmannshäusern), umgreift er heute in seinem wissenschaftlichen Verständnis das Ganze der sozialen Schichtung. Zweitens umschließen die Begriffe Gemeinschaft und Gesellschaft mal größere, mal kleinere Gruppen von Menschen, stehen also zueinander nicht im Verhältnis von Über- und Unterordnung, etwa nach dem Motto: Gesellschaften setzen sich aus Keimzellen von Gemeinschaften zusammen. Insofern eignet sich das Begriffspaar kaum als quantitatives Unterscheidungsmittel, wenngleich wir noch sehen werden, dass „Gemeinschaft" heutzutage eher auf kleindimensionierte, „Gesellschaft" dagegen eher auf großdimensionierte Gruppen angewandt wird. Daraus folgt drittens, dass wir es bei einer sorgfältigen Begriffsverwendung mit einem qualitativen Unterschied zu tun haben: Unabhängig von ihrer jeweiligen Größe sind Gemeinschaften anders ineinander gefügt als Gesellschaften, folgen verschiedenen Grundideen und bedeuten für die in ihnen miteinander verknüpften Individuen etwas recht Verschiedenes. Diese Überlegung hatte wohl auch eine Theologin im Auge, als sie einer Radiosendung des Norddeutschen Rundfunks im November 1997 diesen Titel gab: „Männer *machen* Gesellschaft – Frauen *stiften* Gemeinschaft". Wir ahnen zumindest was gemeint ist, ebenso, wie es uns spontan widersinnig erscheint, von einer „Aktiengemeinschaft" statt von einer Aktiengesellschaft oder von einer „Familiengesellschaft" statt von einer Familiengemeinschaft zu sprechen. Das gegeneinander abgrenzbare Profil der Begriffe Gemeinschaft und Gesellschaft gewinnt schärfere Konturen, wenn wir uns nun etwas näher mit den Einsichten von Ferdinand Tönnies beschäftigen.

a) Gemeinschaft und Gesellschaft bei Tönnies

Ferdinand Tönnies stand Zeit seines Lebens im Schatten von Max Weber, mit dem zusammen er die Deutsche Gesellschaft für Soziologie gründete. Nachdem er sich bereits in jungen Jahren ähnlich wie sein berühmterer Zeitgenosse mit dem Begriff des sozialen Handelns und mit dem methodischen Konzept des „Idealtypus" beschäftigt hatte, verfasste er im Alter von 32 Jahren sein Hauptwerk unter dem Titel „Gemeinschaft und Gesellschaft". Diese Untersuchung verdankt wesentliche Anregungen der lebenslangen Bindung seines Autors an die Eiderstedter Heimatregion. Hier wurde er lebendiger Zeuge der schrittweisen Überlagerung des Gemeinschaftlichen durch das Gesellschaftliche in der sozialen Existenz der Menschen. Ich zeichne seine in einer uns heute teilweise recht fremden sprachlichen Diktion formulierten Grundgedanken in drei Schritten nach.

1. Schritt: Die Soziologie hat es mit dem Prozess des „Zusammenhandelns" und „Zusammenwirkens" der Menschen zu tun, aus dem heraus sich dauerhafte Strukturen erklären lassen. Dabei lehrt schon die reine Beobachtung vier Unterscheidungen im Verhältnis der Menschen zu ihren Mitmenschen.

(1) Kenntnis und Fremdheit

Manche Menschen sind uns bekannt, sie gelten häufig als Freunde; andere sind uns unbekannt, sie gelten als Fremde. Bekanntheit ruft eine Tendenz zu gegenseitiger Bejahung, Fremdheit ruft eher Verneinung hervor.

(2) Sympathie und Antipathie

Kenntnis und Fremdheit bewirken Empfindungen wie Sympathie oder Antipathie, wobei es graduelle Unterschiede zu beachten gilt und der Zusammenhang keineswegs automatisch besteht.

„Ein gewisses, wenn auch geringes Maß von Sympathie hegen wir zumeist für alle, die auf unserer Seite, in unserem Lager stehen, ob wir sie als solche schon kennen oder erst als solche kennen lernen: als Mitstreiter, Kameraden, als Landsleute, etwa gar der engsten Heimat Angehörige, als Fachgenossen, Glaubens- oder Parteigenossen, Kollegen; ja schon durch die Zugehörigkeit zum gleichen Stande z.B. dem Adel oder zur gleichen Klasse, der besitzendem oder dem Proletariat, entsteht ein gewisses, wenn auch meistens – zumal bei

vermehrter Lebenserfahrung – schwachen Maß von Sympathie. Ebenso entund besteht im Gegenteil irgendwelche Antipathie gegen alle, die im anderen Lager kämpfen, ja nicht selten steigert sich diese Antipathie zum Hass." (Tönnies, zitiert in Vierkandt 1931, S. 181)

Gefühlsmäßige Bindungen oder Distanzen schlagen sich also als Ausdruck von Kenntnis/Fremdheit und Sympathie/Antipathie in der Sozialstruktur („Stand", „Klasse", „Lager") nieder, werden von Tönnies in einen Zusammenhang mit sozialen Konflikten gebracht, also vom rein Individuellen abgelöst.

(3) Vertrauen und Misstrauen

Diese beiden Verhaltensdispositionen hängen eng mit den vorherigen Unterscheidungen zusammen. Bekannte Menschen, die uns sympathisch sind, rufen unser Vertrauen hervor. Wir bauen auf ihre Treue und Redlichkeit, wissen uns vor Enttäuschungen dieser Erwartungen relativ sicher. Der „treue Diener" ist ein Prototyp dieser Sozialfigur. Fremde Menschen dagegen, die uns zudem unsympathisch sind, machen uns eher misstrauisch, sie sind „mit Vorsicht zu genießen".

Nun hat das Vertrauen eine persönliche (Bekanntheit) und eine sachliche (Fremdheit) Komponente, hinter denen ein wichtiger Aspekt des sozialen Wandels von der Gemeinschaft zur Gesellschaft verborgen ist: Wenn große soziale Gebilde sich arbeitsteilig ausdifferenzieren und dabei gleichzeitig großräumiger werden, ist versachlichtes Vertrauen ein zwingendes Erfordernis einer erfolgreichen Koordination von Handlungsplänen („Zusammenhandeln" und „Zusammenwirken"). Wir kennen dann beispielsweise den Lokomotivführer, den Steuermann, den Arzt, den Rechtsanwalt nicht mehr in jedem Fall persönlich, vertrauen ihnen aber dennoch, weil wir uns verlassen auf ihr *Können* (ausgewiesen durch Prüfungen, Erfahrung und Ansehen) und ihr *Wollen* (ausgewiesen durch moralische Integrität). Unserem sozialen Sicherheitsgefühl liegt dementsprechend eine Art Grundvertrauen gegenüber den drei Systemen Ordnung, Recht und Moral zugrunde. Wir entziehen beispielsweise dem betrunkenen Lokomotivführer dieses Grundvertrauen, weil er unmoralisch handelt; wir meiden einen Arzt, dem der Ruf des Kurpfuschers vorauseilt, weil wir ihn als fachlich inkompetent erleben; wir sind empört über einen Polizisten, der mit Verbrechern gemeinsame Sache macht, weil er die Zerstörung der Ordnung verkörpert.

(4) Verbundensein oder Trennung

Auch dieser Aspekt geht aus den vorherigen logisch hervor. Tönnies versteht Bindung grundsätzlich als partiellen Verlust individueller Freiheit zugunsten sozialer Verflechtungen. Soziale Verbundenheit bedeutet gegenseitige Abhängigkeit. Aus der sozialen Verbundenheit als Ineinanderfügung des je individuellen Willens von Einzelnen kann sich eine Art Gesamtwille ergeben. Dieser ist an die Verteilung von Rechten und Pflichten gebunden, nimmt aber eine unterschiedliche Gestalt an:

- Soziale Verbundenheit kann auf gegenseitige Hilfe, auf Unterstützung hinauslaufen, sofern ihr Sympathie, Bekanntheit, Vertrauen zugrunde liegen.
- Dem stehen versachlichte Formen sozialer Verbundenheit gegenüber. Sie wurzeln oft in reinen Tauschbeziehungen auf Gegenseitigkeit. In versachlichten Tauschbeziehungen treten sich häufig Fremde gegenüber.

Die streng logische Gedankenführung und Begriffsbildung von Tönnies in diesem ersten Schritt macht etwas Wichtiges deutlich: Dieser Autor entwickelt sein soziologisches Strukturkonzept, die Unterscheidung von „Gemeinschaft“ und „Gesellschaft“, von einer handlungstheoretischen Basis her; man könnte auch sagen: er schreitet von der Ebene der Mikrosoziologie zur Makrosoziologie voran.

2. Schritt: Die Gesellschaft tritt uns nicht allein im Mikrokosmos (konkreten) individuellen Handelns gegenüber, sondern (abstrakt) in „sozialen Wesenheiten“, in zu „Kollektivpersonen“ verdichteten Handlungszusammenhängen.

Menschen sind zumeist denkende, planvoll handelnde soziale Wesen, die mit ihrem Handeln etwas Bestimmtes wollen (Motivationsaspekt des Handelns), zum Beispiel bestimmte Zwecke mit bestimmten Mitteln erreichen. Ähnlich wie Max Weber auf seiner Ebene der Handlungstheorie unterscheidet Tönnies zwischen verschiedenen Typen des Willens:

- Der menschliche „Wesenwille“ meint die nachwirkende, vergangene, „vererbte“ Denk- und Empfindungsweise der Vorfahren und „Vorweser“. Sie füllen seine Gesinnung, sein Gemüt und sein Gewissen in einem mehr oder weniger erheblichen Maße aus. Tönnies schreibt diesem Wesenwillen eine irrationale Komponente zu; er hat augenscheinlich Ähnlichkeit mit Max Webers Idealtypus des „traditionalen Handelns“.

- Im Lauf der geschichtlichen Entwicklung („Modernisierung“) schiebt sich mehr und mehr der „Kürwille“ in den Vordergrund. Es handelt sich um den vernunftbegründeten Willen, der dem Menschen als solcher zum Bewusstsein kommt. Hier erkennen wir den Weberschen Idealtypus des „zweckrationalen Handelns“ wieder.

Ferdinand Tönnies hebt ausdrücklich, Max Weber methodologisch vorgreifend, hervor, dass es sich hierbei um „ideelle Typen“ handelt, um analytische Konstrukte, die unseren Blick auf eine tatsächlich differenziertere soziale Realität (Mischformen von Idealtypen) schärfen können.

3. Schritt: Tönnies wendet die im zweiten Schritt entwickelten Begriffe auf die sozialen Verhältnisse und sozialen Gebilde („Körperschaften“) an und kommt dadurch zur idealtypischen Unterscheidung zwischen Gemeinschaft und Gesellschaft: Wo der durch Leidenschaften oder „naives Wirken“ geprägte Wesenwille überwiegt, spricht er von Gemeinschaft, während Gesellschaft durch Kürwillen „gestaltet“ ist.

In beiden Figurationstypen erkennt Tönnies sowohl Elemente der Gleichheit wie der Ungleichheit. Gerade dadurch vermeidet er das alltagssprachliche Missverständnis, demzufolge Gemeinschaften durchgehend auf Harmonie aufgebaute soziale Gebilde sind, während allein Gesellschaften durch Konflikte zerrissen sind. Spannungen und Konflikte sind beiden Figurationstypen eigen, weil sie sich aus freilich verschiedenartigen Autoritäts- und Herrschaftsverhältnissen speisen. Das folgende Schema zeigt den grundlegenden Zusammenhang.

Darstellung 7:
Gleichheit und Ungleichheit
im Kontext von Gemeinschaft und Gesellschaft nach Tönnies

Strukturdimension	**Gemeinschaft**	**Gesellschaft**
Gleichheit	Genossenschaftlicher Typ (z.B. Freundschaften wie bei Achilles und Patroklos)	Auf Einigung beruhende Vertragsverhältnisse
Ungleichheit	Herrschaftlicher Typ (z.B. auf Schutz gebautes, Abhängigkeit erzeugendes Vater-Kind-Verhältnis)	Herrschaftlicher Typ (z.B. Machtverhältnis Bürger-Staat; Abhängigkeit auf dem Arbeitsmarkt)

Tönnies hebt in diesem Zusammenhang ausdrücklich hervor, dass die Typologie in der gesellschaftlichen Wirklichkeit auch „gemischte Verhältnisse“ zulässt: „In manchen gemeinschaftlichen Verhältnissen scheint das Wesen der Herrschaft und das Wesen der Genossenschaft sich zu mischen: so in dem wichtigsten unter den elementaren gemeinschaftlichen Verhältnissen, dem durch die sexuellen Bedürfnisse, aber auch durch das der Fortpflanzung bedingte dauernde Verhältnis von Mann und Weib, ob es Ehe oder anders heißen möge.“ (Ebenda, S. 188) Mit anderen Worten: Die „Ehegemeinschaft“ mag ihrer Idee nach dem genossenschaftlichen Typ der Gleichheit von Mann und Frau nachempfunden sein, gleichzeitig aber kann sie unter Gesichtspunkten zweckrationaler „Zugewinngemeinschaften“ ein offenes oder subtiles Herrschaftsverhältnis verkörpern, in dem die eine Seite die andere in den Dienst der Verfolgung egoistischer Sozialinteressen nimmt. Die Sozialfigur der „mithelfenden Familienangehörigen“ im kleinen Gewerbebetrieb ist ein gutes Beispiel für die Überlagerung des Gemeinschaftlichen von einer (zweckrationalen) gesellschaftlichen (Herrschafts-)Logik.

Ferdinand Tönnies neigt in seinem Hauptwerk zu einer gewissen sozialromantischen Verklärung gemeinschaftlicher Sozialverhältnisse. Das hat ihm den bei näherer Betrachtung unberechtigten Vorwurf eines Wegbereiters nationalsozialistischer Schwärmerei eingetragen. Es wird dabei häufig übersehen, dass dieser in seinem dörflichen Herkunftsmilieu verwurzelte Soziologe sich ausdrücklich nicht zum Kampf gegen die Moderne hinreißen ließ. Bei aller Skepsis, mit der er den Siegeszug der bürgerlichen Gesellschaft verfolgte, hielt der überzeugte Sozialdemokrat an der Hoffnung fest, Fehlentwicklungen bei der Überwindung des Gemeinschaftlichen durch das Gesellschaftliche durch die Lösung der „sozialen Frage“ des Proletariats vermeidbar erscheinen zu lassen.

Die folgende schematische Darstellung bündelt die in diesem Kapitel bis an diese Stelle vorgetragene Gedankenwelt von Ferdinand Tönnies im Sinn einer Gegenüberstellung von wesentlichen Merkmalen der Gesellschaft im Unterschied zur Gemeinschaft. Besser, als es wahrscheinlich um Präzision und Knappheit bemühte Definitionen vermögen, soll hier wie in einem sozialen Panorama deutlich werden, worin sich die „Moderne“ (Gesellschaft) von der „Vormoderne“ (Gemeinschaft) strukturell hauptsächlich unterscheidet. Gleichzeitig zeigt uns das Schema aber auch, dass Gemeinschaft historisch nicht einfach versinkt, sondern in zahlreichen Strukturelementen im Gesellschaftlichen gleichsam aufgehoben ist, mit ihm eine widerspruchsvolle Verbindung eingeht.

Darstellung 8:
Typologische Differenzierung von Gemeinschaft und Gesellschaft in Anlehnung an Ferdinand Tönnies

Gemeinschaft	Gesellschaft
Naturgegebene, aus dem „Wesenwillen“ hervorgehende soziale Verhältnisse	Bewusst gestaltete, aus dem „Kürwillen“ hervorgehende soziale Verhältnisse
Inbegriff historisch überlieferter Verhältnisse	Moderne Organisationsformen des Zusammenlebens
Allgemeine Wurzel ist die Geburt; charakteristische Institution ist die Familie, in der sich die „vollkommene Einheit des menschlichen Willens“ ausdrücken kann	Allgemeine Wurzel ist der Warentausch, der aus der ökonomischen Struktur kommt und zur Gegensätzlichkeit des menschlichen Willens führt
Hauswirtschaft und Ackerbau (Sozialtypen: Bauer, Handwerker)	Handel und Industrie (Sozialtypen: Kaufleute und Fabrikanten)
Kasten und Stände als „Samtschaften“	Soziale Klassen und Großgruppen als „Samtschaften“
Sippe, Nachbarschaft und Dorfgemeinde als „Körperschaften“	Großstädtisches Leben mit der Folge der Individualisierung als „Körperschaft“
Kenntnis, Sympathie im sozialen Austausch	Fremdheit, Antipathie im sozialen Austausch
Persönliches Vertrauen durch soziale Nähe	Sachliches Vertrauen durch die Regelmäßigkeit von Tauschvorgängen
Vergemeinschaftung im Sinn selbstzweckhafter Vereinigung	Vergesellschaftung als äußerliche Verbindung
Solidarität anstelle von Interessenkämpfen	Interessenkämpfe anstelle von Solidarität
Patriarchalische oder genossenschaftliche Herrschaft	Herrschaft der Warenform über alle Lebensverhältnisse

b) Gemeinschaft, Gesellschaft und Demokratie – Darstellung und Kritik kommunitaristischer Überlegungen

Am Ende des 20. Jahrhunderts sind Risse im Gebäude der einst so festgefügten bürgerlichen Gesellschaft unübersehbar. Die ursprüngliche Hoffnung, sozialer

Zusammenhalt werde gleichsam automatisch durch die Institutionen des Tausches, des Marktes und der demokratischen Teilhabe gestiftet, wenn nur die wirtschaftliche Entwicklung vielen dauerhafte Vorteile verschaffte, hat sich als trügerisch erwiesen. Ökonomisch versachlichte Sozialbeziehungen sind offenbar kein dauerhafter Kitt, um die Risse zuzukleistern, die sich aus ungleich verteilten Lebenschancen großer Bevölkerungsgruppen ergeben können. Was hält Gesellschaft zusammen? Was ist zu tun, um die auseinanderstrebenden Kräfte so zusammenzubinden, dass uns die Gesellschaft mit ihren Institutionen, Strukturen und kulturellen Selbstverständlichkeiten nicht um die Ohren fliegt?

Solche Fragen inspirierten im letzten Jahrzehnt des 20. Jahrhunderts eine weltweite soziologische Kontroverse, die nicht zuletzt von nordamerikanischen „Kommunitariern" angestoßen wurde, die sich von ihren Kritikern gelegentlich die eher abfällige Bezeichnung „Kommunitaristen" zuzogen. Die folgenden Überlegungen werfen ein Schlaglicht auf eine Diskussion, in der manche Gedanken von Ferdinand Tönnies (vgl. Darstellung 8) eine erstaunliche Aktualität gewannen.

In der von den Kommunitariern ausgelösten Kontroverse gibt es zunächst diese *gemeinsame Sichtweise:* Die funktionsfähige demokratische Gesellschaft benötigt ein Mindestmaß an einvernehmlicher Bindung ihrer Mitglieder an übergreifende Wertvorstellungen, die wir der bürgerlichen Aufklärung verdanken. Darüber hinaus ist ein Minimum an „solidarischem Zusammenhang" als Bezug auf das gestaltungsfähige gemeinsame Ganze erforderlich, wenn sich Gesellschaft als verbindlicher Handlungsrahmen (Institutionen, Gruppen, Rollen) nicht auflösen soll. Mit anderen Worten: Arbeitsteilig vermittelte Tauschvorgänge als objektive Strukturtatsachen allein reichen nicht aus, um die Integration zu bewerkstelligen. Es bedarf zudem der Verständigung auf jenen gemeinsamen Sinnvorrat, der in den tradierten Wertvorstellungen unserer Kultur zum Ausdruck kommt. Worauf es beständig ankommt, ist, individuelle liberale Grundrechte (Freiheit der Person, des Eigentums, des Berufes, des Gewerbes etc.) ebenso wie demokratische Kommunikations- und Teilhaberechte (Meinungs-, Versammlungs-, Organisations- und Pressefreiheit) gleichermaßen institutionell abzusichern und immer wieder neu zu befestigen, wenn Demokratie nicht nur formale Hülle sein sondern lebendiger Alltag werden soll. Nach Ansicht Albrecht Wellmers etwa bezeichnet die moderne Idee der Demokratie „eine Form kommunitärer Praxis, die sich gewissermaßen auf gleicher Augenhöhe befindet mit den liberalen Grundwerten: Beide setzen in gleichem Maße den geschichtlichen Bruch mit substantiell fixierten Formen des Gemeinschaftslebens voraus. Und *nur* im Medium demokratischer Partizipation lassen sich jene kommunikativen Bande zwischen den Individuen *zwanglos* wiederherstellen und erneuern, die in einer Gesellschaft, wo „alles Stehende und Ständische verdampft", zu zerreißen drohen. Freilich lassen sich im Medium demokratischer Partizipation und einer nicht blockierten öffentlichen Kommunikation keine substantiellen Gemeinsamkeiten mehr auf Dauer stellen. In einer liberalen und demokratischen Gesellschaft ist keine Idee des guten Lebens, sind keine substantiellen Wertorientierungen oder kulturellen Identitäten vor Kritik und Revision sicher, nicht einmal die Interpretationen jenes liberalen und demokratischen Konsenses, der die einzig mögliche Grundlage einer modernen Form demokratischer Sittlichkeit ist. In diesem Sinn ist die moderne Demokratie wesentlich transgressiv (überflutet - J.P.) und ohne festen Boden." (Wellmer 1993, S. 179)

Während nun die „Liberalen" auf dem unbedingten Schutz individueller Grundrechte bestehen und damit die Notwendigkeit einer gesellschaftlich verabredeten Vorstellung eines idealen Leitbildes ablehnen, geben die Kommunitarier der „kollektiven Selbstbestimmung" den Vorrang, wenn es darum geht, zerbrechliche Bindungen zu festigen. Man kann es auch so zuspitzen: Die „Liberalen" setzen auf die gemeinschaftsbildende Kraft eines auf individuellen Grundrechten ruhenden Marktes, halten also eine diskursive Identitätsbildung für entbehrlich. Demgegenüber misstrauen die Kommunitarier der Automatik eines solchen Prozesses ebenso wie seiner integrativen Kraft, bestehen also ihrerseits auf den demokratischen Teilhaberechten. Ihrer Ansicht nach muss Zusammenhalt durch kommunikative Vergemeinschaftung aktiv gestiftet werden, sie vollzieht sich nicht gleichsam von selbst, wenn man die Ökonomie nur ihrem (von staatlicher Bevormundung weitgehend befreitem) Selbstlauf überlässt.

Zu den prominentesten Kommunitariern gehört der amerikanische Soziologe Amitai Etzioni. Besorgt über „exzessiven Individualismus" und weitverbreitetes „egozentrisches Verhalten", fordert Etzioni eine Rückgewinnung gesellschaftlicher Verantwortlichkeit, also die Wiederbelebung bürgerlicher Sozialtugenden. Es ist deshalb jener „gemeinschaftliche Wertekodex" zu stärken, der auf Toleranz und gegenseitiger Rücksichtnahme beruht. Nur darin äußert sich ein hohes Bewusstsein für soziale Verantwortung des Individuums. Ohne die Vergewisserung solcher „gemeinsamer Kernwerte" droht Gesellschaft auseinander zu brechen. Etzioni plädiert für ein „Gleichgewicht zwischen Individual- und Gemeinschaftsrechten", das nicht zuletzt solche Momente enthält:

- eine starke Verpflichtung der Individuen zur Demokratie;
- die Entfaltung staatsbürgerlicher Beteiligungspraktiken und ihre Propagierung in der Schule;
- die Absicherung demokratischer Grundrechte in der Verfassung;
- die Stärkung subsidiärer Elemente in der Verfassung, also die Verlagerung von Entscheidungsbefugnissen auf „lokale Gemeinschaften";
- die Pflege von gegenseitigem Respekt und kultureller Toleranz, was den Schutz von Minderheiten ausdrücklich einschließt;
- Versöhnungsbereitschaft als Fähigkeit, kollektives Fehlverhalten aufrichtig bedauern zu können.

Wenn solche Grundsätze mit Leben erfüllt sind, werden *gesellschaftlich verantwortliche Gemeinschaften* gestärkt. Vor diesem Hintergrund ist es möglich, die allgegenwärtige Sanktionspräsenz des Staates zugunsten normativer Selbstregulierung zurückzudrängen. Etzioni erhofft sich dadurch in Übereinstimmung mit anderen Kommunitariern jene „Einheit in Vielfalt", die erst eine wahrhaft pluralistische Gesellschaft möglich macht, in der die Menschen zwar Einigkeit anstreben, aber auch die Unterschiede achten. (Vgl. Etzioni 1995)

Der Frankfurter Soziologe Axel Honneth bündelt zunächst in einer komprimierten Darstellung den philosophischen Hintergrund und den gesellschaftlichen Kontext kommunitaristischer Ideen (vgl. Honneth 1991). Insbesondere verweist er auf Ulrich Becks These von der „zweiten Individualisierung", die auf die Dringlichkeit und Aktualität des Problems Bezug nimmt. Demzufolge meint die „erste Individualisierung" in der Tradition von Tönnies die Herauslösung der Subjekte aus starren ständischen Sozialbeziehungen bei gleichzeitigem Fortbestand identitätsstiftender „Milieus". Diese Milieus haben eine gemeinschaftsprägende Komponente und eine wichtige, freilich partielle, auf einen engen Horizont bezogene Integrationsfunktion gehabt. Die „zweite Individualisierung" ist als Dramatisierung der ersten zu verstehen: Einerseits erweitern sich im Zuge wohlfahrtsstaatlich abgesicherten Wirtschaftswachstums die biographischen Optionen der Menschen, andererseits mutet die offenere, turbulentere Sozialorganisation den Subjekten risikobehaftetere lebensgeschichtliche „Eigenleistungen" zu, die nicht mehr durch Halt vermittelnde Milieus abgefedert werden. Der Preis für erweiterte Freiheitsspielräume ist dann ein schmerzlicher Verlust von Sicherheiten und verlässlichen Bindungen. Soweit der Kommunitarismus solche Gedanken aufgreift, macht er sich auffällige Tendenzen der Desintegration bewußt, aber, und das ist der entscheidende Einwand Honneths, erschöpft er sich zugleich im Versuch, überkommene gesellschaftliche Werte und demokratische Leitbilder lediglich revitalisieren zu wollen. Insofern erscheint der Kommunitarismus Kritikern wie Honneth rückwärtsgewandt, weil er gerade nicht an alternative soziale Bewegungen mit ihrer Suche nach einem neuen Muster gesellschaftlicher Willensbildung und demokratischer Teilhabe anknüpft. Damit besteht die Gefahr „folgenloser Appelle“.

Der Leipziger Sozialwissenschaftler Christoph Türcke verweist in seiner Kritik auf einen anderen Kern des kommunitaristischen Gesellschaftsbildes. Diese Idealvorstellung geht nämlich von einer Gegensätzlichkeit zwischen positiv verstandener Integration und negativ verstandener Ausgrenzung aus (vgl. Türcke 1996). Türcke widerspricht einer Verherrlichung der Integration, wenn er zunächst in Erinnerung ruft, dass sowohl die „primäre Integration“ über den Markt als auch die „sekundäre Integration“ durch den Sozialstaat weltweit und zu allen Zeiten immer auch einen Ausgrenzungsmechanismus hervorgebracht hat. Immer folgen die an den Rand gedrängten Teile der Gesellschaft ihrem Zusammenhalt wie ein Schatten, ja, sie sind in gewissem Sinne erst eine strukturelle Bedingung für den Zusammenhalt der „übrigen“ Gesellschaft. Als „Fremdgruppe“ tragen sie gewissermaßen erst zur Festigung der „Wir-Gruppe“ bei. Die Marginalisierten werden offenbar erst zu einem Skandal und damit auch zu einer von den Soziologen wahrnehmbaren Größe, wenn ihre Zahl groß wird (Stichwort: „Zweidrittelgesellschaft“) und damit der Zusammenhalt insgesamt in Frage gestellt ist. Das ist der eine Punkt. Darüber hinaus stellt Türcke die Frage, ob eigentlich „Einbeziehung in die Gemeinschaft“ von vornherein und für sich betrachtet in jedem Fall ein erstrebenswertes Gut ist. Seiner Meinung nach kommt es vielmehr „auf die Umstände an“, in denen sich die Integration vollzieht oder vollziehen soll. Integration zum Beispiel in „entfremdete Arbeitsverhältnisse“ kann krank machen und die Flucht in die „Ausgrenzung“ geradezu provozieren.

Im übrigen stellt sich auch im Licht der *empirischen Sozialforschung* grundsätzlich die Frage, ob die Diagnose der Kommunitarier über den gegenwärtigen Zustand moderner Gesellschaften ausreichend abgesichert ist. Man könnte einwenden, dass Indizien der Desintegration zu einem Gesamtbild stilisiert werden, das bei genauerer Betrachtung zahlreiche Schattierungen enthält, die sich in das Muster durchgehender Zusammenhangslosigkeit nur schwer einfügen lassen. Zwei Beispiele sollen die Richtung einer so verstandenen Kritik andeuten:

- Kommunitarier haben gelegentlich behauptet, durch eine zunehmende „geographische Mobilität“ komme es mehr und mehr zu einer Entwurzelung vieler Menschen aus gewachsenen lokalen Bindungen. Für die Vereinigten Staaten scheint nun aber zu gelten, dass eben diese räumliche Beweglichkeit seit längerer Zeit zum Stillstand gekommen ist. Angesichts langandauernder materieller Verluste verharren große Teile der amerikanischen Mittelschichten in ihren Heimatregionen, was wiederum das Festhalten an gemeinschaftlichen Traditionen begünstigt.

- Ohne Zweifel haben sich zwar in den USA und in anderen westlichen Ländern die Bindungen an politische Großorganisationen spürbar gelockert, doch ist damit automatisch das Interesse an (lokaler) Politik und Vergesellschaftung geschwunden? Manches spricht dafür, dass gerade in den USA die Kirchengemeinden sich beispielsweise wachsenden Zulaufs erfreuen. Hinter der Fassade rückläufiger Verbandsbildung in Deutschland kann wiederum nur schwer übersehen werden, dass die überlieferte „Vereinsmeierei" in weiten Teilen des Landes in voller Blüte steht. Die aggressive Gemütlichkeit, die von populären „Festivals der Volksmusik" auf nahezu allen TV-Kanälen ausgeht, mag dafür ein beredtes Beispiel sein. Von einer durchgehenden Desintegration kann demzufolge kaum die Rede sein. Vielmehr wäre empirisch detailliert zu ergründen, in welchen Feldern von Vergesellschaftung und Vergemeinschaftung sich welche alten und neuen Formen der Integration und Desintegration jeweils beobachten lassen und was das für das institutionelle Gesamtgefüge bedeutet.

Kommunitarier wie Amitai Etzioni müssen sich mit dem Vorwurf auseinandersetzen, unausgesprochen die „Gemeinschaft" als eine auf Harmonie angelegte Form der Sozialorganisation zu idealisieren. Historisch genau betrachtet, sind und waren Gemeinschaften häufig nicht vorrangig durch Gemeinsinn, Teilnahme und Solidarität geprägt, sondern durch (verdrängte) Gegensätze, Repressionen und Konflikte. Gemeinschaften sind, wie Gesellschaften auch, machtgestützte, hierarchische Gebilde, deren harmonisches Grundverständnis allenfalls blind macht für solche Differenzen. Wie Gesellschaften auch, sind Gemeinschaften auf dauerhafte Ordnung ihres inneren Gefüges angewiesen. Was Gemeinschaften für viele Menschen sympathisch und anziehungskräftig macht, ist die weitgehende Abwesenheit staatlicher Zwangsmittel, an deren Stelle normatives Einverständnis tritt. Doch der Preis dafür kann sich nach innen in einem übersteigerten Konformismus und nach außen in einem militanten Ethnozentrismus erweisen. Je fester und bedingungsloser sich Gemeinschaften um ihre spezifischen Werte herum organisieren, um so mehr laufen sie Gefahr, das Fremde und Außenstehende als minderwertig zu denunzieren. Der amerikanische Soziologe Richard Sennett hat am Beispiel ethnischer Konflikte in New York gezeigt, wie destruktiv Gemeinschaften wirken können, wenn ihre unterschiedlichen Wertsysteme auf engem Raum aufeinanderprallen. Gemeinschaften neigen dazu, Fremde auszugrenzen, um die eigene Nähe nicht zu gefährden, erweisen sich also gerade als Nährboden der Intoleranz. Ohne Fremde, Fremdheitserfahrung und soziale Distanz aber misslingen häufig Rollenspiel und zivilisiertes Verhalten als Basis demokratischer Teilhabe, weil die Menschen in Gemeinschaften häufig nicht lernen, den anderen mit dem eigenen Selbst „zu verschonen“ (Sennett 1983).

Später hat Sennett diese Überlegungen wieder aufgenommen, um sie kritisch gegen eine von manchen Kommunitariern betriebene Idealisierung des Gemeinschaftlichen zu wenden.

Text 11:
Richard Sennetts Kritik am Kommunitarismus

Vertrauen, Verantwortung füreinander, Verpflichtung auf ein gemeinsames Ziel – dies sind alles Begriffe, die man im Laufe der Zeit mit dem sogenannten „Kommunitarismus“ verbunden hat. Diese Bewegung möchte moralische Standards verstärken und Mitmenschlichkeit und Selbstlosigkeit fördern. Sie verspricht, dass Menschen, die diesen Tugenden folgen, eine Kraft und emotionale Erfüllung finden werden, die sie als isolierte Individuen nicht erfahren können. Aber in meinen Augen hat der Kommunitarismus nur einen sehr zweifelhaften Anspruch auf solche Begriffe wie Vertrauen und Verpflichtung; er betont zu unrecht die Einheit als Quelle der Kraft in einer Gemeinde und reduziert den Konflikt auf eine bloße Bedrohung der sozialen Bindungen in einer Gesellschaft.

Ein realistischerer Blick darauf, was Gemeinschaften zusammenhält, findet sich in Lewis Cosers klassischem Essay unter dem Titel *The Social Functions of Conflict*. Coser argumentiert, dass Menschen durch verbale Konflikte eher zusammengehalten werden als durch verbale Übereinstimmung. Im Konfliktfall sind sie zu gründlicherer Kommunikation gezwungen, um die Differenzen auszutragen. Wie es häufig in Arbeitskonflikten oder bei diplomatischen Verhandlungen geschieht, binden die grundsätzlichen Regeln der Auseinandersetzung die streitenden Parteien aneinander. Coser stellt fest, dass die Differenzen oft sogar betont und schärfer gesehen werden, bevor die Parteien schließlich zu einer Einigung kommen. Der Schauplatz des Konflikts wird in dem Sinne zu einer Gemeinschaft, als die Beteiligten es lernen, einander zuzuhören und aufeinander einzugehen, obwohl sie ihre Differenzen sogar noch deutlicher empfinden.

Das ist eine Sicht des kommunalen „Wir“, die viel tiefer geht als das oft oberflächliche Teilen gemeinsamer Werte, wie es im modernen Kommunitarismus erscheint...Und sie steht den defensiven Erklärungen gemeinschaftlicher Solidarität fern, die heute die generelle Reaktion auf ökonomische Verschiebungen darstellt. In Cosers Augen gibt es keine Gemeinschaft, solange die Differenzen in ihr nicht anerkannt sind. Das heißt, dass er die Gemeinschaft als einen Prozess versteht, in dem im Laufe der Zeit die Differenzen ihrer Mitglieder verarbeitet werden...

> Das Verständnis der Gemeinschaft als Prozess, der sich im Laufe der Zeit entfaltet, erschien zuerst in Diderots *Encyclopedie*, obwohl die Fabrik Langlee nicht besonders konfliktreich war. Diderots Auffassung von den Zeitrhythmen, später von Antony Giddens Schriften über die Entwicklung von Gewohnheiten bekräftigt, betonte die allmähliche Evolution als zivilisierte Form der Veränderung. Die Soziologen des Disputs und der Konfrontation glauben nicht, dass ein durchgehaltener verbaler Konflikt unzivilisiert ist; ganz im Gegenteil bildet er eine realistischere Basis für die Bindungen innerhalb einer Gemeinschaft.
>
> Quelle: Richard Sennett: Der flexible Mensch – Die Kultur des neuen Kapitalismus, Berlin 1998, S. 197f.

Als Soziologe „des Disputs und der Konfrontation", plädiert Sennett für das distanzierte Gesellschaftsspiel anstelle exklusiver Gefühlsinnigkeit, dafür, einander nahe zu kommen, ohne sich zu bedrängen. Nicht die Sehnsucht nach Nähe, sondern die Fähigkeit, Distanz durch Konflikte aushalten zu können und als Bereicherung zu empfinden, macht eine verlässliche Grundlage für gesellschaftlichen Minimalzusammenhang aus, so wie es beispielsweise der Philosoph Schopenhauer in seinem berühmten Gleichnis der Stachelschweine formulierte: „Eine Gesellschaft Stachelschweine drängte sich, an einem kalten Wintertage, recht nahe zusammen, um, durch die gegenseitige Wärme, sich vor dem Erfrieren zu schützen. Jedoch bald empfanden sie die gegenseitigen Stacheln; welches sie dann wieder voneinander entfernte. Wann nun das Bedürfnis der Erwärmung sie wieder näher zusammenbrachte, wiederholte sich jenes zweite Übel; so dass sie zwischen beiden Leiden hin- und hergeworfen wurden, bis sie eine mäßige Entfernung voneinander herausgefunden hatten, in der sie es am besten aushalten konnten." (Zitiert in Brumlik/Brunkhorst 1993, S. 319)

Unter der Überschrift „Nähe-Kult" hat der Journalist Klaus Kreimeier in einem ganz ähnlichen Sinne gewisse Begleiterscheinungen der deutschen Wiedervereinigung als „verschwitzte Angelegenheit" aufgespießt, die auch als eine radikale Kritik an Implikationen des Kommunitarismus aufgefasst werden kann: „Vom deutschen *Gemeinschafts*wahn unterscheidet sich das Konzept der demokratisch-zivilisierten *Gesellschaft* darin, dass es die Differenz betont, die Widersprüche zwischen den Menschen und die Ferne, die zwischen ihnen liegt. Ferne trennt - aber sie ist ein humanes Fluidum der Kommunikation, da sie Aufmerksamkeit und Respekt für den anderen nicht ausschließt, sondern erst ermöglicht. Schon 1924 hat uns Helmuth Plessner empfohlen, Verhaltenstechniken zu entwickeln, „mit denen sich die Menschen nahe kommen, ohne sich zu treffen, mit denen sie sich voneinander entfernen, ohne sich durch Gleichgültigkeit zu verletzen." Im Treibhaus des deutschen Zusammenwachsens hingegen ist der Nähe-Kult, diese Sumpfblüte der alternativen Kultur, eine sonderbare Kreuzung mit neopatriotischen Aufwallungen eingegangen. Das Ergebnis ist, dass wir, immer stärker zusammenwachsend, die „Rohheit des Aneinandervorbeilebens“ (Plessner) zur Tugend machen.“ (Kreimeier 1996)

Fassen wir noch einmal kurz *zusammen*. Wir verdanken Ferdinand Tönnies wesentliche Einsichten in den Prozess der Ausprägung gesamtgesellschaftlicher Strukturen im Zuge fortschreitender Arbeitsteilung. Gemeinschaften als Formen menschlichen Zusammenlebens verschwinden dadurch zwar nicht, werden aber gewissermaßen in die Kulisse des Gesamtsystems abgedrängt. Max Weber stützt seine Entfaltung von Grundbegriffen der Soziologie auch auf Einsichten von Tönnies, wenn er das *Gemeinschaftliche* vom *Gesellschaftlichen* auf der Ebene seiner Idealtypologie des Handelns trennt. Gemeinschaft basiert nach Weber auf subjektiv gefühlter Zusammengehörigkeit der Beteiligten, die „affektuell“ (emotional) oder „traditional“ (durch Überlieferung und Gewohnheit) inspiriert ist. Dem steht das Gesellschaftliche mit seiner starken Verpflichtung auf Zweckrationalität gegenüber. In der hochgradig arbeitsteiligen, warenförmigen Gesellschaft tritt soziale Distanz mehr und mehr an die Stelle von emotionalen Bindungen. Wechselseitiges Kalkül und nicht Sympathie oder Antipathie strukturieren den sozialen Austausch. Sekundärgruppen und Großorganisationen prägen nun des Bild der Gesellschaft etwa an Stelle überschaubarer dörflicher Gemeinschaften mit ihren kleinräumigen Kommunikationsbeziehungen. Damit drohen nach Ansicht der „Kommunitarier“ Verluste an sozialer Bindungskraft, die den demokratischen Charakter des politischen Systems aushöhlen können. Ihr Bemühen, Tugenden der Vergemeinschaftung wiederzubeleben, hat jedoch Widerspruch von Soziologen hervorgerufen, die in der Tradition von Konflikttheorien argumentieren. Sie heben hervor, dass die Stabilität eines zivilisierten Gemeinwesens nicht aus vordergründigen Sympathiebeziehungen wachsen kann, sondern aus der Anerkennung strukturnotwendiger Konflikte. Huinink macht schließlich darauf aufmerksam, dass die Prinzipien des Gemeinschaftlichen und des Gesellschaftlichen, dass Nähe und Distanz im Alltag sozialen Handelns und sozialer Gebilde häufig miteinander verschränkt sind: „Eine intime Partnerschaft wird man zunächst und zuvorderst als Vergemeinschaftung einstufen. Es ist aber nicht auszuschließen, dass auch rationale Motive, etwa materielle Interessen, eine Rolle für die Beziehung zwischen Lebenspartnern spielen. Umgekehrt haben als Vergesellschaftung zu charakterisierende Beziehungen zwischen Vereinsmitgliedern oder Arbeitskollegen fast immer auch eine persönliche Dimension. Dennoch macht es Sinn, die idealtypisch konstruierte, analytische Trennung zwischen den beiden Prinzipien zu betonen, da sie die Logik sozialer Beziehungen besser zu verstehen hilft.“ (Huinink 2001, S. 80)

Übungsfragen

Worin unterscheiden sich nach Tönnies „Gemeinschaften“ von „Gesellschaften“? Nennen Sie drei wesentliche Unterscheidungsmerkmale und veranschaulichen sie beispielhaft!

Inwieweit lässt sich der Unterschied von „formellen Gruppen“ und „informellen Gruppen“ auf die Differenz von „Gesellschaft“ und „Gemeinschaft“ zurückführen?

In welcher Hinsicht kann man die Familie als Form der Gemeinschaft, in welcher Hinsicht kann man sie als Form der Gesellschaft bestimmen?

Warum ist demokratische Partizipation nach Wellmer gleichermaßen eine Voraussetzung gesellschaftlicher Integration und zugleich ununterbrochen gefährdet?

Worin stimmen Etzioni und Honneth in ihrer Bewertung des Kommunitarismus überein, und worin unterscheiden sie sich?

Welche Überlegungen von Ferdinand Tönnies finden sich in Grundannahmen der Kommunitarier wieder?

Was spricht für, was spricht gegen die These, wonach Integration im Sinn eines gesellschaftlichen Zusammenhalts ein Wert an sich ist?

Was hat „zivilisiertes Verhalten“ in der Vorstellung von Richard Sennett mit „Gemeinschaft“ und „Gesellschaft“ zu tun?

Warum ist es sinnvoll, soziale Konflikte als eine Grundbedingung gesellschaftlicher Stabilität zu bezeichnen?

Warum ist es sinnvoll, von einer „Hausgemeinschaft“ und einer „Aktiengesellschaft“, aber nicht von einer „Hausgesellschaft“ und einer „Aktiengemeinschaft“ zu sprechen?

2. Karl Marx: Historische Gesetzmäßigkeiten des gesellschaftlichen Wandels

Als beispielhaften Zugang dieses Teilabschnitts wähle ich eine Grundkurs-Klausur an der Hochschule für Wirtschaft und Politik in Hamburg. Eine Aufgabe lautete: „Was haben die „Produktivkräfte“ und die „Produktionsverhältnisse“ der „bürgerlichen Gesellschaft“ nach Marx mit der „Revolution des Proletariats“ zu tun?“ Es ist gewiss nicht einfach, diese Frage in verhältnismäßig kurzer Zeit auch nur halbwegs erschöpfend zu beantworten. Einige Studenten hatten sich gut vorbereitet. Ohne große Umschweife erklärten sie soziale Umwälzungen aus den ihnen nach Marx zugrunde liegenden wirtschaftlichen und sozialen Verhältnissen. Manche verzettelten sich bei dem schwierigen Versuch, die in der Aufgabenstellung enthaltenen Begriffe möglichst genau zu definieren. Als sie zum Kern des Problems vorstoßen wollten, war ihnen die Zeit davon gelaufen. Andere kamen zu recht unbefriedigenden Resultaten ihrer angestrengten Überlegungen, wie der folgende Textauszug aus einer Klausur verdeutlichen soll: „Marx vertrat die Auffassung, dass die Proletarier sich gegen ihre Ausbeuter auflehnen, weil die ihnen nicht den Lohn geben, auf den sie einen Anspruch haben. Er hat davon gesprochen, dass die Basis (bei Marx die Produktivkräfte) mit dem Überbau (Produktionsverhältnisse) nicht einverstanden ist. Der Arbeiterstand hat eine andere Stellung als die Kapitalistenschicht. Daher kommt die Unzufriedenheit. Wenn es den Arbeitern besser geht, haben sie die Revolution nicht mehr nötig. Diese Theorie gilt heute als widerlegt." In mindestens einer Hinsicht ist dem Studenten recht zu geben: *Diese* Theorie lässt sich gewiss widerlegen – nur: Handelt es sich dabei wirklich um die Marxsche Theorie? Vom Dozenten auf Unzulänglichkeiten seiner Klausurantwort aufmerksam gemacht, fiel es dem Studenten schwer, sich von seiner Sicht der Dinge zu trennen: „Welcher Arbeiter ist denn heutzutage schon noch für die Revolution?", wandte er ein. Die augenscheinliche Abwesenheit kollektiver Auflehnungsbereitschaft in der Gegenwartsgesellschaft, aber auch ein gewisser Widerwille, sich in eine ihm fremde, historisch offenbar versunkene Gedanken- und Begriffswelt hineinzuversetzen, blockierten seine Bereitschaft, sich mit der Sache unvoreingenommen auseinander zu setzen.

Soziologische Theorien, das zeigt dieses Beispiel, denen ein lange zurückliegendes Verfallsdatum zugeschrieben wird, haben für heutige Zeitgenossen, um einen Begriff der ökonomischen Theorie von Marx aufzunehmen, keinen „Gebrauchswert" mehr. Sie gelten als verstaubt. Ich halte es dennoch für sinnvoll, dass sich Studienanfänger der Soziologie aus verschiedenen Gründen mit Marx beschäftigen: Diese Theorie hat tiefe Spuren im soziologischen Denken hinterlassen, und zwar unabhängig davon, ob man sie in Gänze oder in einzelnen Teilstücken für revisionsbedürftig hält. Vor allem Theorien sozialer Schichtung, aber auch der konflikttheoretische Ansatz verdanken Marx wichtige Impulse. Deshalb will ich zunächst die Bedeutung der Marxschen Theorie für den Fortschritt soziologischer Erkenntnisse mindestens andeuten. Darüber hinaus kann die Beschäftigung mit Marx unser Denken in widersprüchlichen Zusammenhängen von Wirtschaft und Gesellschaft, Kultur und Politik beflügeln. Wir können von Marx also lernen, über den Tellerrand einzelner Disziplinen hinauszublicken. Nicht zuletzt mahnt uns Marx, gesellschaftliche Verhältnisse als historisch geworden und damit auch veränderbar aufzufassen. In enger Anlehnung an Originaltexte will ich das im zweiten Teil dieses Abschnitts veranschaulichen.

a) Die Bedeutung der Marxschen Theorie für den Fortschritt der soziologischen Erkenntnis

Seine wechselvolle *Lebensgeschichte* bringt Karl Marx (1818 – 1883) in verschiedenen Phasen und an verschiedenen Orten mit den wesentlichen Quellen seines philosophischen und soziologischen, seines ökonomischen und politischen Denkens in Berührung. Ohne die Bedeutung solcher biographischer Prägungen überschätzen zu wollen, liefern sie uns doch einen wichtigen Zugang für das Verständnis dieser überragenden Figur der europäischen Geistesgeschichte des 19. Jahrhunderts. 1818 als Sohn einer jüdischen Familie in Trier geboren, studiert Marx in Bonn und Berlin Philosophie. In Berlin nimmt er Kontakt zu den „Junghegelianern" auf, schöpft daraus die erste wichtige Quelle seines Denkens: die Beschäftigung mit der deutschen Philosophie. Im revolutionären „Vormärz" der Jahre vor 1848 begegnet uns Marx als Chefredakteur der in Köln herausgegebenen „Rheinischen Zeitung". Hier lernt er Friedrich Engels als Wegbegleiter und engen Mitstreiter kennen. Sein Eintreten für den radikalen gesellschaftlichen Wandel („Die Philosophen haben die Welt nur verschieden erklärt, es kommt aber darauf an, sie zu verändern") bringt Marx bald in Konflikt mit der Staatsgewalt. Nach Paris emigriert, verschreibt er sich den „Deutsch-Französischen Jahrbüchern". Die Beschäftigung mit dem französischen utopischen Sozialismus und der französischen Geschichte markieren die zweite wesentliche Quelle seines Denkens. Später emigriert Karl Marx für den Rest seines Lebens nach London. Er gehört zu den Mitbegründern der „Ersten Internationale" der Arbeiterbewegung und beschäftigt sich mit der dritten Hauptquelle seines Denkens, der britischen politischen Ökonomie. Im Jahr 1867 erscheint der erste Band seines Hauptwerks „Das Kapital", die beiden folgenden Bände werden nach Vorlagen von Marx durch Friedrich Engels 1885 und 1894 herausgebracht. Den Grabstein von Marx auf dem Londoner Highgate-Friedhof ziert das politische Motto seines Lebens: „Workers of all lands – unite"

Es ist schwer, den soziologischen Extrakt aus dem von Marx im modernen Verständnis „interdisziplinär" angelegten Theoriegebäude herauszubrechen. Ich werde mich im weiteren Verlauf der Darstellung damit begnügen, einige Elcmente der Marxschen Soziologie ohne Anspruch auf Vollständigkeit zu erläutern. Zunächst geht es darum, einige Spuren aufzuweisen, die das Marxsche

Denken in der modernen Soziologie hinterlassen hat. Kaum eine andere Gesellschaftstheorie, hat der amerikanische Soziologe Tumin einmal gesagt, hat die gegenwärtige Soziologie nachhaltiger beeinflusst als die von Marx. Das zeigt sich schon im Werk des „Gründungsvaters“ Emile Durkheim. Seine Überlegungen zum gesellschaftlichen Fortschritt durch Arbeitsteilung nehmen ausdrücklich auf Marx Bezug. Talcott Parsons und Vilfredo Pareto ließen sich in ihren eigenen Versuchen, Soziologie als Handlungstheorie zu konzipieren, von Marx inspirieren. Max Webers Bemühen, die Soziologie in den Rang einer geachteten Universitätsdisziplin zu erheben, hat auch mit seiner ausdrücklichen Kritik an Karl Marx zu tun. Ganz im Unterschied zu diesem vertrat jener die Auffassung, dass sich soziologische Erkenntnisse allein auf dem stabilen Fundament einer „Wertfreiheit der Sozialforschung“ aufbauen ließen. Werner Sombarts Gelehrtendasein schließlich wird ohne dessen lebenslange Auseinandersetzung mit Marx gar nicht verständlich. Vom glühenden Anhänger wandelt sich der Autor des „Modernen Kapitalismus“ gegen Ende seines Lebens zu einem ebenso hasserfüllten Kritiker von Marx.

Zentrales Thema der Marxschen Soziologie, die an keiner Stelle des vielbändigen Werks (die Gesamtausgabe nimmt im Bücherregal etwa 160cm ein) einzelwissenschaftlich gebündelt ist, ist die systematische Erarbeitung der historischen Gesetzmäßigkeiten des gesamtgesellschaftlichen Wandels. Es ging Marx darum, in der Gesellschaft selbst jene Kräfte und Prozesse aufzuspüren, die in widersprüchlicher (dialektischer) Vermittlung zueinander und zum Ganzen der Gesellschaft ihren historisch als notwendig erkannten Veränderungsprozess in Bewegung halten. Dieser Blick auf das Ganze, dieser Versuch einer epochalen Gegenstandsbewältigung erscheint uns heute in einer Zeit, in der sich das Fach immer tiefer in „Bindestrich-Soziologien“ verästelt, ausgesprochen ungewöhnlich. Marx war davon überzeugt, dass es nur durch die von ihm gewählte Methode ganzheitlicher Theoriebildung möglich sein würde, über Oberflächenbeschreibungen sozialer Phänomene hinaus jene „Bewegungsgesetze“ aufzudekken, die die Gesellschaft zugleich zusammenhalten und ihren Wandel hervortreiben. Der österreichische Marxist Max Adler, Soziologieprofessor in Wien, schrieb den „bürgerlichen Soziologen“ anlässlich des dritten deutschen Soziologentages 1923 ins Stammbuch:

„Ich bin mir bewusst, dass...ein großer Teil der hier Versammelten der Meinung ist, nun spreche die Parteileidenschaft und nicht mehr die Wissenschaft...Ich kann demgegenüber nur darauf hinweisen, dass diese bis zu einer unwissenschaftlichen Krankheit gesteigerte Denkweise so vieler Gelehrten eben den betrübenden Stand der Soziologie verschuldet hat, in welcher zwar jeden

Augenblick ein neues System erscheint, zugleich aber alles steril geblieben ist, weil kaum einer der Systembildner sich die Mühe nimmt, von der Arbeit des Marxismus auf soziologischem Gebiete Notiz zu nehmen...Das eigentliche Problem der Soziologie liegt nicht in der Darstellung der Beziehungen des sozialen Lebens, sondern in der Aufdeckung der Gesetzmäßigkeit seiner Veränderungen. Nicht die Statik, sondern die Dynamik enthält das eigentliche Problem der Soziologie. Es ist nicht befremdlich, dass, weil diese Dynamik über die Formen der bürgerlichen Gesellschaft hinausführt, die marxistische Soziologie, welche diese Dynamik zu ihrem Hauptproblem gemacht hat, so unbeliebt...geworden ist...Der Marxismus kennt von Anfang an nur den vergesellschafteten Menschen, so dass alle Beziehungen zwischen Einzelmenschen zu einem außer ihm bestehenden sozialen Gebilde ganz unmöglich ist." (Zitiert in Schoeck 1974, S. 186f.)

Wenn Marx einmal sagte, er sei kein Marxist, wollte er sich pauschal von Verbiegungen seiner Theorien durch die große Zahl seiner wissenschaftlichen und politischen Nachbeter distanzieren. Der letzte Teil des Zitats erklärt die Plausibilität dieses Ausspruchs. In soziologistischer Diktion erklärt Max Adler ja die Detailanalyse etwa von Vergesellschaftungsprozessen in kleindimensionierten Handlungszusammenhängen, also etwa die Analyse sozialer Rollen, im marxistischen Sinn für „ganz unmöglich". Dem ist entgegenzuhalten: Menschen sind ganz überwiegend, aber doch nicht „nur" als „vergesellschaftet" in bezug auf das konkrete Ganze aufzufassen. Sie verkörpern im Denken und Handeln immer auch subjektive Eigensinnigkeiten, die nicht bruchlos aus gesamtgesellschaftlichen Strukturen ableitbar erscheinen, sondern bei genauerer Betrachtung auch mit Traditionen historisch längst versunkener Gesellschaftsformationen aufgeladen bleiben können – eine Erkenntnis, die Marx selbst nicht fremd war. Wenn Marx etwa von „Charaktermasken" sprach, hatte er Implikationen des moderneren Begriffs der sozialen Rolle vorweggenommen. An diesem Beispiel soll deutlich werden, dass sich die komplizierten Denkfiguren der Marxschen Theorie eher im Rückgriff auf die Originalquellen erschließen lassen als im Vertrauen auf die eine oder andere Popularisierung aus der Sekundärliteratur. Manchem mag die Unterscheidung zwischen Marxschen Theorien und dem, was wir unter „Marxismus" verstehen, reichlich spitzfindig erscheinen, aber es gehört gerade zum Schicksal soziologischer „Großtheorien", dass sie sich gegen Umdeutungen mancher nachfolgender „Schriftgelehrter" nur schwer wehren können. Friedrich Engels beispielsweise verfolgte mit durchaus gemischten Gefühlen die Bemühungen mancher sozialdemokratischer „Parteigelehrter", das Marxsche Denken in die kleine Münze leichtgängiger Schulungstexte umzugießen. Auch das gehört ja zur Wirkungsgeschichte von Marx und vom Marxismus: Die *Vermittlung* von Inhalten, so hatten wir ja am Beispiel der Sozialisation gesehen, ist häufig etwas anderes als ihre subjektive *Aneignung*. Fasziniert vom wissenschaftlichen Anspruch, die „Bewegungsgesetze des Kapitals“ schlüssig aufgedeckt zu haben, hat sich mancher sozialdemokratische Parteifunktionär im deutschen Kaiserreich einen verhältnismäßig einfachen Reim auf seinen Marx gemacht, der ihn um so mehr enttäuschen musste, als sich der „große Kladderadatsch“, als den der Parteitheoretiker Karl Kautsky den „historisch notwendigen Zusammenbruch des Kapitalismus“ gern bezeichnete, partout nicht einstellen wollte. Wer, wie Eduard Bernstein, im Angesicht unübersehbarer Stabilisierungstendenzen des Kapitalismus dicke Fragezeichen hinter manche Marx entweder zugeschriebene und wohl auch von diesem zu verantwortende Prognose machte, geriet dann rasch in den Verdacht eines „Feindes der Arbeiterklasse“.

Wir können dem Marxschen soziologischen Denken selbst am besten gerecht werden, wenn wir uns den sozial- und geistesgeschichtlichen Kontext vergegenwärtigen, in dem es sich entwickelte. Zunächst ist daran zu erinnern, dass sich auf dem europäischen Kontinent im Verlauf des 19. Jahrhunderts gravierende Veränderungen abspielten, deren Zeuge Marx wurde. Der von den Gedanken der Aufklärung und der französischen Revolution beflügelte Siegeszug der bürgerlichen Gesellschaft beschleunigte das Tempo der kapitalistischen Industrialisierung, rief mit der Veränderung der Lebensverhältnisse der Menschen eine Wandlung der ihr Denken und Handeln beeinflussenden sozialen Strukturen hervor. Die damit zusammenhängenden „Entwurzelungen“ der überkommenen feudalen Ordnung brachten miteinander konkurrierende philosophische, religiöse und wissenschaftliche Erklärungsversuche auf den Plan. Auf der einen Seite finden wir geistesgeschichtlich rückwärtsgewandte Romantisierungen einer vermeintlichen, in jedem Fall aber verloren gegangenen feudalen Sozialidylle. Der deutsche Soziologe Wilhelm-Heinrich Riehl etwa neigte zu solchen Verklärungen früher Zustände, die er gleichsam mit der modernen Zeit wie mit dem „Charakter des deutschen Volkes“ zu versöhnen trachtete. Daneben rechtfertigten Soziologen wie Herbert Spencer den Segensreichtum der bürgerlichen Ordnung, indem sie die liberalen Gesellschaftsideale priesen. Eine andere Antwort suchten die utopischen Sozialisten wie St. Simon oder Owen. Sie wollten den Sozialismus als Ausweg aus kapitalistischer Unterdrückung, Verelendung und Entfremdung gleichsam „stiften“. Es ging ihnen darum, kraft vernünftiger Anstrengung an die Stelle der sozialen Missstände eine neue, vollkommene gesellschaftliche Ordnung als Resultat des moralisch Wünschbaren zu setzen. Durch Experimente und Propaganda empfahlen sie dem Volk ihre utopischen Ideen zur Nachahmung. Marx und Engels hatten für alle diese Versuche, das Neue zu erklären und Wege zum Besseren aufzuzeigen, nur Hohn und Spott übrig. Weit davon entfernt, das Alte zu verklären, das Neue zu rechtfertigen und das Kommende in allen Einzelheiten phantasievoll auszufeilen, machten sie sich auf die Suche nach jenen historischen Gesetzmäßigkeiten, die den Prozess revolutionärer Veränderung wissenschaftlich begründbar machten. Es ging Marx nicht *nur*, aber *auch* darum, dem auf die historische Bühne getretenen Proletariat jene „geistigen Waffen" an die Hand zu geben, mit deren Hilfe es den geschichtlichen Prozess nicht nur verstehen sondern auch in seinem eigenen Interesse (und dem der gesamten Gesellschaft) beschleunigen können würde. Sehen wir genauer hin.

b) Die sozioökonomische Dynamik revolutionärer Veränderungen

Der folgende Versuch, Grundlinien der Marxschen Soziologie in enger Anlehnung an berühmte Textauszüge nachzuzeichnen, muss sich zunächst noch einmal bewusst machen, dass es Marx etwa im Unterschied zu Ferdinand Tönnies nicht in erster Linie darauf ankam, die Frage zu beantworten, was eine Gesellschaft zusammenhält. Ihn interessierten vor allem die im „Schoß der Gesellschaft" angelegten Kräfte der (revolutionären) Veränderung. In Begriffen der modernen Soziologie könnten wir auch sagen: Nicht die „soziale Integration" sondern der „soziale Konflikt" steht im Zentrum der Analyse. Im Jahre 1848 veröffentlichten Karl Marx und Friedrich Engels eines der berühmtesten Dokumente der Ideengeschichte, das „Manifest der Kommunistischen Partei". Marx war damals gerade 30 Jahre alt geworden, hatte den weitaus größten Teil seiner wissenschaftlichen Arbeit noch vor sich; dennoch sind in dieser politischen Kampfschrift bereits wichtige Denkfiguren und begriffliche Vorstellungen des späteren Werks in authentischer Weise angelegt. Im „Manifest" formulieren die Autoren jene drei wesentlichen Voraussetzungen, die ihrem analytischen Verständnis zugrunde liegen:

(1) Das Studium einer konkreten Gesellschaft muss mit ihrer historischen Einordnung beginnen.

(2) Die historische Einordnung der bürgerlichen Gesellschaft des 19. Jahrhunderts wird bestimmt durch das komplexe Totalphänomen des Kapitalismus.

(3) Diese konkret-historische Ordnung ist nur als Einheit ökonomischer, gesellschaftlicher und politisch-ideologischer Strukturen und Prozesse zu begreifen.

Text 12:

Karl Marx, Friedrich Engels: Manifest der Kommunistischen Partei (Auszüge)

(1) Die Geschichte aller bisherigen Gesellschaften ist die Geschichte von Klassenkämpfen. Freier und Sklave, Patrizier und Plebejer, Baron und Leibeigener, Zunftbürger und Gesell, kurz, Unterdrücker und Unterdrückte standen in stetem Gegensatz zueinander, führten einen ununterbrochenen, bald versteckten, bald offenen Kampf, einen Kampf, der jedesmal mit einer revolutionären Umgestaltung der ganzen Gesellschaft endete oder mit dem gemeinsamen Untergang der kämpfenden Klassen.

(2) In den früheren Epochen der Geschichte finden wir fast überall eine vollständige Gliederung der Gesellschaft in verschiedene Stände, eine mannigfaltige Abstufung der gesellschaftlichen Stellungen. Im alten Rom haben wir Patrizier, Ritter, Plebejer, Sklaven; im Mittelalter Feudalherren, Vasallen, Zunftbürger, Gesellen, Leibeigene, und noch dazu in fast jeder dieser Klassen wieder besondere Abstufungen.

Die aus dem Untergange der feudalen Gesellschaft hervorgegangene moderne bürgerliche Gesellschaft hat die Klassengegensätze nicht aufgehoben. Sie hat nur neue Klassen, neue Bedingungen der Unterdrückung, neue Gestaltungen des Kampfes an die Stelle der alten gesetzt. Unsere Epoche, die Epoche der Bourgeoisie, zeichnet sich jedoch dadurch aus, daß sie die Klassengegensätze vereinfacht hat. Die ganze Gesellschaft spaltet sich mehr und mehr in zwei große feindliche Lager, in zwei große, einander direkt gegenüberstehende Klassen: Bourgeoisie und Proletariat. (S. 26f.)

(3) Die Bourgeoisie hat in ihrer kaum hundertjährigen Klassenherrschaft massenhaftere und kolossalere Produktionskräfte geschaffen als alle vergangenen Generationen zusammen. Unterjochung der Naturkräfte, Maschinerie, Anwendung der Chemie auf Industrie und Ackerbau, Dampfschiffahrt, Eisenbahnen, Elektrische Telegraphen, Urbarmachung ganzer Weltteile, Schiffbarmachung der Flüsse, ganze aus dem Boden hervorgestampfte Bevölkerungen - welches frühere Jahrhundert ahnte, daß solche Produktionskräfte im Schoß der gesellschaftlichen Arbeit schlummerten?

Wir haben also gesehen: Die Produktions- und Verkehrsmittel, auf deren Grundlage sich die Bourgeoisie heranbildete, wurden in der feudalen Gesellschaft erzeugt. Auf einer gewissen Stufe der Entwicklung dieser Produktions- und Verkehrsmittel entsprachen die Verhältnisse, worin die feudale Gesellschaft produzierte und austauschte, die feudale Organisation der Agrikultur und Manufaktur, mit einem Wort die feudalen Eigentumsverhältnisse, den schon entwikkelten Produktivkräften nicht mehr. Sie hemmten die Produktion, statt sie zu fördern. Sie verwandelten sich in ebenso viele Fesseln. Sie mußten gesprengt werden, sie wurden gesprengt.

An ihre Stelle trat die freie Konkurrenz mit der ihr angemessenen gesellschaftlichen und politischen Konstitution, mit der ökonomischen und politischen Herrschaft der Bourgeoisieklasse. (S. 30f.)

(4) Die Waffen, womit die Bourgeoisie den Feudalismus zu Boden geschlagen hat, richten sich jetzt gegen die Bourgeoisie selbst. Aber die Bourgeoisie hat nicht nur die Waffen geschmiedet, die ihr den Tod bringen, sie hat auch die Männer gezeugt, die diese Waffen führen werden - die modernen Arbeiter, die Proletarier.

In demselben Maße, worin sich die Bourgeoisie, d.h. das Kapital, entwickelt, in demselben Maße entwickelt sich das Proletariat, die Klasse der modernen Arbeiter, die nur so lange leben, als sie Arbeit finden, und die nur so lange Arbeit finden, als ihre Arbeit das Kapital vermehrt. Diese Arbeiter, die sich stückweis verkaufen müssen, sind eine Ware wie jeder andere Handelsartikel und daher gleichmäßig allen Wechselfällen der Konkurrenz, allen Schwankungen des Marktes ausgesetzt. (S. 32)

(5) Die Lebensbedingungen der alten Gesellschaft sind schon vernichtet in den Lebensbedingungen des Proletariats. Der Proletarier ist eigentumslos, sein Verhältnis zu Weib und Kindern hat nichts mehr gemein mit dem bürgerlichen Familienverhältnis; die moderne industrielle Arbeit, die moderne Unterjochung unter das Kapital, dieselbe in England wie in Frankreich, in Amerika wie in Deutschland, hat ihm allen nationalen Charakter abgestreift. Die Gesetze, die Moral, die Religion sind für ihn ebenso viele bürgerliche Vorurteile, hinter denen sich ebenso viele bürgerliche Interessen verstecken. Alle früheren Klassen, die sich die Herrschaft eroberten, suchten ihre schon erworbene Lebensstellung zu sichern, indem sie die ganze Gesellschaft den Bedingungen ihres Erwerbs unterwarfen. Die Proletarier können sich die gesellschaftlichen Produktivkräfte nur erobern, indem sie ihre eigene bisherige Aneignungsweise und damit die ganze bisherige Aneignungsweise abschaffen. Die Proletarier haben nichts von dem Ihrigen zu sichern, sie haben alle bisherigen Privatsicherheiten und Privatversicherungen zu zerstören.

Alle bisherigen Bewegungen waren Bewegungen von Minoritäten oder im Interesse von Minoritäten. Die proletarische Bewegung ist die selbständige Bewegung der ungeheuren Mehrzahl im Interesse der ungeheuren Mehrzahl. Das Proletariat, die unterste Schicht der jetzigen Gesellschaft, kann sich nicht erheben, nicht aufrichten, ohne daß der ganze Überbau der Schichten, die die offizielle Gesellschaft bilden, in die Luft gesprengt wird. (S. 36)

Quelle: Marx/Engels: Ausgewählte Schriften, Band 1, Berlin 1966, S. 26 - 36 (Auszüge, Bezifferungen von mir – J.P.).

Im *ersten Absatz* von Text 12 formulieren seine Autoren bereits den entscheidenden Blick auf die historische Dynamik: Nicht soziale Aussöhnung und Integration, Harmonie und Zusammenhalt, sondern scharfe Konflikte kennzeichnen das Wesen von Gesellschaften. Der Gegensatz von Unterdrückern und Unterdrückten mag verschiedene Erscheinungsformen annehmen, über weite Strekken womöglich kaum spürbar sein, um dann aber wieder offen aufzubrechen. Am Ende treibt der unversöhnliche Gegensatz der Klassen die revolutionäre Umgestaltung hervor oder aber – eine Relativierung, die in der Auseinandersetzung mit Marx häufig übersehen wurde – den „Untergang der kämpfenden Klassen". Gesellschaftlicher Wandel ist demzufolge das Resultat kollektiver Konflikte.

Der *zweite Grundgedanke* betrachtet zunächst die verschiedenartige Struktur historisch bekannter Gesellschaften. Die Autoren sprechen von „mannigfaltigen Abstufungen", aus denen sich bei genauerer Betrachtung eine Konfiguration verschiedener sozialer Großgruppen etwa im „alten Rom" oder im Mittelalter ergibt. Unter begrifflichen Gesichtspunkten erscheint die Darstellung verwirrend, weil sie nicht zwischen „Ständen" und „Klassen" unterscheidet. Wir werden später noch sehen, dass eine solche Differenzierung den besonderen Charakter sozialer Schichtung prägt. Dann sprechen Marx und Engels von der Besonderheit der „modernen bürgerlichen Gesellschaft". Sie kommt darin zum Ausdruck, dass an die Stelle einer Vielfalt sozialer Abstufungen mehr und mehr eine Aufspaltung der Gesellschaft in zwei einander unversöhnlich gegenüberstehender Blöcke tritt. Mit der Bourgeoisie und dem Proletariat haben zwei Klassen die Bühne der Geschichte betreten, deren Kampf gegeneinander die „Klassengegensätze vereinfacht hat."

Die *dritte Überlegung* liest sich wie ein Loblied auf den gesellschaftlichen Fortschritt durch das aufkommende Bürgertum. Sie bezieht sich auf die Dynamik der wirtschaftlichen Entwicklung und deren Folgen für die Herrschaft der Bourgeoisie. Das Bürgertum kann sich gerade deshalb zur herrschenden Klasse aufschwingen, weil es in bisher ungeahntem Maße in der Lage ist, die technische Entwicklung voranzutreiben, den ökonomischen Reichtum zu mehren. Doch das Bürgertum konnte diese gewaltige Produktivitätssteigerung nur ins Werk setzen, weil es sich seinerseits als revolutionäre Klasse von feudaler Bevormundung freizumachen verstand. Die ständische Ordnung des Handwerks in den mittelalterlichen Städten band beispielsweise jahrhundertelang die Ausübung einzelner Gewerke an eine bestimmte Zahl von Meisterstellen als lebenslange Versorgungsgrundlage des Nachwuchses von Lehrlingen und Gesellen. Die Handwerker-Zünfte achteten eifersüchtig darauf, dass „Arbeit und Brot" allein in dem von ihnen regulierten Rahmen verfügbar waren. Das Bürgertum aber, die Fabrikanten wie die Kaufleute, benötigten die uneingeschränkte Entfaltung der Märkte, die „freie Konkurrenz", um ihre Profitinteressen durchzusetzen. Mit der Entfaltung der Produktivität ging also die Verschiebung des sozialen Gefüges und damit die Veränderung der Klassenkonstellation einher.

Der *vierte Grundgedanke* setzt den erfolgreichen Siegeszug des Bürgertums voraus. Die Bourgeoisie wandelt sich notgedrungen von einer revolutionären Klasse zu einer den weiteren gesellschaftlichen Fortschritt hemmenden Gruppierung. Die Ausbeutung des Proletariats ist die entscheidende Bedingung für die Anhäufung von Macht und Reichtum auf der Seite der Inhaber der Produktionsmittel. Es ist nicht ihre bösartige Verkommenheit, die die Bourgeoisie zur ununterbrochenen Aneignung fremder Arbeit treibt, sondern der von ihr selbst ins Werk gesetzte Mechanismus der Konkurrenz unter der Bedingung der Marktfreiheit und der Entfaltung des privaten Eigentums. Ob sie will oder nicht: Die Bourgeoisie treibt mit dem Proletariat, das ihren Reichtum mehrt, zugleich auch ihren historischen Totengräber hervor. In dieser Textpassage wird deutlich, dass Marx und Engels die revolutionäre Dynamik der gesellschaftlichen Entwicklung von Elementen des Zufälligen, von bloß moralisch gedeuteten kollektiven Handlungsimpulsen weitgehend frei halten wollen. Der Klassenkampf wurzelt letztlich nicht in Kategorien von Gut und Böse, sondern er wird hervorgetrieben aus der kalten Logik der kapitalistischen Akkumulation. Gerade darin zeigt sich der Anspruch der Theorie, den historischen Wandel als vom individuellen Wollen abgelösten sachgesetzlichen Prozess zu denken, der aus der Einheit von Ökonomie und Gesellschaft, Politik und kollektiver Aktion hervorgeht.

Die von der Bourgeoisie forcierte wirtschaftliche und gesellschaftliche Entwicklung treibt auf eine revolutionäre Zuspitzung zu, die auf das Ende der Geschichte der Ausbeutung des Menschen durch den Menschen hinausläuft. Das ist der Kern des *fünften Grundgedankens*. Im Unterschied zu allen bereits versunkenen unterdrückten Klassen früherer Gesellschaftsformationen verkörpert das zahlenmäßig rasch anwachsende Proletariat die große Mehrheit der Gesellschaft. Seine letztlich erfolgreiche Auflehnung gegen den Unterdrükkungszusammenhang erzwingt deshalb die Abschaffung der Ausbeutung selbst. Wenn die revolutionär gesonnenen Proletarier in ihren Liedern vom „letzten Gefecht" sangen, hatten sie genau diese Hoffnung im Blick. Die Arbeiterklasse kann sich nicht „aufrichten, ohne dass der ganze Überbau der Schichten, die die offizielle Gesellschaft bilden, in die Luft gesprengt wird." Wenn Marx und Engels hier von einem „Überbau der Schichten" als Ausdruck der „offiziellen Gesellschaft" sprechen, legen sie Missverständnisse nahe. Ist denn, so ist ja zu fragen, dem gegenüber das Proletariat die „inoffizielle Gesellschaft", also etwas zum eigentlichen Sozialgefüge gar nicht Dazugehöriges? Auch die Verwendung der Metapher vom „Überbau“ ist insofern missverständlich, als Marx sie in einem anderen Zusammenhang anders verwendet. Vielleicht hat diese Uneindeutigkeit den oben erwähnten Studenten bei seiner misslungenen Klausurantwort in die Irre geführt.

Was die Autoren des „Kommunistischen Manifests“ in dieser Kampfschrift von 1848 lediglich andeuten, nämlich den engen Zusammenhang zwischen ökonomischen Verhältnissen, gesellschaftlichem Wandel und sozialen Bewegungen, wird von Karl Marx später zu einem umfassenden theoretischen System ausgebaut. Eines der berühmtesten Zitate von Marx soll uns nun näher beschäftigen. Es handelt sich um die ersten Sätze der Einleitung seines 1859 verfassten Werkes „Zur Kritik der politischen Ökonomie“, in denen Marx in gedrängter Form die Umrisse seines wissenschaftlichen Programms skizziert und zugleich die wichtigsten Einsichten seines Verständnisses von der Dynamik des gesellschaftlichen Wandels zusammenfasst. Ich versehe die einzelnen gedanklichen Schritte abermals mit Ziffern, auf die ich mich anschließend erläuternd beziehe.

Text 13:
Radikaler gesellschaftlicher Wandel als Ausdruck sozioökonomischer Widersprüche nach Marx

(1) In der gesellschaftlichen Produktion ihres Lebens gehen die Menschen bestimmte, notwendige, von ihrem Willen unabhängige Verhältnisse ein, Produktionsverhältnisse, die einer bestimmten Entwicklungsstufe ihrer materiellen Produktivkräfte entsprechen.

(2) Die Gesamtheit dieser Produktionsverhältnisse bildet die ökonomische Struktur der Gesellschaft, die reale Basis, auf der sich ein juristischer und politischer Überbau erhebt, und welcher bestimmte gesellschaftliche Bewusstseinsformen entsprechen.

(3) Die Produktionsweise des materiellen Lebens bedingt den sozialen, politischen und geistigen Lebensprozeß überhaupt. Es ist nicht das Bewusstsein der Menschen, das ihr Sein, sondern umgekehrt ihr gesellschaftliches Sein, das ihr Bewusstsein bestimmt.

(4) Auf einer gewissen Stufe ihrer Entwicklung geraten die materiellen Produktivkräfte der Gesellschaft in Widerspruch mit den vorhandenen Produktionsverhältnissen, oder, was nur ein juristischer Ausdruck dafür ist, mit den Eigentumsverhältnissen, innerhalb deren sie sich bisher bewegt hatten. Aus Entwicklungsformen der Produktivkräfte schlagen diese Verhältnisse in Fesseln derselben um. Es tritt dann eine Epoche sozialer Revolution ein. Mit der Veränderung der öko-

nomischen Grundlage wälzt sich der ganze ungeheure Überbau langsamer oder rascher um.

Quelle: Karl Marx: Zur Kritik der Politischen Ökonomie.
In: Marx-Engels-Werke, Band 13, Berlin 1974, S. 8.

Die Grundgedanken von Text 13 haben wir schon in Text 12 kennen gelernt, sie begegnen uns jetzt aber in einer abstrakteren und begrifflich erweiterten Form. Im *ersten Schritt* spricht Marx zunächst von der gesellschaftlichen Produktion des menschlichen Lebens, will sagen, dass die Menschen nicht nur Güter erzeugen, sondern damit zugleich auch die sozialen Formen hervorbringen, in deren Rahmen das geschieht. Für Marx ist die Arbeit (und nicht etwa „soziales Handeln") die entscheidende Kategorie, von der her er soziale Strukturen zu verstehen sucht. Als Grundlage individueller und sozialer Existenz ist es die Arbeit in ihrer historisch spezifischen Form, aus der sich die Analyse der Produktionsweise ableiten lässt. Ob sie das wollen oder nicht, ob sie sich damit einverstanden erklären oder dagegen rebellieren, finden die Menschen einer bestimmten Epoche doch „Produktionsverhältnisse" und „Produktivkräfte" vor, die ihr Leben bestimmen. Einerseits produzieren und reproduzieren sie immer wieder aufs Neue solche Verhältnisse, andererseits sind sie in diesen aber auch als Begrenzungen ihres Handlungsspielraums eingeschlossen. Die Arbeit hat nun eine technisch-instrumentelle und eine soziale Dimension, die Marx auf der gesellschaftlich verallgemeinerten Ebene als Produktivkräfte und Produktionsverhältnisse bezeichnet:

- Die *Produktivkräfte* entfalten sich in der Auseinandersetzung des Menschen mit der Natur als eine Art arbeitstechnische Seite des gesellschaftlichen Produktionsprozesses. Sie umschließen einerseits den ganzen Komplex sachlich-gegenständlicher Werkzeuge, andererseits den planenden und arbeitenden Menschen mit seinen Fähigkeiten und Kenntnissen selbst. Zur Geschichte der Produktivkräfte gehören also gleichermaßen die Geschichte der Technik (z.B. Handmühlen, Windmühlen, Dampfmühlen, Elektronik) wie der technologischen Erfindungen. Aber auch der institutionelle und organisatorische Hintergrund der Kombination von Menschen und Maschinen drückt Produktivkräfte aus: Formen der Zerlegung und Verknüpfung von Arbeitsabläufen, Systeme von Ausbildung und Bildung, die wissenschaftliche Forschung und die Anwendung ihrer Resultate im Produktionsprozess markieren unterschiedliche Aspekte dieser arbeitstechnischen Seite des Produktionsprozesses. Wenn wir in Anlehnung an Marx nach dem historischen Stand der Entwicklung produktiver Kräfte fragen, haben wir hauptsächlich Kriterien der Effizienz und Effektivität der Produktion im Auge.

- Menschliche Kräfte, kombiniert mit Werkzeugen, können nur produktiv werden im Zusammenwirken der Menschen. Das komplette Ganze der auf Dauer gestellten Beziehungen der Menschen zueinander im Prozess der Herstellung, des Austausches und der Verteilung der Güter nennt Marx die *Produktionsverhältnisse.* Er verwendet diesen Begriff häufig identisch oder doch sinnverwandt mit dem Begriff der gesellschaftlichen Verhältnisse. Kern der Produktionsverhältnisse sind die Eigentumsverhältnisse. Auf der Grundlage des kapitalistischen Privateigentums etwa verfügt das Kapital nicht nur über materielle Ressourcen (Rohstoffe, Werkzeuge, Fabriken etc.), sondern, vermittelt über Tauschakte auf Arbeitsmärkten, auch über die Arbeitskraft der abhängig Beschäftigten. Ausdruck des modernen Produktionsverhältnisses ist demnach eine soziale Organisation der Arbeit, die auf Unterdrückung, Ausbeutung und Entfremdung der Arbeiterklasse hinausläuft.

Im *ersten Schritt* des obigen Zitats geht Marx nun davon aus, dass es eine historische Entsprechung von Produktivkräften und Produktionsverhältnissen gibt. Mit anderen Worten: Die arbeitstechnische Seite und die sozioökonomische Seite der Produktionsprozesse einer bestimmten Gesellschaft befinden sich zueinander in einem logischen Zusammenhang.

Die Produktionsverhältnisse machen die „reale Basis" einer Gesellschaft aus. Von ihnen ist bei der weiteren Analyse auszugehen. Marx unterscheidet davon in seinem *zweiten Schritt* einen juristischen und politischen „Überbau", in dem sich bestimmte „gesellschaftliche Bewusstseinsformen" ausdrücken. Jetzt denkt Marx Ökonomie und Sozialstruktur zusammen, ohne aber, wie der oben zitierte Student in seiner Klausurantwort irrtümlich meinte, „Basis" und „Überbau" mit den sozialen Klassen selbst zu verwechseln. Von ihnen ist im Sinn kollektiver Akteure auf dieser Abstraktionsebene überhaupt nicht die Rede. Politik, Staat, Recht, Ideologie, Religion, Kunst – das alles sind institutionalisierte Formen des Überbaus, die nach Marx nicht aus sich selbst heraus erklärt werden können, sondern deren gesellschaftlicher Sinn sich nur im analytischen Zusammenhang mit der ökonomischen Struktur der Gesellschaft erschließt. Wer also etwa eine Geschichte der Kunst, der Presse, der Parteien im Marxschen Sinne verfassen will, tut gut daran, sich solcher Vermittlungen zwischen Basis und Überbau zu vergewissern. Eine bloß geistesgeschichtliche Betrachtung hinge dann gleichsam in der Luft.

Als *Beispiel* dafür mag hier der Hinweis auf das Werk von Edgar Allan Poe genügen. Dieser berühmte amerikanische Schriftsteller gilt unter anderem als Erfinder des modernen Kriminalromans. Zeit seines Lebens als eine Art „Lohnschreiber“ in starker materieller Abhängigkeit von seinen Verlegern, war Poe gezwungen, seine Geschichten in eine Form zu bringen, die sich für die Fortsetzungsdramaturgie von marktgängigen Zeitungen und Zeitschriften eignete. Sie mussten also so komponiert sein, dass sie das Leserinteresse über längere Strecken bei Laune hielten. Poe hat diesen bestimmten Produktionsverhältnissen geschuldeten Arbeitsrhythmus beklagt, der sich in den Spannungsbögen seiner Texte niederschlug, was seinem Nachruhm allerdings keinen Abbruch tat.

Marx hat den bestimmenden Einfluss der ökonomischen Basis auf den Überbau an anderer Stelle durch die Überlegung illustriert, dass die herrschenden Gedanken einer Epoche „im Durchschnitt“ stets zusammenfallen mit den Gedanken der herrschenden Klasse und insofern ein „ideeller Ausdruck der herrschenden materiellen Verhältnisse“ sind. Auch wenn Marx und Engels bei mancher Gelegenheit hervorgehoben haben, dass Basis und Überbau sich keineswegs durchgehend in einem Verhältnis von Ursache und Wirkung zueinander befinden, sondern auch bestimmende Einflüsse des politisch-geistigen Lebens einer Gesellschaft auf ihre ökonomische Struktur in Rechnung zu stellen sind, hat doch letztlich ihr Bemühen, das „Hauptprinzip“ dieser Relation zu überzeichnen, zu einem deterministischen Verständnis marxistischer Traditionalisten beigetragen. Die dogmatische Interpretation des im zweiten Schritt enthaltenen Kerngedankens kann dann den Blick auf Differenzierungen der empirischen Realität verbauen: Nicht jede auflagenstarke Zeitung ist ja in allen ihren Facetten eine Art publizistischer Ausschuss des Finanzkapitals, und nicht jede Gerichtsentscheidung drückt unmittelbar oder auch nur mittelbar das Interesse der herrschenden Klasse aus.

Der *dritte Schritt* betont die Dominanz der materiell-existentiellen Seite des gesellschaftlichen Lebens gegenüber ihrer geistigen Seite in der bündigen Formulierung, nicht das Bewusstsein der Menschen bestimme ihr gesellschaftliches Sein, sondern umgekehrt bestimme das gesellschaftliche Sein ihr Bewusstsein. Dahinter verbirgt sich zunächst einmal ein einfacher Gedanke: „Erst kommt das Fressen, und dann die Moral“ (Brecht). Die Art und Weise, wie die Angehörigen sozialer Klassen und Schichten über ihre Situation und deren mögliche Veränderung denken, ist nach Marx in der Regel nicht das Resultat von Wunschbildern, die auf dem Markt der Ideen relativ frei verfügbar sind, sondern Denkweisen und Verhaltensdispositionen bewegen sich in einem Rahmen, der von den materiellen Existenzbedingungen ein Stückweit vorgegeben ist. Vor allem diese, Missverständnisse geradezu provozierende Textpassage hat soziologischen Marx-Kritikern wie Schoeck immer wieder Anlass zu platten Verbiegungen geboten:

„Der Mensch hinter der Maschine, dem nie mehr zu eigen ist als er für eine Woche zum Leben braucht, habe nur ein getreu seiner ganzen Klasse von Schicksalsgenossen gleichendes Bewusstsein. Dessen Inhalte mögen in persönlichsten Dingen ein wenig variieren, im wesentlichen sei das Bewusstsein (das natürlich jegliches Wissen einschliesst) dieser Menschen völlig an die Klasse oder die Schicht innerhalb dieser Klasse gebunden. Die Klasse ist bekanntlich nicht auf einen Ort beschränkt. Den Proletarier gibt es überall. Und überall denke er nur so, wie es ihm dank seiner Stelle innerhalb der sozialökonomischen Verhältnisse zukomme. Das lehrt in groben Zügen Karl Marx, der Ausgangspunkt zur eigentlichen radikalen Wissenssoziologie." (Schoeck 1974, S. 288)

Gäbe es wirklich einen derartigen Automatismus zwischen „Sein" und „Bewusstsein", hätte Marx gewiss nicht einen erheblichen Teil seines Lebens auf Gründung und Organisation der ersten Internationale der Arbeiterbewegung verwendet. Auch der Marxsche Hinweis auf den Zusammenhang zwischen Klassenherrschaft und herrschender Ideologie deutet an, dass Marx einem platten Determinismus nicht das Wort reden wollte. Eine problemvertiefende Frage müsste lauten: Was umschließt der Begriff des „gesellschaftlichen Seins"? Gehört dazu nicht sinnvoller Weise neben den unmittelbar spürbaren materiellen Lebensverhältnissen auch der Erfahrungshorizont aus dem Überbau mit seinen verhaltensprägenden, und immer auch widersprüchlich zu denkenden Sozialisationseinflüssen? Selbstverständlich war dem Dialektiker Marx die Einsicht nicht fremd, dass es in bestimmten Situationen und Phasen der gesellschaftlichen Entwicklung auch umgekehrt sein kann: Wenn das (mit Hilfe der Marxschen Theorie) zur Erkenntnis seiner historischen Mission gelangte Proletariat in einem bewussten revolutionären Akt die alte Gesellschaft „in die Luft sprengt", dann hat ihr Bewusstsein das gesellschaftliche Sein bestimmt. Auch etwa die Bewegungen auf Aktienmärkten, deren Grundmuster Marx durchaus bekannt waren, kann dafür ein Beleg sein: Hat sich erst einmal ein Eindruck über die Talfahrt eines Unternehmens (etwa durch die berüchtigten „Gewinnwarnungen") flächenbandartig ausgebreitet, führt ein kollektives Bewusstsein womöglich zum plötzlichen Sinkflug von Anteilsscheinen, die dem „ökonomischen Sein" des jeweiligen Unternehmens bei nüchterner Betrachtung ganz und gar nicht entsprechen müssen.

Wenn nun die Produktivkräfte auf einer bestimmten Stufe gesellschaftlicher Entwicklung mit den Produktionsverhältnissen in einen unüberbrückbaren Widerspruch geraten, kommt es zur sozialen Revolution, in deren Verlauf sich ökonomische Struktur und „der ganze ungeheure Überbau" mehr oder weniger rasch umwälzen. Diesen *vierten Schritt* der Argumentation kennen wir in ähnlicher Form schon aus Text 12, wo von den „Fesseln" die Rede war, zu denen die Produktionsverhältnisse im Lauf der Entwicklung einer Gesellschaftsordnung umschlagen, nachdem sie diese ursprünglich vorangetrieben hatten. In der bürgerlichen Gesellschaft ist es dann historisch die Aufgabe des Proletariats, die „Entfesselung" der produktiven Möglichkeiten ins Werk zu setzen. Für Marx lief die Akkumulationsdynamik des Kapitals auf die Zusammenballung wirtschaftlicher und sozialer Ressourcen in immer größeren, weltweit verflochtenen Produktionseinheiten hinaus. Im Unterschied zur kleingewerblichen Produktion der industriellen Gründerjahre sollte es mehr und mehr zu großbetrieblichen Strukturen kommen, die ohne eine gesellschaftliche Leitung, das privatwirtschaftliche Einzelinteresse überwindende Organisationsformen bald an die Grenze der Produktivität stoßen würden. Die zunehmend vergesellschaftete Produktion jedoch birgt den Keim der Auflehnung in sich.

Begeistert von solchen hier nur holzschnittartig angedeuteten Marxschen Bewegungsgesetzlichkeiten, hat sich die deutsche Sozialdemokratie im Kaiserreich jedenfalls in ihrer programmatischen Selbstverständigung der Faszination eines quasi automatischen Zusammenbruchs des verrotteten kapitalistischen Systems hingegeben, das es solange agitatorisch frontal anzugreifen galt, bis der Arbeiterklasse durch ihre revolutionäre Agitation die sozialistische Gesellschaft wie eine reife Frucht in den Schoß fallen würde. Wie wir wissen, ist die Geschichte anders verlaufen. Kann Marx uns deshalb heute nicht mehr helfen, soziale Strukturen und sozialen Wandel zu erklären?

Bevor uns diese Frage im nächsten Abschnitt näher interessiert, *fasse* ich noch einmal wichtige Erkenntnisse dieses Kapitels *zusammen.* Zentrales Thema der Soziologie gesellschaftlicher Strukturen ist die Erklärung der Formen, Ursachen und Folgen *ungleich verteilter Lebenschancen.* In vorindustriellen Gesellschaften von Jägern und Sammlern, aber auch noch in den Weidegesellschaften späterer Jahrhunderte regierte der wirtschaftliche Mangel, der die Chance der annähernden Gleichverteilung ökonomischer Güter mit sich führte. In Kulturen sesshafter Bauern können wegen des Fortschritts der „Produktivkräfte" Überschüsse angehäuft werden, die soziale Ungleichheit stiften oder doch verstärken. Mit wachsender Teilung und betrieblicher Zersplitterung der Arbeit in Handwerk, Manufaktur und Fabrik bilden sich „Produktionsverhältnisse" aus, die ökonomische Ausbeutung mit massenhafter Verelendung, aber auch die Tendenz kollektiver Auflehnung durch zunächst spontanen, dann organisierten Widerstand hervortreiben. Die kapitalistische Industriegesellschaft drängt wegen der inneren Bewegungsgesetze ihrer politischen Ökonomie (Dialektik von Produktivkräften und Produktionsverhältnissen, von Basis und Überbau) zum revolutionären Klassenkampf des Proletariats, dem Marx durch seine umfangreichen philosophischen, soziologischen und ökonomischen Analysen die „geistigen Waffen" bereit stellen wollte. Das Werk von Marx ist in hohem Maße umstritten. Aber es hat bis heute nachhaltige Spuren in der soziologischen Gesellschaftsanalyse hinterlassen. Ihm verdanken wir vertiefende Einsichten für Konfliktkonstellationen sozialer Klassen, für den inneren Zusammenhang zwischen wirtschaftlicher, politischer und gesellschaftlicher Entwicklung in ihren materiellen wie geistigen Dimensionen.

Übungfragen:

Was hat die Struktur der bürgerlichen Gesellschaft nach Marx und Engels mit vorhergehenden Gesellschaftsformationen gemeinsam, und worin unterscheidet sie sich von diesen?

Welche „Schichten", „Klassen" und „Stände" unterscheiden die Verfasser im „Manifest der Kommunistischen Partei" voneinander und in welchem Verhältnis zueinander befinden sie sich ihrer Meinung nach?

Was hat das „Proletariat" mit anderen unterdrückten Klassen gemeinsam und worin unterscheidet sich das Proletariat von ihnen?

Soziologen haben sinngemäß gesagt, Marx und Engels hätten im „Manifest der Kommunistischen Partei" auch eine Art Loblied auf die Bourgeoisie gesungen. Wie läßt sich im Licht des vorliegenden Textes eine solche Auffassung begründen?

Was haben die „Produktivkräfte" und die „Produktionsverhältnisse", „Basis" und „Überbau" mit sozialen Revolutionen zu tun?

In welchem Verhältnis stehen nach Marx „gesellschaftliches Sein" und „gesellschaftliches Bewusstsein" zueinander, und was spricht dafür, dieses Verhältnis auch umgekehrt zu deuten?

3. Soziologische Kritik an der Marxschen Gesellschaftstheorie

„Weißt Du schon das Neueste?", fragt der eine Ökonomiestudent den anderen in der Mensa und fügt, ohne die Antwort abzuwarten, hinzu: „Bill Gates hat im

Zeitraum zwischen August und September 2001 an der Börse 7,2 Milliarden Dollar verloren." Der andere zuckt die Achseln: „Deshalb wird er ja nicht gerade im Armenhaus landen." Sein Kumpel war inzwischen am Ende des Artikels aus der WAZ vom 29.9.2001 angekommen und konnte deshalb die gerade ausgesprochene Vermutung bestätigen: „Ganz im Gegenteil, hier steht, dass Bill Gates immer noch der reichste Mann der Welt ist, und das nun schon seit einigen Jahren." Nicht ohne einen Anflug von Zynismus meinte der andere: „Da kann man mal sehen, dass der amerikanische Traum unverwüstlich ist. Hat der Gates nicht mal als mittelloser Student zusammen mit seinem Freund Steve Ballmer in einer Garage angefangen, Computer zusammenzuschrauben? Oder war er früher auch Tellerwäscher, wie es sich für einen anständigen amerikanischen Millionär gehört?" „Das weiß ich nicht so genau, aber hier steht jedenfalls, dass Steve Ballmer, der heutige Chefmanager von Microsoft, mit einem Vermögen von 15,1 Milliarden Dollar immerhin auf Platz 10 der Weltrangliste der reichsten Männer platziert ist. Da kannst Du nun sagen, was Du willst, aber diese Beispiele zeigen doch, dass das ganze marxistische Gerede von den unüberbrückbaren Klassengegensätzen Schnee von gestern ist." „Sag das nicht. Ausnahmen hat es immer gegeben. Die bestätigen nur die Regel." „So lange es den kleinen Leuten nicht wirklich dreckig geht, haben die mit Klassenkampf nichts am Hut. Das kannst Du wohl kaum bestreiten. Das lassen die sich heutzutage auch von den Gewerkschaftsfunktionären nicht mehr einreden." „Und Du kannst wohl kaum wegleugnen, dass der Unterschied zwischen dem Vermögen von Deinem Bill Gates und dem, was Otto Normalverbraucher an die Seite legen kann, eher größer als kleiner wird", erregte sich der andere. „Ach, hör mir doch auf! Warum haben denn Millionen von Deutschen dem Arbeiter- und Bauern-Staat im Osten den Rücken gekehrt? Das zeigt doch, dass Du Dir Deinen ganzen Sozialismus in die Haare schmieren kannst!" Bevor sich das Gespräch in Regionen der weltweiten Globalisierung verflüchtigen konnte, erinnerten sich die Hitzköpfe an ihre Pflicht, räumten ihre Sachen zusammen und gingen ihrer Wege. Der eine strebte in den Hörsaal, der andere musste sich noch nach einem neuen Computer umschauen, was am Ende das Herz der beiden erwähnten Milliardäre erwärmen kann.

Die Auseinandersetzung mit dem aktuellen Geltungsanspruch der Marxschen Theorie mag in den letzten Jahren in der Sozialwissenschaft wie in ihrem Nachwuchs an Schwung verloren haben; es lohnt sich dennoch, der Kritik nachzugehen, weil in ihr wichtige Momente der Analyse der Gegenwartsgesellschaft aufschimmern. Eine ganze Reihe von Einsichten in das Gefüge moderner Gesellschaften, mit denen sich das nächste Kapitel beschäftigt, verdanken sich dieser Reibung an Marx. Ich werfe zunächst einige kurze Blicke auf die Kritik, um ihre Bandbreite und Reichweite zu illustrieren. Dann bündele ich diese Kritik in Verbindung mit prominenten Auszügen aus soziologischen Texten zu vier Thesen, die sich als Anregung zur Diskussion verstehen.

a) Schlaglichter auf einen Abgesang

Mehr als 150 Jahre sind vergangen, seitdem Marx und Engels ihr den revolutionären Klassenkampf beflügelndes Manifest der Kommunistischen Partei mit den Worten einleiteten: „Ein Gespenst geht um in Europa – das Gespenst des Kommunismus." Was ist daraus geworden? Mit resignativer Gebärde verkündete ein Veteran der Studentenrevolte der späten sechziger Jahre einmal im Rahmen einer Podiumsdiskussion, im Unterschied zum Pathos von Marx und Engels sei es heute doch eher so, dass die bürgerliche Gesellschaft eine Zukunft, die Linke aber bloß eine Vergangenheit habe. Das sozialistische „Projekt" sei gescheitert. Ernst-Otto Maetzke überschrieb bereits zu einem Zeitpunkt, als sich die dunklen Wolken des politischen und ökonomischen Desasters erst über dem Horizont des „sozialistischen Lagers" zusammenzuziehen begannen, seinen Leitartikel in der „Frankfurter Allgemeinen Zeitung" vom 9.3.1989 mit der rhetorischen Frage „Ist Marx noch zu retten?" und enthielt dem Leser gleich in diesen ersten Sätzen die Antwort nicht vor: „Auf Verlegenheit stößt, wer jetzt fragt, was vom Lehrgebäude von Marx und Engels, vom „wissenschaftlichen Sozialismus", noch Geltung beanspruchen kann. Von dem ehemals stolzen und nahezu fugenlosen Gebilde stürzen immer mehr Wände ein. Die Grundmauern mit den mehr als hundert Jahre alten falschen Prämissen können nicht stehen bleiben. Die Staubwolke ist ungeheuer, und sie wächst." Einige Monate später, am 8.12.1989, war über die „sechs Wunder des Sozialismus" in einer jugoslawischen Zeitung folgendes zu lesen: „1. Es gibt keine Arbeitslosigkeit, aber niemand arbeitet. 2. Keiner arbeitet, aber alle erhalten Lohn. 3. Alle erhalten Lohn, aber damit kann man nichts kaufen. 4. Nichts kann man kaufen, aber jeder besitzt alles. 5. Jeder besitzt alles, aber alle sind unzufrieden. 6. Alle sind unzufrieden, aber alle stimmen bei Wahlen für das System." (Zitiert in Frankfurter Rundschau vom 8.12.1989, S. 1) Was hier zum Schmunzeln anregt, liest sich bei Huber etwa zum gleichen Zeitpunkt wie eine bittere Anklage: „Erschöpft hat sich der Impuls einer zweihundertjährigen politischen Philosophie, die davon inspiriert war, durch die soziale Gleichheit der Menschen ihre Glückseligkeit auf Erden herbeizuführen. Aber Gleichheit wie Glückseligkeit haben sich als unerreichbarer utopischer Horizont erwiesen, der sich in dem Maß entfernte, wie man sich ihm zu nähern suchte. Bereits drei Generationen haben erleben müssen, dass es einen funktionierenden, geschweige einen menschlichen Sozialismus nicht gibt." (Huber 1989, S. 36) Kurze Zeit, nachdem diese Dokumente das Licht der Welt erblickten, war die sowjetische Variante des Sozialismus am Ende ihres Weges angekommen. Der russische Philosoph Alexander Litschev formulierte kurze Zeit später seine Verbitterung in aller Schärfe:

„Niemals in der Geschichte der Menschheit wurde ein Volk derartig von Mythen geknechtet wie unser Volk im 20. Jahrhundert. Wir glaubten, unser Schicksal an eine große Wahrheit gebunden zu haben; aber es zeigte sich, dass wir intellektueller Phantasie vertraut hatten, der es nicht beschieden war, Fleisch und Blut menschlichen Lebens anzunehmen. Wir glaubten, die Vorhut zu sein, die ganze übrige Menschheit in das Reich der Freiheit und der geistigen Fülle zu führen; aber es zeigte sich: Unser Weg war ein Weg nach Nirgendwo. Wir glaubten, der Aufbau des Kommunismus in der UdSSR sei eine erhabene Tat unseres Volkes, und arbeiteten planvoll an unserer Selbstvernichtung. Wir glaubten, der Kapitalismus sei zum Tode verurteilt, ein im Sterben liegender Greis; aber es stellte sich heraus, dass er ein starker und kräftiger Bursche ist, der gerade erst so richtig begonnen hat, seine Schultern zu recken. Wir glaubten uns umgeben von Gleichgesinnten, die uns dankbar wären für das Glück der Erlösung vom kapitalistischen Joch, und dass wir gemeinsam das mächtige sozialistische Lager bildeten; aber es zeigte sich, dass unsere Freunde und Nachbarn, unter der Last unseres „Glücks", nur auf den Moment warteten, in dem sie zum alten Leben zurückkehren konnten. Wir glaubten, unsere nationale Produktion, nach dem Muster einer einzigen riesigen Fabrik, mit einem einzigen allmächtigen Diktator, einem einzigen allgewaltigen Produktionsleiter organisiert, sei der Gipfel menschlicher Vernunft; aber es stellte sich heraus, dass dies alles eine ökonomische Absurdität war, die die wirtschaftliche und geistige Energie der Völker Russlands knechtete."
(Litschev/Kegler 1992, S. 106)

Man mag die Unversöhnlichkeit dieser Kritik, ihren Verzicht auf Relativierungen, als Ausdruck tiefer Enttäuschung für überspitzt finden, aber sie zielt doch gleichermaßen auf Defizite der Theorie wie der durch sie gerechtfertigten gesellschaftlichen Praxis des „realen Sozialismus" und ist gerade deshalb besonders bedenkenswert. Seitdem schlagen sich viele Fachleute mit der Frage herum, ob die Praxis des Sozialismus nur Ausdruck der Fehlerhaftigkeit der Theorie war oder ob die Theorie sich gegenüber ihrer verbogenen Anwendung in einer inadäquaten Praxis eine gewisse Unschuld und Plausibilität bewahren konnte. Wer aus dem Kreis der Marxisten eher der zweiten Alternative zuneigt, mag sich mit der Hoffnung trösten, die Zeit sei eben noch nicht reif gewesen für die großen humanistischen Gedanken von Marx und Engels. Lassen wir diesen Streit hier auf sich beruhen und wenden uns einer soziologischen Kritik an der Marxschen Theorie selbst zu.

b) Zur Kritik an der Marxschen Soziologie

Ohne Anspruch auf Vollständigkeit stelle ich einige Thesen zur Diskussion, die in der wissenschaftlichen Kontroverse der zurückliegenden Jahrzehnte nachhaltige Spuren hinterlassen haben.

(1) Für Marx verkörperte die Entwicklung der Produktivkräfte das vorantreibende Moment geschichtlicher Hoffnungen. In seiner berühmten Einleitung zur „Kritik der politischen Ökonomie" legt der Verfasser einen Fortschrittsoptimismus nahe, der angesichts globaler ökologischer Risiken an Überzeugungskraft verliert. Marx hat das destruktive Potential der Produktivkraftentwicklung unterschätzt.

Ohne sich ausdrücklich an Marx zu reiben, hat beispielsweise Ulrich Beck in seiner vielbeachteten Studie über die „Risikogesellschaft" darauf aufmerksam gemacht, dass ein vormals nahezu blindes Vertrauen in die segensreichen Auswirkungen des technischen Fortschritts einer weitgehenden Ernüchterung gewichen ist. Zwar hatte auch Marx auf den „Raubbau" menschlicher und natürlicher Ressourcen hingewiesen, der der kapitalistischen Entwicklung wie ein Schatten folgt, doch haben sich seitdem die zerstörerischen Kräfte ökonomischer Reichtumsvermehrung in einem die verschiedenen Systeme übergreifenden Maße vermehrt. „Die Produktivkräfte haben in der Reflexivität von Modernisierungsprozessen ihre Unschuld verloren. Der Machtgewinn des technisch-ökonomischen „Fortschritts" wird immer mehr überschattet durch die Produktion von Risiken." (Beck 1986, S. 17) Nahezu fassungslos stehe der moderne Mensch vor der Entfesselung von Destruktivkräften. Die Risiken der Modernisierung machen nach Beck nicht vor den Klassenschranken halt, denn sie „erwischen früher oder später auch die, die sie produzieren oder von ihnen profitieren. Sie enthalten einen Bumerang-Effekt, der das Klassenschema sprengt." (Ebenda, S. 30) In der Risikogesellschaft unserer Tage sind die Menschen nicht länger von einer Utopie der Gleichheit fasziniert, deren Hoffnungsträger das Proletariat früher zu sein beansprucht hatte, sondern ihr gesteigertes Sicherheitsbedürfnis legt ihnen als soziale Grundhaltung nahe, das Schlimmste zu verhindern. Insofern hat sich der Fortschrittsoptimismus nicht nur auf der Ebene der technisch-ökonomischen Entwicklung, sondern auch im Hinblick auf die „Produktionsverhältnisse" erschöpft.

(2) Das Bild der Dialektik von Basis und Überbau legt eine mechanistische Betrachtungsweise sozialer Veränderungen trotz aller Relativierungen von Marx und Engels bei späterer Gelegenheit zumindest nahe. In die kleine Münze handlicher Schulungstexte umgegossen, hat diese Metapher soziologische Phantasie bei der Analyse gesellschaftlicher Prozesse eher blockiert als angeregt.

Die Behauptung einer durchgehenden Dominanz des ökonomischen Sektors gegenüber politischen und juristischen Institutionen, den Bewusstseinsformen und vielfältigen anderen Erscheinungen des kulturellen Lebens einer Gesellschaft hat deterministische Missverständnisse provoziert. Marxistische Soziologen haben beispielsweise versucht, das als „notwendig falsch" gedachte Bewusstsein von Angestellten im Unterschied zum Bewusstsein von Arbeitern direkt aus der besonderen Stellung dieser Statusgruppe im Arbeitsprozess „ableiten" zu können. Sie haben damit das „gesellschaftliche Sein" auf bestimmte Ausschnitte der „Basis" reduziert und sich damit den Blick auf das gesellschaftliche Ganze verstellt. Marx hat in den entsprechenden Passagen der Einleitung zur „Kritik der politischen Ökonomie" an der Vorstellung mitgewirkt, die nichtproduzierenden Sektoren der Gesellschaft (Sozialisation, Kultur, Freizeit, Massenkommunikation etc.) seien bloße Reflexe auf Akkumulationsbewegungen des Kapitals. Von der modernen Systemtheorie kann auch eine marxistisch inspirierte Soziologie demgegenüber lernen, dass der gesellschaftliche Wandel zu einer Ausdifferenzierung von Teilsystemen führt, die sich zueinander wie relativ autonome Umwelten verhalten und insofern ein Eigengewicht mit je verschiedener Entwicklungslogik beanspruchen können. Wer seinen analytischen Blick nur starr auf die vermeintlichen „Bewegungsgesetze des Kapitals" gerichtet hat, macht sich (partiell) blind für soziale Prozesse, die sich in das überlieferte Schema nicht fügen wollen. Wer beispielsweise felsenfest davon überzeugt ist, dass tiefgreifender sozialer Wandel nur von der ökonomischen Basis der Gesellschaft ausgehen kann (wo immer er auch ankommen mag), wie soll der in der Lage sein, den offensichtlich nachhaltigen Wandel zu erklären, der von einer Revolte von – im marxistischen Sinne – „kleinbürgerlichen" Studentinnen und Studenten auf weite Teile der Kultur der modernen Gesellschaft in den siebziger Jahren des vorigen Jahrhunderts ausgegangen ist? Die Metapher von der Dialektik zwischen Basis und Überbau ist fruchtbar, so lange sie Strukturen und ihre Veränderung aus wechselseitigen Verflechtungen heraus erklärt, sie versinkt im Strukturalismus, wenn sie relative Autonomie und Eigensinnigkeit der Subjekte unterschätzt.

(3) Wichtige Vermutungen von Marx und Engels über die revolutionäre Zuspitzung von Widersprüchen in der bürgerlichen Gesellschaft sind im Licht der gesellschaftlichen Entwicklung nicht eingetreten. Tatsächlich hat sich die Gesellschaft gegenüber den sozial benachteiligten Gruppen als erstaunlich wandlungs- und damit integrationsfähig erwiesen.

Diese Kritik hat in Deutschland vor einer Reihe von Jahren Ralf Dahrendorf formuliert. Seiner Ansicht nach sind vor allem drei von Marx und Engels im Kommunistischen Manifest prognostizierte Entwicklungslinien nicht eingetreten. Erstens ist an die Stelle einer vorhergesagten zunehmenden Polarisierung der Gesellschaft in zwei einander feindlich gegenüberstehende Klassen eine Differenzierung des Schichtgefüges vor allem durch das Wachstum der „neuen Mittelschichten" getreten. Zweitens haben nicht zuletzt durch einen erfolgreichen gewerkschaftlichen Kampf errungene Reallohnverbesserungen der vorhergesagten Extremisierung der Klassenlagen („Verelendungstheorie") entgegengewirkt. Drittens ist es nicht zu einer inneren Vereinheitlichung der Hauptklassen gekommen, sondern zu ihrer fortgesetzten inneren Untergliederung. Der folgende Text bündelt die Argumentationsweise von Dahrendorf.

Text 14:
Ralf Dahrendorf:
Die Marxsche Gesellschaftsanalyse ist historisch widerlegt

Marx glaubte, aus den sozialen Verhältnissen seiner Zeit die wahrscheinliche Entwicklungstendenz der kapitalistischen Gesellschaft und ihres Klassenkonflikts ablesen zu können. Er prophezeite insbesondere drei Prozesse, die zur wachsenden Verschärfung des Klassenkonfliktes bis zu dessen revolutionärer Explosion beitragen würden. Der erste dieser Prozesse läßt sich als die zunehmende Polarisierung der Gesellschaft in zwei Klassen beschreiben. Wie in der Metapher des Fußballspiels, so gab es nach Marx auch in den Anfängen der kapitalistischen Gesellschaft noch eine Reihe von unterschiedlichen Gruppen: Bauern, kleine Kaufleute, Angestellte, Akademiker usw. Im Laufe der Gesellschaftsentwicklung aber werden diese Gruppen gezwungen, Stellung zu beziehen. Die Mehrzahl der Zwischengruppen, so meinte Marx, würde von der kapitalistischen Konkurrenz zerrieben werden und ins Proletariat absinken; einigen mag es gelingen, in die Klasse der Kapitalisten aufzusteigen. „Die ganze Gesellschaft spaltet sich mehr und mehr in zwei große feindliche Lager, in zwei große, einander direkt gegenüberstehende Klassen: Bourgeoisie und Proletariat." So Marx und Engels im Kommunistischen Manifest.

Hand in Hand mit der Polarisierung in zwei Klassen, geht die Extremisierung der Klassenlagen dieser beiden Parteien. Die Kapitalisten werden immer wohlhabender, ihre Unternehmen wachsen; der Prozeß der industriellen Konzentration vereinigt immer größere Macht in den Händen weniger Einzelner. Das Proletariat dagegen unterliegt einem Prozeß der fortschreitenden Verelendung. Sein Anteil am Reichtum der Gesellschaft sinkt; Armut und Not bestimmen das Leben der industriellen Arbeiterschaft. Der Arbeitslohn reicht gerade aus, um die Arbeiter physisch am Leben zu erhalten. Schließlich werden nach Marxens Theorie die beiden Klassen in ihrer inneren Struktur immer einheitlicher. Anfangs noch vorhandene unterschiedliche Interessen verschiedener Kapitalisten geben dem gemeinsamen Interesse an der Vermehrung des Profits und Erhaltung der bestehenden Eigentumsverhältnisse Raum. In der Arbeiterklasse verschwinden die Konkurrenz zwischen Individuen um bessere Positionen und die Differenzierung in Arbeiter verschiedener Qualifikationsgrade. Beide Klassen entwickeln sich zu großen, homogenen Blöcken, die als zielbewußte Organisationen den Kampf um die Erhaltung oder Veränderung der bestehenden Gesellschaftsordnung führen.

Die Gültigkeit der Marxschen Voraussagen steht und fällt mit dem Eintreffen jener drei Entwicklungstendenzen, die wir oben unter den Stichworten der

- Polarisierung der Gesellschaft in zwei Klassen, der

- Extremisierung der Lebensverhältnisse dieser beiden Klassen
und der zunehmenden

- inneren Einheitlichkeit der Klassen beschrieben haben.

Diese drei Bedingungen bewirken für Marx jene Verschärfung des Klassenkampfes, die schließlich zur proletarischen Revolution und zur Gründung der kommunistischen Gesellschaft führt. Es läßt sich nun aber zeigen, daß alle drei Bedingungen zwar in der zweiten Hälfte des 19. Jahrhunderts eine Zeitlang einzutreffen schienen, daß dann aber tatsächlich eine andere, ja eine gegenläufige Entwicklung einsetzte, die mit der Geltung ihrer Voraussetzungen auch die der Thesen von Marx zunichte machte.

Schon vor der Jahrhundertwende begann in allen industriellen Gesellschaften ein Strukturwandel, der der Polarisierung der Gesellschaft in Bürger und Proletarier direkt entgegenwirkte. Obgleich die alten Mittelschichten der Bauern, der Handwerker, der kleinen Gewerbetreibenden und Kaufleute weiter zusammenschrumpften (und Marx insofern Recht behielt), entstand zunächst in der Industrie selbst, später auch in der öffentlichen Verwaltung und im Handel ein „neuer Mittelstand" von Angestellten und Beamten, deren Zugehörigkeit zu einer der beiden Klassen keineswegs auf der Hand lag. Die Konzentration und Rationalisierung der Industrie, die Ausdehnung der Regierungsfunktionen und die rapide Entwicklung der Tertiärindustrien, des Handels und Transports schuf immer neue Positionen, die sich weder durch Eigentum an den Produktionsmitteln noch durch Lohnarbeit zureichend charakterisieren lassen.

Etwa zur gleichen Zeit nahm der Prozeß der Extremisierung der Klassenlagen zumindest auf der Seite des Proletariats ein Ende. Durch Eingriffe von Regierungsseite, durch allmähliche Stabilisierung der industriellen Expansion, vor allem aber durch das Wirken der Gewerkschaften als Organisationen der Lohnarbeiter begannen die Reallöhne und mit ihnen die Lebensverhältnisse der Arbeiterschaft sich zu verbessern - ein Prozeß, der bis heute andauert und die Marxsche Theorie der zunehmenden Verelendung des Proletariats ohne jeden Zweifel widerlegt hat. Die wachsende Verschärfung der Steuergesetze in jüngerer Zeit hat dann auch der Ansammlung immer größerer Vermögen auf der Seite der Eigentümer der Produktionsmittel einen Riegel vorgeschoben, ganz davon abgesehen, daß seit der Durchsetzung der Aktiengesellschaften die Zahl der Kapitalisten im klassischen Sinn ständig zurückgegangen ist.

Schließlich ist auch die innere Einheitlichkeit der beiden Klassen zumindest seit der Jahrhundertwende eher geringer als größer geworden. Innerhalb der Arbeiterschaft haben sich neue Linien der Differenzierung nach Qualifikationen herausgebildet. Heute führt eine komplizierte Hierarchie vom Ingenieur zum Facharbeiter zu der schrumpfenden Gruppe der Ungelernten ohne jedes Training. Innerhalb der Bourgeoisie hat die Trennung von Eigentum und Kontrolle industrieller Unternehmen die beiden keineswegs immer übereinstimmenden Gruppen der Aktionäre und Manager hervorgebracht. Die sogenannten Finanzkapitalisten bilden eine dritte Gruppe neben diesen beiden.

Empirische Befunde dieser Art berechtigen uns zu der Feststellung, daß die Marxsche Theorie der kapitalistischen Klassengesellschaft widerlegt ist.

Quelle: Ralf Dahrendorf: Gesellschaft und Freiheit, München 1961, Seite 144 - 145 und Seite 149 - 151.

(4) Das kapitalistische System hat zwar seine strukturbedingte Krisenanfälligkeit nicht überwunden, denn es werden nach wie vor gleichzeitig Überfluss und Armut, Reichtum und soziale Unsicherheit hervorgetrieben. Was Marx aber einerseits unterschätzt hat, ist die Fähigkeit dieses Systems, sich dauerhaft zu stabilisieren, während er andererseits die Bereitschaft und Fähigkeit des Proletariats überschätzt hat, dem Kapitalismus weltweit durch entschlossene Aktionen ein Ende zu machen.

Ökonomische Krisen sind nicht nur ein Ausdruck periodischer Unsicherheiten, sondern sie treiben zugleich die Chance der Erneuerung der Strukturen hervor: Was nicht gebrochen wird, kann sich biegen. Durch eine nahezu unauflösliche Verschränkung von Institutionen des Staates mit denen von Wirtschaft und Gesellschaft hat es das vorschnell als verrottet charakterisierte kapitalistische System erfolgreich verstanden, ein halbwegs taugliches Instrumentarium zur Abschwächung konjunktureller Zyklen zu etablieren und zum anderen durch sozialstaatliche Regelungen die sozialen Folgen krisenhafter Entwicklungen für besonders benachteiligte Bevölkerungsgruppen abzufedern. Das ist für die Dynamik sozialer Konflikte nicht folgenlos geblieben. Auf der Grundlage solcher Einsichten schreibt Jürgen Habermas: „Was uns heute von Marx trennt, sind historische Evidenzen, beispielsweise die Einsicht, dass es in den entwikkelten kapitalistischen Gesellschaften keine identifizierbare Klasse, keine klar umschriebene soziale Gruppe gibt, die sich umstandslos als Repräsentant eines verletzten Allgemeininteresses auszeichnen ließe...Sowohl das *revolutionäre Selbstvertrauen* (dieser Klasse – J.P.) wie die *theoretische Selbstgewissheit* sind dahin.“ (zitiert in Roderick 1989, S. 40) An anderer Stelle hatte der Autor bereits ausführlich auf die Folgen solcher Strukturveränderungen hingewiesen, wie das folgende Textdokument zeigt.

Text 15:
Jürgen Habermas: Marx reicht zur Gegenwartsanalyse nicht aus

Soweit es nun dem politischen System in den entwickelten kapitalistischen Gesellschaften gelingt, die strukturellen Dilemmata, denen der staatliche Interventionismus, die Massendemokratie und der Wohlfahrtsstaat begegnen, zu bewältigen, bilden sich jene *Strukturen des Spätkapitalismus* aus, die aus der Perspektive der zu eng ökonomisch ansetzenden Marxschen Theorie als paradox erscheinen müssen. Die sozialstaatliche Pazifizierung des Klassenkonflikts kommt unter der Bedingung der Fortsetzung eines Akkumulationsprozesses zustande, dessen kapitalistischer Antriebsmechanismus durch staatliche Interventionen gehütet, keineswegs verändert wird. Der auf das Instrumentarium der Keynesschen Wirtschaftspolitik gestützte Reformismus hat in den westlichen Ländern, ob nun unter sozialdemokratischen oder unter konservativen Regierungen, diese Entwicklung zum Programm erhoben und damit seit 1945, vor allem in der Phase der Wiederherstellung und der Erweiterung zerstörter Produktionskapazitäten, unverkennbare ökonomische und gesellschaftspolitische Erfolge erzielt. Die Gesellschaftsstrukturen, die sich dabei herauskristallisiert haben, dürfen allerdings nicht im Sinne von austromarxistischen Theoretikern wie Otto Bauer oder Karl Renner als Resultat eines Klassenkompromisses gedeutet werden. (Mit der Institutionalisierung des Klassenkonflikts verliert nämlich der soziale Gegensatz, der sich an der privaten Verfügungsgewalt über die Mittel der Produktion gesellschaftlichen Reichtums entzündet, immer mehr seine strukturbildende Kraft über die Lebenswelt sozialer Gruppen, obgleich er für die Struktur des Wirtschaftssystems selbst nach wie vor konstitutiv ist.) Der Spätkapitalismus macht sich die relative Entkoppelung von System und Lebenswelt auf seine Weise zunutze. Die aus der Lebenswelt ins System verschobene Klassenstruktur verliert ihre historisch greifbare Gestalt. Die ungleiche Verteilung sozialer Entschädigungen spiegelt ein Privilegienmuster, das sich nicht mehr umstandslos auf Klassenlagen zurückführen läßt. Die alten Quellen der Ungleichheit sind zwar keineswegs versiegt, aber mit ihnen interferieren nicht nur die wohlfahrtsstaatlichen Kompensationen, sondern Ungleichheiten eines anderen Musters. Dafür sind sowohl Disparitäten wie Randgruppenkonflikte kennzeichnend. Je besser der Klassenkonflikt, der mit der privatwirtschaftlichen Form der Akkumulation in die Gesellschaft eingebaut ist, eingedämmt und latent gehalten werden kann, um so mehr drängen Probleme in den Vordergrund, die nicht *unmittelbar* klassenspezifisch zurechenbare Interessenlagen verletzen...

Die Tatsache, daß in den sozialstaatlichen Massendemokratien der Klassenkonflikt, der die kapitalistische Gesellschaft in der Phase ihrer Entfaltung geprägt hat, institutionalisiert und damit stillgelegt worden ist, bedeutet nicht die Stillegung von Protestpotentialen überhaupt. Aber die Protestpotentiale entstehen nun an anderen Konfliktlinien, nämlich dort, wo sie, wenn die These der Kolonisierung der Lebenswelt stimmt, auch zu erwarten sind...

In diesem Spektrum möchte ich die Emanzipations- von den Widerstands- und Rückzugspotentialen unterscheiden. Nach der amerikanischen Bürgerrechtsbewegung, die inzwischen in die partikularistische Selbstbehauptung schwarzer Subkulturen eingemündet ist, steht nur die feministische Bewegung in der Tradition der bürgerlich-sozialistischen Befreiungsbewegungen: der Kampf gegen patriarchalische Unterdrückung und für die Einlösung eines Versprechens, das in den anerkannten universalistischen Grundlagen von Moral und Recht seit langem verankert ist, verleiht dem Feminismus die Schubkraft einer offensiven Bewegung, während alle übrigen Bewegungen einen eher defensiven Charakter haben. Die Widerstands- und Rückzugsbewegungen sind auf die *Eindämmung* formal organisierter zugunsten kommunikativ strukturierter Handlungsbereiche gerichtet, nicht auf die Eroberung neuer Territorien. Mit diesen Bewegungen verbindet den Feminismus freilich ein partikularistischer Kern: die Emanzipation der Frauen soll nicht nur formale Gleichberechtigung herstellen, männliche Vorrechte beseitigen, sondern konkrete, von männlichen Monopolen geprägte Lebensformen umstürzen. Im übrigen verfügen die Frauen aus dem historischen Erbe der geschlechtlichen Arbeitsteilung, der sie in der bürgerlichen Kleinfamilie unterworfen waren, über Kontrasttugenden, über ein zur Männerwelt komplementäres, der einseitig rationalisierten Alltagspraxis entgegengesetztes Wertregister.

Innerhalb der Widerstandsbewegungen läßt sich wiederum die Verteidigung traditioneller und sozialer Besitzstände von einer Defensive unterscheiden, die bereits vom Boden der rationalisierten Lebenswelt aus operiert und neue Formen der Kooperation und des Zusammenlebens erprobt. Anhand dieses Kriteriums lassen sich der altmittelständische Protest gegen eine Gefährdung der Nachbarschaft durch technische Großprojekte, der Elternprotest gegen Gesamtschulen, der Steuerprotest (nach dem Muster der kalifornischen Bewegung für Proposition), auch die meisten autonomistischen Bewegungen von den Kernen der neuen Konfliktpotentiale abgrenzen: der *Jugend- und Alternativbewegung*, für die eine an *Ökologie- und Friedensthemen* entfachte Wachstumskritik den gemeinsamen Fokus bildet...

Quelle: Jürgen Habermas: Theorie des kommunikativen Handelns, Band 2, Frankfurt am Main 1981, S. 512ff.

Ziehen wir ein kurzes *Fazit*. Die Kritik an der Marxschen Geschichtsbetrachtung ist so umfangreich wie vielgestaltig. Sie hat sich vor allem am prognostischen Anspruch, an der Vorstellung einer bewegungsgesetzlichen, quasi naturnotwendigen Explosion der gesellschaftlichen Verhältnisse mit der Konsequenz des revolutionären Sozialismus entzündet. Was die soziologische Dimension dieser Kritik angeht (auf die ökonomische Kritik an Unzulänglichkeiten der Marxschen Arbeitswerttheorie wurde hier nicht eingegangen), hat vor allem Ralf Dahrendorf (vgl. Text 14) gegen Marx geltend gemacht, dass die von ihm (und Friedrich Engels) behauptete Tendenz einer Homogenisierung proletarischer Lebensverhältnisse und einer damit einhergehenden Vereinfachung der Klassengegensätze an der geschmeidigen Modernisierungsfähigkeit der bürgerlichen Gesellschaft gescheitert ist. In dem Maß, in dem es diese Gesellschaft durch innere Differenzierung, wachsenden allgemeinen Wohlstand und eine sozialstaatliche Befriedung der Klassenkonflikte verstanden hat, den revolutionären Elan zu beugen, geht dem Klassenkampf gewissermaßen in der lang andauernden Erfolgsgeschichte des Kapitals das revolutionäre Subjekt abhanden. An diesem Aspekt setzt auch die Kritik von Jürgen Habermas an (vgl. Text 15), der aber insofern in der Tradition der Marxschen Geschichtsbetrachtung steht, als er soziale und politische Konflikte als Wesensmerkmale moderner Gesellschaften im Auge behält. Allerdings haben sich neue Akteursgruppen mit neuartigen Themen in den Vordergrund geschoben (z.B. Ökologie- und Frauenbewegung), deren kollektive Aktionen sich nicht länger im Koordinatensystem eines Widerspruchszusammenhangs von „Produktivkräften" und „Produktionsverhältnissen" verorten lassen.

Übungsfragen:

Ralf Dahrendorf vertritt die Ansicht, die Marsche Theorie der kapitalistischen Klassengesellschaft sei „empirisch" widerlegt. Was versteht der Autor unter „empirisch", und auf welche Erkenntnisse stützt er seine Beweisführung?

Hat sich Ihrer Ansicht nach an der Gültigkeit von Dahrendorfs Behauptung in den letzten 30 Jahren etwas verändert?

Nehmen wir einmal an, die von Ralf Dahrendorf zu Beginn der sechziger Jahre festgestellten Entwicklungstendenzen (Entpolarisierung, Angleichung der Lebensverhältnisse, innere Differenzierung der Klassen) wirkten auch heute noch fort, könnte man dennoch zu dem Schluss kommen, die Marxsche Theorie der kapitalistischen Klassengesellschaft sei widerlegt? Begründen Sie Ihre Ansicht!

Nach Ansicht von Jürgen Habermas verliert der Klassenkonflikt im „Spätkapitalismus" zwar an Brisanz, ohne dass deshalb jedoch von einer durchgehenden Befriedung der Gesellschaft gesprochen werden kann. Wie begründet er seine Ansicht?

Habermas spricht von einer „Stillegung" des Klassenkonflikts. Wie begründet er diese Ansicht, und was wäre demzufolge eine Bedingung für die abermalige „Freisetzung" dieser Form des Konflikts?

Welche sozialstrukturellen Veränderungen macht Habermas für die Verschiebung der Konfliktlinien zu einer „neuen Politik“ verantwortlich, und welche Rolle schreibt er in diesem Zusammenhang verschiedenen Gruppen der Gesellschaft zu?

Was hat die „Frauenbewegung“ nach Ansicht von Habermas mit anderen neuen sozialen Bewegungen gemeinsam, und worin unterscheidet sie sich von ihnen seiner Meinung nach?

4. Soziale Schichtung und Mobilität

Im Personalbüro eines Nahverkehrsunternehmens sitzt ein Mann „in den besten Jahren“ vor dem Schreibtisch der Sachbearbeiterin Frau Wingerter. Die freundliche Frau ist auf „Altersteilzeit“ spezialisiert. Herr Koch kommt gleich zur Sache: „Ich habe bei der letzten Betriebsversammlung gehört, dass man bei uns früher in Rente gehen kann, und nun wollte ich mich mal erkundigen, ob das auch für mich in Frage kommt.“ Frau Wingerter holt sich die Personalakte von Herrn Koch aus dem Regal und erläutert ihm zunächst die Sachlage: „Sie sind jetzt 57 Jahre alt und können deshalb von der Altersteilzeit Gebrauch zu machen. Es gibt da verschiedene Möglichkeiten. Sagen Sie mir doch bitte zunächst einmal, was Sie sich davon versprechen?“ Herr Koch holt weit aus, erzählt von seiner Berufstätigkeit in der Firma. Ursprünglich hat er als Sohn eines Seemanns KfZ-Mechaniker gelernt, fand aber im Lehrbetrieb nach der Ausbildung keine Anstellung. Also wechselte er als Instandsetzungshandwerker in die Betriebswerkstatt des kommunalen Nahverkehrsunternehmens. Im Zuge des Personallabbaus in seiner Abteilung verschlug es ihn in den Fahrbetrieb. Fast 23 Jahre lang hat er einen Linienbus im Schichtdienst gefahren. „Aber dann kriegte ich Probleme mit der Gesundheit. Der Rücken wollte nicht mehr mitmachen, das frühe Aufstehen, vor allem im Winter, ist mir immer schwerer gefallen. Und dann kamen die Durchblutungsstörungen in beiden Händen dazu. Ich verlor meine Fahrerlizenz und wurde deshalb vor vier Jahren auf den Servicewagen umgesetzt. Da fahren wir die Haltestellen ab, machen kleinere Reparaturen, wechseln die Fahrpläne aus, was so anfällt.“ „Und das gefällt Ihnen nun nicht mehr?“ „Doch, schon, aber nun will auch die Pumpe nicht mehr so recht, und als mein Kollege, der Dirk Klaesener, auf Altersteilzeit ging, habe ich mir gedacht, dass das vielleicht etwas für mich ist.“ Nach hoffnungsvollem Beginn hat Herr Koch seinen beruflichen Lebensweg als sozialen Abstieg verkraften müssen, der mit einem Verlust an Ansehen und Wertschätzung im Kollegenkreis einherging. Seine Nachbarn in der Schrebergartenkolonie kennen ihn nur als Busfahrer. Frau Wingerter ist in ihrem Element. Sie stellt ihm zwei Modelle zur Wahl: Herr Koch kann seine wöchentliche Arbeitszeit entweder über einen Zeitraum von maximal sechs Jahren um die Hälfte reduzieren („Kontinuierliches Altersteilzeitmodell“) oder er kann in den folgenden drei Jahren wie bisher weiter Vollzeit arbeiten, um danach, mit 60 Jahren, aus der „aktiven Phase“ in die „inaktive Phase“ überzuwechseln. Als 63jähriger mündet er dann in den Ruhestand ein („Blockzeitmodell“). „In beiden Fällen“, fügt die Sachbearbeiterin hinzu, „müssen Sie gewisse Einbußen beim monatlichen Einkommen in Kauf nehmen, aber durch die Zuschüsse vom Betrieb und vom Arbeitsamt hält sich das in Grenzen.“ „Und wie ist das danach mit der Rente?“, fragt der besorgte Herr Koch. „Weil sie später als im Jahr 1941 geboren sind, müssen sie dann leider versicherungsmathematische Abschläge einkalkulieren.“ Frau Wingerter spricht unter steuerlichen Gesichtspunkten vom „Progressionsvorbehalt“ des Finanzamts bei der Berechnung des Lohnsteuerjahresausgleichs, macht Herrn Koch auf das Krankheitsrisiko im Verlauf der Altersteilzeit aufmerksam („Natürlich verringert sich auch ihr Krankengeld, wenn sie länger als sechs Wochen krank sind und aus der Lohnfortzahlung herausfallen“), beruhigt ihren Gesprächspartner allerdings, nachdem die Sorgenfalten auf dessen Stirn immer tiefer wurden: „Das können wir aber alles einigermaßen genau ausrechnen. Schlafen Sie mal erst eine Nacht darüber, reden Sie mit ihrer Frau, und dann kommen Sie wieder vorbei.“ Herrn Koch schwirrt der Kopf. „Und was ist mit mir, wenn Du mal nicht mehr bist?“ fragt ihn abends seine Frau. Herr Koch findet das ein bisschen pietätlos, kann aber verstehen, dass seine Frau bei einer Hinterbliebenenrente von 60% der Rente ihres Mannes nicht gerade begeistert von der Vorstellung ist, dass sich ihr Anspruch durch die Altersteilzeit ihres Mannes weiter verringert. „Ich möchte ja auch gern, dass Du früher ausscheidest, aber Du musst dabei auch an mich denken“, hat sie ihm mit auf seinen zweiten Weg zu Frau Wingerter gegeben. Die Sachbearbeiterin hat in der Zwischenzeit gerechnet und teilt ihm mit, dass er während der sechsjährigen Altersteilzeit auf etwa 300 Mark netto im Monat verzichten muss und der Rentenabschlag von etwa 9% durch eine mit dem Betriebsrat vereinbarte Regelung teilweise ausgeglichen wird. „Und dann“, fügt sie ermutigend hinzu, „können Sie Ihren Lohn ja noch durch die eine oder andere Überstunde ein bisschen aufbessern.“ Herr Koch ist hin- und hergerissen. Einerseits hat er die beiden Kinder „aus dem Haus“, und auch die Raten für das Auto sind abgezahlt. Andererseits musste er sich bisher schon bei einem monatlichen Nettoeinkommen von etwa 3000 Mark manchen Wunsch verbieten, da tun ihm weitere 300 Mark weniger schon weh. Am Ende ringt er sich schweren Herzens für das „Blockzeitmodell“ durch, obwohl er seine Gesundheit durch das kontinuierliche Modell womöglich besser schonen könnte. Auch sein Hausarzt hat ihm schon mehrfach mit der fröhlichen Unbefangenheit, die dem deutschen Mediziner nun einmal eigen ist, schon mehrfach auf die Schulter geklopft: „Warum treten Sie nicht mal ein bisschen kürzer?“ Herr Koch aber sagt sich, dass er seinen Buckel noch weitere drei Jahre hinhalten kann, um dann als 60jähriger „aufs Altenteil“ zu gehen. „Hauptsache“, sagt er, als er sich von Frau Wingerter verabschiedet, „ich komme so bald wie möglich aus der Mühle hier raus und kann mir noch ein paar schöne Jahre machen!“

a) Problemstellung

Ein Soziologe würde sagen: Herr Koch gehört zu den „sozial Benachteiligten“ in unserer Gesellschaft. Er ist im Gefüge ihrer sozialen Schichtung im Unterschied zu Frau Wingerter und erst recht im Vergleich mit seinem Hausarzt verhältnismäßig weit unten platziert. Einige wenige Schlaglichter mögen genügen, um das Ausmaß dieser Benachteiligung zu veranschaulichen, das sich hinter der Fassade der Wohlstandsgesellschaft verbirgt:

- „Reiche leben länger als Arme“ überschrieben die „Nürnberger Nachrichten“ einen Bericht vom 16.7.1994, der sich auf eine Bundestagsdebatte über die Volksgesundheit bezog. Wir erfahren aus regionalen Analysen zur Sterblichkeit, dass Angehörige der „Oberschicht“ älter würden als Angehörige der „Unterschicht“. Zur „unteren Sozialschicht“, schreibt der Korrespondent, zählten etwa 20 Prozent der Männer und 30 Prozent der Frauen.

- Soziologen der Bielefelder Universität ermittelten im Sommer 1994, dass in Deutschland wahrscheinlich mehr als eine Million Kinder in Armut leben müssen. Ihre Untersuchung zeigte einem Bericht der „Frankfurter Rundschau“ vom 3.8.1994 zufolge, dass „Gesundheit und Krankheit nicht angeboren sind, sondern ganz erheblich vom sozialen Umfeld mitbestimmt werden“. Während Kinder aus der „untersten sozialen Schicht“ nur zu 30 Prozent ihren Gesundheitszustand als sehr gut bezeichneten, taten das 46 Prozent der Kinder aus der „obersten sozialen Schicht“. Die Sozialforscher sprachen in diesem Zusammenhang von „erschreckenden Befunden“.

- „In Europa“, berichtet ein Journalist der „Frankfurter Rundschau“ anlässlich einer Tagung der Evangelischen Akademie Loccum am 7.9.1996, „leben rund 150 Millionen Menschen in wachsender Armut. Ihr Elend nimmt im gleichen Maße zu, wie sich auf der anderen Seite der Gesellschaft Reichtum konzentriert.“ Vor allem in Osteuropa spreize sich die Schere zwischen arm und reich immer weiter. Die Fachleute, die auf der Tagung zu Worte kamen, verwiesen auf den „relativen“ Charakter von Armut und Reichtum. Gemessen am Einkommensniveau deutscher Sozialhilfeempfänger könnten die Armen etwa in

Rußland als „wohlhabend“ bezeichnet werden, denn den Maßstab setze eben jeweils die Gesellschaft, in der man lebe.

- Aus dem „German Wealth Report 2000“ wissen wir, dass 365 000 Personen in Deutschland (0,5%) 25,7% des gesamten Privatvermögens besitzen. Allein die wohlhabendsten 3500 Personen disponieren über 7,9% des Privatvermögens. Frauen sind dabei gegenüber Männern besonders benachteiligt. Sie verdienen im Schnitt lediglich 75% des Vollzeiteinkommens der Männer, wie die „Frankfurter Rundschau“ am 25.9.2001 berichtete.

Vor diesem Hintergrund erscheint es wenig verwunderlich, wenn in Deutschland eine wieder wachsende Zahl von Menschen mit Klassenkampfgedanken sympathisiert. Vor allem in Ostdeutschland besinnen sich viele, wie das folgende Zahlenwerk veranschaulicht, auf längst versunken geglaubte Erklärungsmuster sozialer Ungleichheit zurück.

Darstellung 9:
Soziales Klima und Klassenkampf

Frage: „Hier unterhalten sich zwei: Würden Sie das einmal lesen und mir sagen, wem Sie eher zustimmen?“ (Bildblattvorlage) (Alle Angaben in Prozent)

	Westdeutschland			**Ostdeutschland**
	1980	1982	1997	1997
„Ich finde, in der heutigen Zeit ist der Begriff vom Klassenkampf überholt. Arbeitnehmer und Arbeitgeber sitzen doch in einem Boot und müssen sich partnerschaftlich miteinander verständigen.“	58	51	41	26
„Auch in der heutigen Zeit ist es richtig und notwendig, vom Klassenkampf zu sprechen. Arbeitnehmer und Arbeitgeber haben im Grunde völlig gegensätzliche und unvereinbare Interessen, daß es leeres Gerede ist von Partnerschaft zu sprechen.“	25	32	44	56
Unentschieden	17	17	15	18

Quelle: Institut für Demoskopie Allensbach, FAZ vom 18.11.1998

Diese wenigen Schlaglichter mögen genügen, um erste Umrisse unseres Problems zu skizzieren. Wenn von Armut und Reichtum, Gesundheit und Krankheit großer Bevölkerungsgruppen die Rede ist, stehen wichtige Wertvorstellungen moderner Gesellschaften zur Debatte, wie schon die Leidenschaftlichkeit zeigt, mit der über diese Phänomene in Politik und Öffentlichkeit gestritten wird. Es gehört zu den wesentlichen Aufgaben der Soziologie, diese Debatte durch ihre Erkenntnisse über die Formen, Ursachen und Folgen sozialer Ungleichheit zu bereichern. Solche Erkenntnisse stützen sich auf Versuche präziser Begriffsbildung im historischen Vergleich unterschiedlicher Gesellschaftsformen (Teilabschnitte b) und c)), sie können unter Einbeziehung empirischer Analysen zu Schichtungstypen (Teil d)) verdichtet und um Untersuchungen neuer Phänomene wie „Milieudifferenzierungen" bereichert werden (Teil e)). Schließlich erschöpfen sich unsere Bemühungen nicht in „statischen" Bestandsaufnahmen, sondern umgreifen auch die innere Beweglichkeit großer sozialer Systeme (Teil f)).

Ihren Ausgang nehmen soziologische Versuche, das Ganze der Gesellschaft und die Zusammenfügung ihrer Teile genauer zu verstehen, aber häufig von einem ganzen Bündel von *Leitfragen*, deren für unsere Darstellung wichtigsten hier kurz aufgeführt sind. Sie kreisen vor allem um das in den obigen Zeitungsbeispielen variierte Phänomen der sozialen Ungleichheit:

(1) Was meint „soziale Ungleichheit" in Gruppen oder Gesellschaften, und wie ist sie soziologisch zu definieren?

(2) Auf welche Ursachen ist soziale Ungleichheit zurückzuführen?

(3) Welche Formen sozialer Ungleichheit sind historisch zu unterscheiden, und was meint in diesem Zusammenhang „Kaste", „Stand", „Schicht" oder „Klasse"?

(4) Welche Faktoren und Prozesse erklären soziale Schichtung in modernen Gesellschaften?

(5) Wie kann soziale Ungleichheit mit Hilfe der empirischen Sozialforschung gemessen werden?

(6) Welche Folgen hat soziale Ungleichheit für die Mitglieder einer Gesellschaft (Handeln, Bewusstsein, Lebensstil etc.)?

(7) Welche Folgen hat soziale Ungleichheit für das Ganze der Gesellschaft (Stabilität, Konflikte, Wandel)?

(8) Welche Positions- und Statusveränderungen von Individuen und Gruppen sind für moderne Gesellschaften charakteristisch (Mobilitätsbewegungen)?

Die folgende Darstellung sucht *erste* Antworten auf die hier gestellten Fragen, ohne den Anspruch erheben zu können, die Probleme von Schichtung und Mobilität erschöpfend zu behandeln.

b) Soziale Ungleichheit als Grundlage und Bezugspunkt soziologischer Schichtungsanalyse

Zunächst müssen wir uns einen für die Soziologie charakteristischen Umstand bewusst machen, der dem Ungeduldigen eine gewisse Frustrationstoleranz abverlangt: Soziologinnen und Soziologen verwenden keinen einheitlichen Begriff von sozialer Schicht und von der Schichtung der Gesellschaft. Das hat verschiedene gute Gründe. Je nach ihrem eigenen Wissenschaftsverständnis (z.B. Theorietradition) und wohl auch dem eigenen Blickwinkel, nähern sie sich dem Problem sozialer Ungleichheit auf verschiedene Weise. Häufig liegen Forschungsprojekten über Schichtungsprobleme ganz spezifische Fragestellungen zugrunde, die auch nach der Entwicklung problemadäquater Kategorien verlangen. Deshalb ist beim Vergleich von soziologischen Untersuchungen gerade zu diesem Thema immer wichtig, den jeweiligen begrifflichen Zugang genau herauszudestillieren, um am Ende nicht Äpfel mit Birnen zu verwechseln. Etwas anderes kommt hinzu. In der gegenwärtigen Welt wie in der Menschheitsgeschichte begegnen uns sehr verschiedenartige Gesellschaften, die wir nicht ohne weiteres über einen Kamm scheren können. Um soziale Ungleichheit in einer großen Variationsbreite verstehen zu können, empfiehlt es sich deshalb, theoretische Konzepte und Begriffe nicht starr zu handhaben, sondern auf die Besonderheiten zu beziehen, die ansonsten eben nur schwer „greifbar" sind. In diesem Abschnitt will ich mich auf vier Definitionen sozialer Schichtung konzentrieren, die ich im einzelnen erläutere.

Die von Soziologen recht verschieden verwendeten Begriffe sozialer Schichtung dienen ihnen bisweilen zur Konstruktion von „Schichtungsmodellen". Es handelt sich dabei immer um Abstraktionen, die dem Versuch folgen, das „Gesicht" oder die „Ordnung", das „Gefüge", kurz: die *Struktur der Gesellschaft* als eines allgemeinen Rahmens für das Denken und Handeln ihrer Mitglieder zu bestimmen (vgl. dazu Darstellung 1). Mindestens in einer Hinsicht sind sich die Soziologen jedoch einig: Der von ihnen verwendete und unterschiedlich definierte Begriff der „Schicht“ ist als Wort der Geologie entlehnt. Hier bezeichnet er einen „durch Ablagerung entstandenen plattigen Gesteinskörper von größerer flächenhafter Ausdehnung“ (Meyers großes Taschenlexikon von 1987, Band 19, S. 211.)

Aus der Geologie wissen wir, dass derartige „Körper“ sich in ihrer „flächenhaften Ausdehnung“ übereinander lagern, wodurch ein vertikales Gefüge entsteht. Es ist dieses Erscheinungsbild, das Soziologen wie Gerhard Baumert zu seiner Definition der sozialen Schicht inspiriert haben mag:

„Unter Schichten sollen dabei sich durch das ganze soziale System hindurchziehende, klar voneinander abzugrenzende und auf Grund der Wertung des jeweils betrachteten Merkmals als über- und untereinander, als höher und tiefer liegend empfundene Gruppierungen von Mitgliedern eines sozialen Systems verstanden werden.“ (Gerhard Baumert)

Drei wichtige Definitionsmerkmale verdienen unsere besondere Aufmerksamkeit:

(1) Wenn wir unter einem „sozialen System“ ganz allgemein ein Gebilde verstehen, dessen Teile sich in (wechselseitiger) Abhängigkeit zueinander befinden, umgreift der Schichtbegriff nicht nur Gesamtgesellschaften, sondern er kann sich auch auf ihre in sich geordneten großen Verbände, Organisationen und Gruppen beziehen. Wollen wir die Art solcher Ordnungen näher bezeichnen, sprechen wir auch von ihrer „sozialen Struktur“. Vorzugsweise verwenden Soziologen den Schichtbegriff jedoch im Zusammenhang mit dem Gefüge einer (bestimmten) Gesellschaft.

(2) Nach Baumert sind Schichten klar voneinander abgegrenzt. Auch in diesem Zusammenhang hilft es uns beim Verständnis eines Begriffs, wenn wir ihn mit seinem Gegenteil konfrontieren. Das ist in diesem Fall ein „soziales Kontinuum“, innerhalb dessen die verschiedenen Elemente sich gleichsam auf einer fließenden Linie befinden. Damit wird schon ein wichtiges Problem der soziologischen Schichtungsanalyse deutlich, nämlich der Nachweis von Grenzen, die einzelne Schichten voneinander trennen. Je nach der Schärfe solcher Grenzen ergeben sich unterschiedliche Vorstellungen darüber, ob Gesellschaften eher „offen“ oder „geschlossen“ sind. Offene Gesellschaften sind durch innere Mobilitätschancen (Auf- und Abstiegsprozesse von Individuen oder Gruppen),

geschlossene Gesellschaften durch die Blockierung solcher Mobilitätsbewegungen gekennzeichnet.

(3) Schichten liegen „über- und untereinander“. Hier begegnet uns eine prinzipiell vertikale Vorstellung des Gefüges im Unterschied zu solchen Systemen, deren Elemente oder soziale Positionen zueinander eher horizontal oder kreisförmig angeordnet sind. Dieser Definitionsaspekt deutet auf den wichtigen Umstand der Ungleichheit, der Vor- und Nachrangigkeit hin, den Soziologen wie Ralf Dahrendorf zum entscheidenden Merkmal ihres Definitionsverständnisses machen.

„Das gesellschaftliche System der distributiven Ungleichheit nennen wir soziale Schichtung.“ (Ralf Dahrendorf)

(1) „Distributive Ungleichheit“ meint, dass Lebenschancen zwar in der Verfassung als gleich garantiert sein können, faktisch aber verschiedene Gruppen unterschiedlich große Möglichkeiten haben, das Ideal zu verwirklichen. Die Brisanz sozialer Schichtung in modernen Gesellschaften besteht dann nicht zuletzt darin, dass unter moralischen Gesichtspunkten (Gerechtigkeitsproblem) ein Widerspruch zwischen Norm und Realität besteht oder doch zumindest von weiten Teilen der Gesellschaft empfunden wird.

(2) Dahrendorfs Hinweis auf das gesellschaftliche System solcher Ungleichheit verweist auf den wichtigen Umstand, dass die Ungleichheit sich nicht zufällig oder willkürlich ergibt, sondern institutionell abgesichert, auf Dauer gestellt ist.

„Unter sozialer Schichtung wird hier die differentielle Rangordnung verstanden, nach der die Individuen in einem gegebenen sozialen System eingestuft werden und die es bedingt, daß sie in bestimmten, sozial bedeutsamen Zusammenhängen als einander über- und untergeordnet behandelt werden.“ (Talcott Parsons)

(1) Der einflussreiche amerikanische Soziologe Parsons verknüpft in seinem Begriffsverständnis „Einordnen“ und „Handeln“, macht also darauf aufmerksam, dass eine Struktur nicht bloß eine statische Ordnung ist, an der entlang sich Lebenschancen unterschiedlich verteilen mögen und Gerechtigkeitsvorstellungen in Widerstreit geraten; darüber hinaus haben solche vertikalen Strukturen („differentielle Rangordnung“) einen dynamischen Aspekt, denn sie provozieren bei den Individuen, die solche Einordnungen wechselseitig vornehmen oder auch nur die gesellschaftlich üblichen Rangordnungen ausdrück-

lich oder stillschweigend akzeptieren, dass sie sich gegenseitig als „über- oder untergeordnet“ *behandeln*. Eine „differentielle Rangordnung“ ist also kein folgenloses Zählen, Messen und Klassifizieren, sie vermittelt den Menschen vielmehr eine Art Kompass ihres sozialen Handelns und Verhaltens.

(2) Vermeintlich beiläufig macht Parsons jedoch eine wichtige Einschränkung, wenn er sagt, dass schichtvermittelte Verhaltensweisen in „bestimmten“, nämlich „sozial bedeutsamen“ Zusammenhängen mobilisiert werden. Daraus folgt im Umkehrschluss, dass unser Handeln nicht jederzeit und gegenüber jedermann von solchen Strukturtatsachen geprägt ist. Nehmen wir einige Beispiele. In einem Fußballstadion fallen sich jubelnde Menschen in die Arme, die sich ansonsten spinnefeind sind. Ein Bankdirektor gilt viel in seiner Firma, man begegnet ihm hier mit großem Respekt, womöglich auch angstvoll. Als einfaches Mitglied in seinem Gesangverein findet er dagegen kaum Beachtung. Ein Vater hat zu Hause „die Hosen an“, am betrieblichen Arbeitsplatz aber halten alle ihn für ein „kleines Licht“. Diese Beispiele legen uns im Kontext der Definition von Talcott Parsons nahe, soziale Schichtung als ein vielgestaltiges, gesellschaftliche Teilbereiche in unterschiedlicher Weise prägendes Phänomen zu verstehen, also nicht von einer starren Mechanik des Zusammenhangs von „Struktur“ und „Handeln“ auszugehen.

„Soziale Schichtung bezieht sich auf Phänomene sozialer Ungleichheit. Sie entsteht aufgrund ungleicher Verteilung von gesellschaftlichen Mitteln sozialen Einflusses, nämlich von Prestige, Macht, Bildung und Geld. Einige Menschen gelten mehr als andere, haben mehr zu sagen, erfahren mehr und können sich mehr leisten.“ (Friedhelm Neidhardt)

(1) Neidhardt verknüpft in seiner Definition das soziologisch weitverbreitete Verständnis, wonach Schichtung mit sozialer Ungleichheit zu tun hat, mit Antworten auf die Frage, welche Phänomene diese Ungleichheit hervorbringen. Er nennt vier Faktoren, die den Vorzug haben, im Sinn der empirischen Sozialforschung „operationalisierbar“ zu sein. Sie eignen sich mit anderen Worten für die Umsetzung in Kategorien der konkreten Erforschung sozialer Ungleichheit, wie der Autor im dritten Satz seiner Definition andeutet. Wenn wir also untersuchen, wie „Prestige“ (soziales Ansehen, Wertschätzung), „Macht“ (strukturelle Einflusschancen), „Bildung“ (akkumuliertes, von anerkannten Institutionen bescheinigtes Wissen) und „Geld“ (materielle Ressourcen im Sinn von Einkommen und Vermögen) sich auf Individuen und Gruppen einer Gesellschaft verteilen, können wir eine konkrete Vorstellung vom Ausmaß der sozialen Ungleichheit gewinnen.

(2) Neidhardts Definition ist damit zwar für Zwecke soziologischer Forschung „brauchbarer“ als die vorher zitierten Begriffsbestimmungen, sie ist aber auch angreifbarer, wenn wir etwa Antworten auf diese Fragen suchen: Hat der Autor alle „Phänomene sozialer Ungleichheit“ aufgezählt oder gibt es auch noch andere, zum Beispiel „Lebensalter“, „ethnische Zugehörigkeit“ oder „Geschlecht“? Sind darüber hinaus die von ihm hervorgehobenen Faktoren gleich bedeutsam oder verhalten sie sich zueinander wiederum im Sinn einer „differentiellen Rangordnung“ (Parsons)?

Die verschiedenen Begriffsbestimmungen machen beispielhaft zweierlei deutlich. Sie eignen sich erstens in unterschiedlicher Weise als konkrete Instrumente für die *Analyse* sozialer Ungleichheit. Sie sind in diesem Sinn also verschieden „praktikabel“. Zweitens enthalten sie ausdrücklich oder unausgesprochen verschiedene Vorstellungen über den *Ursprung* der Ungleichheit. Der zweite Punkt hat auch etwas mit den Theorietraditionen zu tun, innerhalb derer Soziologen gegenwärtig über soziale Schichtung nachdenken. Dabei mag der eine sich von der aristotelischen Vorstellung von den „natürlichen Unterschieden“ zwischen den Menschen inspiriert fühlen, ein anderer führt Schichtung im Sinn Emile Durkheims auf die gesellschaftliche Arbeitsteilung zurück, ein dritter ist im Sinn von Marx überzeugt, dass soziale Ungleichheit letztlich immer im Eigentum an den Produktionsmitteln wurzelt.

Bei aller Verschiedenartigkeit des Begriffsverständnisses scheint sich doch dieser soziologische *Minimalkonsens* herauszukristallisieren: Gesellschaftliche Schichtung ist ganz überwiegend *sozial* bedingt und als *universelles Phänomen* mit mehr oder weniger starker Ausprägung in allen bisherigen Gesellschaften nachweisbar. Gleichwohl *variiert* Schichtung historisch in ihrer *Form*, was uns nahelegt, verschiedene Typen von Gesellschaften zu unterscheiden. Schließlich hat soziale Schichtung eine *ungleiche Verteilung von Lebenschancen* großer Bevölkerungsgruppen zur Folge.

Dabei bedarf die erste Annahme, wonach Schichtung ganz überwiegend sozial bedingt ist, einer kurzen Erläuterung, weil sie auf das Problem einer vermeintlich „natürlichen“ Ungleichheit verweist. Wenn wir von Schichtung sprechen, haben wir es mit Unterscheidungen zu tun, die eine Rangordnung konstituieren. Nun unterscheiden sich Menschen ja nicht zuletzt auch nach äußerlichen, körperlichen Merkmalen, die zunächst einmal biologisch bedingt sind. Vor allem vier solcher Dimensionen werden gern herangezogen, um den Soziologen gewissermaßen ihr Monopol streitig zu machen, gesellschaftlich bedeutsame Ungleichheit zu erklären:

(1) Körperliche Kraft und Leistungsfähigkeit;

(2) Haut- und Haarfarbe, ethnische Zugehörigkeit;

(3) Lebensalter;

(4) Geschlechtszugehörigkeit.

Nun ist sicher nicht bestreitbare, dass solche „natürlichen“ Merkmale sich im Schichtgefüge einer Gesellschaft auf den verschiedenen Ebenen in einer auffälligen Weise häufen: Mit körperlicher Kraft allein bringt ein Mensch es eher selten zum Millionär, der afro-amerikanische Teil der Bevölkerung ist ganz überwiegend an den Rand der USA-Gesellschaft gedrängt; mit wachsendem Lebensalter wachsen Chancen des sozialen Aufstiegs; Frauen sind in Spitzenpositionen moderner Gesellschaften immer noch unterrepräsentiert. Die entscheidende Frage aber lautet: Liegen solche „natürlichen“ Unterschiede dem System „distributiver Ungleichheit“ zugrunde oder ist das nicht der Fall? Eine vertiefte Analyse im einzelnen wird den Nachweis führen können, dass natürlich-biologische Ungleichheit erst dann zu einem strukturbildenden Merkmal sozialer Schichtung wird, wenn mit bestimmten Merkmalsausprägungen (z.B. Frau, Farbiger, Greis, Behinderter) institutionell verankerte soziale Wertschätzungen verknüpft sind, die als Rechtfertigung einer Verweigerung gleicher Lebenschancen herangezogen und gesellschaftlich akzeptiert werden. Erst durch solche soziale Zuschreibung wird aus „natürlicher“ eine „soziale“ Ungleichheit. Wohin die Begründung quasi-natürlicher Unterschiede durch biologische Kategorien letztlich führen kann, wissen wir gerade in Deutschland aus leidvoller Erfahrung. Das heißt natürlich nicht, dass Soziologen für solche in der biologischen Natur des Menschen wurzelnde Unterschiede blind sind oder gar zu ihrer Tabuisierung neigen. Es ist zum Beispiel auffällig, dass es in modernen Gesellschaften einen Zusammenhang zwischen Körpergröße, Leibesumfang, Bildungsniveau und Wohlstandsentwicklung gibt, der gewissermaßen die Oberfläche von darunter verborgenen sozialen Differenzierungen markieren kann (z.B. häufen sich stark übergewichtige Personen eher in sozialen Unterschichten, während es einen positiven statistischen Zusammenhang zwischen Körpergröße und Bildungsniveau zu geben scheint).

c) Soziologische Kategorien der Schichtungsanalyse

Nachdem wir zunächst genauer herausgearbeitet haben, was Soziologen unter sozialer Schichtung generell verstehen, will ich jetzt die daraus resultierenden Sozialstrukturen in einem groben Überblick genauer betrachten. Dabei interessieren uns noch nicht die Resultate soziologischer Gesellschaftsbilder, sondern wir fragen nach den Kategorien, mit deren Hilfe unterschiedliche Typen von Gesellschaften begrifflich konstruiert werden.

Aus dem Blickwinkel der Individuen besteht das „System distributiver Ungleichheit" (Dahrendorf) darin, dass es einen mehr oder weniger festen Platz in einer „differentiellen Rangordnung" (Parsons) einnimmt. Solche Rangplätze bezeichnen wir als *sozialen Status*. Dieser Begriff hat Ähnlichkeit mit dem früher im Kontext der Rollenanalyse erörterten Begriff der „sozialen Position". Während die Position einen beliebigen Ort in einem sozialen Beziehungsgeflecht bezeichnet (z.B. Lehrer, Schüler, Eltern im Beziehungsgeflecht Schule), verweist Status auf jene für Schichtungsanalysen zentrale Über- und Unterordnung von Positionen. „Lehrer" und „Schüler" bezeichnen also zunächst Positionen, an die bestimmte Verhaltenserwartungen geknüpft sind (soziale Rollen), gleichzeitig verhalten sich diese Positionen zueinander im Sinn einer Rangordnung, denn Lehrer haben mehr „zu sagen" als ihre Schüler (die „Macht"-Dimension im Sinn der Definition von Neidhardt), kurz: Sie haben ihnen gegenüber einen herausgehobenen Status, an den häufig, aber nicht zwangsläufig, auch ein höheres Ansehen („Prestige" im Sinn von Neidhardt) geknüpft ist.

Der Statusbegriff öffnet unseren Blick für die Analyse gesellschaftlich differierender Formen sozialer Ungleichheit. Mit seiner Hilfe können wir uns eine gute Vorstellung von den wesentlichen Unterschieden „moderner" und „vormoderner" Gesellschaften machen. Ein sozialer Status kann nämlich *erworben* oder *zugeschrieben* sein. Während er im ersten Fall (moderne Gesellschaft im weitesten Sinn) auf dem Erwerb beruht, also in der Regel auf einer individuellen lebensgeschichtlichen Leistung, begründet er sich im zweiten Fall auf Herkunft und Vererbung, hat also eine gewisse Nähe zu quasi-natürlichen Unterschieden. In der modernen Gesellschaft mit prinzipiell offenem Statuserwerb speisen zum Beispiel Beruf, Einkommen, Macht den „Gesamtstatus" eines Menschen. Es entspricht der Komplexität solcher Gesellschaften (Vielgestaltigkeit der Sozialstruktur, der Lebensbereiche und biographischen Optionen), dass es nicht eine sondern mehrere Quellen gibt, aus denen sich der soziale Status eines Individuums in der Pyramide der Gesamtgesellschaft zusammensetzt. Wir sprechen in diesem Zusammenhang von „Statuskonsistenz" oder „Statuskristallisation", wenn ein Individuum in verschiedenen Bereichen einer Gesellschaft *jeweils* einen hohen oder niedrigen Rang einnimmt. Es fällt uns dann leichter, ihn an einem bestimmten Ort im vertikal gedachten Gefüge zu platzieren. Das gilt beispielsweise für den reichen und gebildeten Unternehmer, von dem wir wissen, dass er eine Menge mittelbaren und unmittelbaren Einfluss ausübt. Von „Statusinkonsistenz" ist demzufolge beispielsweise die Rede, wenn es jemand im Bildungssystem zu beachtlichen Erfolgen gebracht hat, die ihm jedoch auf dem Arbeitsmarkt versagt bleiben (z.B. der promovierte Soziologe als Taxifahrer). Der französische Ethnologe und Soziologe Pierre Bourdieu hat seine Analyse des Zusammenhangs von Sozialstruktur und Lebensstil auf die Entfaltung der Begriffe „ökonomisches", „kulturelles" und „soziales Kapital" gestützt, deren Anwendung auf die französische Gesellschaft unter anderem die Sprengkraft solcher „Statusinkonsistenzen" nachwies, wenn nämlich ein erheblicher Teil hochgebildeter, aber beruflich chancenloser Menschen sich als von der Gesellschaft „geprellte Generation" empfindet. Es ist leicht vorstellbar, dass sich in der Häufung von „Statusinkonsistenzen" nicht nur der Wandel sondern auch die Labilität sozialer Strukturen wie in einem Brennglas nachweisen lässt.

(1) Zugeschriebener Status: Kasten

Wir können gewisse Eigenarten moderner Gesellschaften besser verstehen, wenn wir sie konfrontieren mit einem krassen Gegenbild in Gestalt des Kastensystems. „Kaste bezeichnet „soziale Blöcke", deren Individuen über soziale Merkmale verfügen, die *angeboren* und *unveränderbar* sind." (Frank Thieme)

Diese starre, lebenslange, unbeeinflussbare, aus der indischen Gesellschaft überlieferte soziale Platzierung ist mit einer Reihe gravierender Folgen für die Subjekte verbunden. Wer versucht, die Kaste zu verlassen, wird sozial ausgegrenzt. Alle Lebensumstände (Privilegien, Pflichten, Ansehen) werden durch die Kastenzugehörigkeit verbindlich geregelt. Nur in einem späteren Leben (Vorstellung der Wiedergeburt im Hinduismus) sind Veränderungen in der sozialen Platzierung möglich.

Das Kastensystem bildet eine streng hierarchische und ursprünglich sehr stark differenzierte vertikale Struktur der Gesellschaft aus. Früher gab es in Indien die vier Kasten der Brahmanen (Priesterkaste), Kshatriyas (Kriegerkaste), Vaishhyas (Händlerkaste) und der Sudras (Handwerkerkaste), aus denen sich im Lauf der Zeit über 5000 Haupt-, Neben- und Unterkasten herausschälten, die heute häufig als in drei Gruppen zusammengefasst gedacht werden: Den „oberen Kasten" stehen die „rückständigen Kasten" und die „Unberühbaren" als Bevölkerungsmehrheit gegenüber.

Religiös durch den Hinduismus legitimiert, reguliert das Kastensystem im Sinn einer „geschlossenen Gesellschaft" in umfassender Weise die Lebenschancen. Kastenzugehörigkeit ist symbolisch fest verankert in Name, Beruf, Sprache, Ernährungs- und Kleidungsgewohnheiten. Heiraten ist nur innerhalb der Kaste möglich. Am wenigsten gilt, wer am meisten arbeitet - und umgekehrt.

Manche Soziologen erkennen in der Sklavenhaltung in den Südstaaten der USA im 18. Jahrhundert oder im Apartheidsystem des ehemaligen Südafrika Züge eines Kastensystems, dem allerdings die verbindlichen religiösen Fundamente fehlten. Von „kastenartigen Strukturen“ in modernen Gesellschaften wird auch gesprochen, wenn Berufsstände erfolgreich Maßnahmen zur „sozialen Schließung“ durch privilegierte Zugangschancen ins Werk setzen und ihren Angehörigen strenge und verbindliche Verhaltensregeln aufzwingen können.

Versuche in Indien (z.B. durch den Staatsgründer Mahatma Gandhi), das Kastensystem durch Quotierungen bei der Zuteilung von Bildungschancen oder kastenunabhängige Beschäftigungen im öffentlichen Dienst aufzubrechen, signalisieren, dass die Kasten längst durch Elemente einer „offenen“ Sozialschichtung überlagert sind. Der Hinduismus hat sein Definitionsmonopol bei der Zuteilung von Lebenschancen heute ein Stückweit verloren.

(2) Zugeschriebener Status: Stände

„Mit Stand bezeichnet man eine Figuration, deren Angehörige hinsichtlich ihres Berufs, ihrer Rechte und Pflichten sowie ihrer gesamten Lebensumstände strengen sozialen Zwängen unterworfen sind.“ (Frank Thieme)

Wenn wir diese Definition genau betrachten, wird ihr Unterschied zur alltagssprachlichen Verwendung des Begriffs deutlich. Auch Soziologen haben gelegentlich durch Bezeichnungen wie „nivellierte Mittelstandsgesellschaft“ (Helmuth Schelsky) zur Verwirrung beigetragen, weil sie damit Charakteristika moderner Gesellschaften mit einer Begriffsanleihe bei vormodernen Gesellschaften hervorheben wollten. Wenn wir heute eher beiläufig von „Stand“ sprechen, meinen wir ja in der Regel eine bestimmte soziale Zugehörigkeit. Aber solche Bezeichnungen wie „Arbeiterstand“, „Mittelstand“ oder „Unternehmerstand“ sind insofern unscharf, weil sie jene von Thieme für die vorbürgerliche Gesellschaft hervorgehobenen „strengen sozialen Zwänge“ unausgesprochen mittransportieren, die es jedoch heute in dieser starren Form durchgehend sicher nicht mehr gibt.

Die ständische Gesellschaftsordnung etwa des europäischen Mittelalters ist vor allem durch diese vier Merkmale gekennzeichnet:

(a) Die Individuen werden in ihren Stand hineingeboren. Es handelt sich also um eine Art „Abstammungsgesellschaft“ mit jeweils zugeschriebenem Sozialstatus.

(b) Die Ordnung der Stände ist starr und hierarchisch.

(c) Innerhalb der Stände gelten strenge Verhaltensregeln, die religiös begründet sind und von Generation zu Generation weitergegeben werden. Beispielsweise legten differenzierte Kleiderordnungen fest, was die Angehörigen der Stände bei welchen Gelegenheiten im öffentlichen Leben tragen durften und was nicht. Hochzeitsordnungen bestimmten genau, welche Speisen und Getränke in welchem Umfang gereicht werden durften. Dass sich die Menschen im übrigen im Lauf der Zeit immer weniger daran gehalten haben, ist *ein* Indiz für die Zerbrechlichkeit einer solchen Sozialordnung.

(d) Die Herrschaftsverhältnisse sind persönlicher Natur und stark patriarchalisch geprägt, was neben Formen brutaler Unterdrückung auch eine gewisse Fürsorglichkeit einschloss.

In der ständischen Feudalgesellschaft des europäischen Mittelalters beherrschten *Adel* und *Klerus* die Masse von eigentumslosen *Bauern* und *Landarbeitern*. In den Städten entwickelten sich im Zuge des aufstrebenden Gewerbes und sich entfaltender Handelsbeziehungen neben den *Patriziern* (Bedienstete der Landesherren) die *Bürger* als zukunftsträchtiger Stand. *Kaufleute* und *Handwerker*, in verhaltensregulierenden Gilden und Zünften zusammengeschlossen, repräsentierten die mittlere Ebene; unterständige Gruppen (z.B. *Tagelöhner*), aus denen sich zunehmend der „vierte Stand" rekrutierte, bildeten den Sockel der gesellschaftlichen Pyramide.

Wir sehen, dass die ständische Gesellschaft mit dem Kastensystem vieles gemeinsam hat, aber mindestens in einer Hinsicht historisch bereits darüber hinaus weist: Prozesse von sozialem Aufstieg und Abstieg, also innere Mobilitätsbewegungen, waren zwar sehr begrenzt, aber in Ausnahmefällen doch nicht unmöglich. In dem Maß, in dem die ständischen Strukturen durch eine Ausweitung von Handel und Gewerbe zu zerbrechen begannen, setzte sich das Prinzip der Klassengesellschaft durch und damit die Chance, den sozialen Status erwerben zu können.

(3) Erworbener Status: Klassen

Die Entstehung und Entfaltung der Klassengesellschaft markiert den Übergang zur „Moderne". Die Frage, ob wir zum gegenwärtigen Zeitpunkt moderne Gesellschaften noch hinreichend mit diesem begrifflichen Konzept charakterisieren können, ist in der Soziologie umstritten. Einigkeit besteht indes darin, dass der Übergang von der ständischen zur klassenstrukturierten Gesellschaft auch den Wendepunkt von der „geschlossenen" zur „offenen" Gesellschaft markiert, denn der soziale Status ist jetzt nicht länger unverrückbar zugeschrieben, sondern er ist *prinzipiell* erwerbbar und damit auch veränderbar. An dieser Erkenntnis ist auch angesichts des empirischen Befunds festzuhalten, wonach der soziale Status in weiten Teilen der Gesellschaft vermeintlich „vererbt" wird: Söhne von Ärzten werden vorzugsweise Ärzte, Töchter von Verkäuferinnen verharren häufig ihr Leben lang auf niedrigen Stufen der sozialen Pyramide usw. Doch das ist nicht von vornherein institutionell befestigt und unumgehbar, selbst wenn uns etwa der Aufstieg von Bill Gates vom Computerbastler zu einem der reichsten Männer der Welt oder der Abstieg von Herrn Koch vom Handwerker zum Servicehelfer nicht den Blick verstellen darf für stabile Mobilitätsblockierungen in der „offenen Gesellschaft".

„Unter Klassen ist eine Figuration zu verstehen, deren Mitglieder einerseits durch bestimmte ökonomische Merkmale, andererseits durch ein spezifisches Zusammengehörigkeitsgefühl und das Bewusstsein, über einen historischen politischen „Auftrag" zu verfügen, gekennzeichnet sind." (Frank Thieme)

Auf die lange und wechselvolle Geschichte gerade des Klassenbegriffs soll hier nicht weiter eingegangen werden. So unterschieden beispielsweise die Physiokraten die „produktive Klasse" von der „müßiggehenden Klasse", wodurch die ökonomischen Grenzlinien, die Thieme in seiner Definition mindestens andeutet, zu verschwimmen drohen. Noch verwirrender wird die Sache, wenn wir uns klar machen, dass der Begriff der Klasse („class") in der angelsächsischen Soziologie mit dem Begriff Schicht („strata") häufig identisch verwendet wird.

Zum modernen Verständnis von „Klasse" hat wesentlich Karl Marx beigetragen. Für ihn war das Kriterium des Eigentums an den Produktionsmitteln und der damit einhergehenden Verfügungsgewalt über das Kapital der entscheidende Bezugspunkt seiner Analyse einer gesellschaftlichen Klassenspaltung. Im Rahmen umfangreicher historischer Studien der englischen wie der französischen Gesellschaft ist Marx keineswegs die Mehrgliedrigkeit der Klassenschichtung verborgen geblieben, andererseits hob er in seiner historisch-politischen Perspektive in dem Sinn, den Thieme in seiner Definition andeutet, den Antagonismus und die Sprengkraft hervor, die sich aus dem dominanten *Klassenkonflikt zwischen Bourgeoisie und Proletariat* ergab. Später ist der damit verbundene Lernprozess von Marxisten zur Unterscheidung zwischen „Klasse an sich" und „Klasse für sich" begrifflich verdichtet worden. Demzufolge ergibt sich die „Klasse an sich" zunächst im Sinn einer Art von statistischer Kategorie aus einer gemeinsamen sozialen Lage, während etwa das wachsende Bewusstsein des Proletariats von seiner „historischen Aufgabe" der revolutionären Überwindung des auf Ausbeutung und Unterdrückung beruhenden Systems die „Klasse für sich" konstituiert.

(4) Klasse und Stand bei Max Weber

Max Weber hat in der Entfaltung seiner soziologischen Grundbegriffe den Versuch unternommen, die Begriffe Klasse und Stand gleichermaßen für die Analyse moderner Gesellschaften fruchtbar zu machen. Die von ihm vorgenommenen Differenzierungen haben vor allem die Kultursoziologie bis heute inspiriert.

Mit Marx teilt Weber zunächst die Ansicht, dass Klassen soziale Figurationen, „Blöcke" sind, die in der Ökonomie einer Gesellschaft verankert sind: *„Wir wollen da von einer Klasse reden, wo 1. einer Mehrzahl von Menschen eine spezifische ursächliche Komponente ihrer Lebenschancen gemeinsam ist, soweit 2. diese Komponente lediglich durch ökonomische Güterbesitz- und Erwerbsinteressen, und zwar 3. unter den Bedingungen des (Güter- und Arbeits-) Markts dargestellt wird (Klassenlage)."*

Klassenangehörige sind demzufolge in der bürgerlichen Gesellschaft durch ihre „äußere Lebensstellung" und ein „inneres Lebensschicksal" miteinander verknüpft. Durch Märkte hervorgetrieben, sind Klassen nach Weber nicht starr, sondern beweglich; die Klassenzugehörigkeit wird gleichsam auf Märkten erworben, ist nicht durch Abstammung zugeschrieben. Klassen*lagen* führen aber nicht automatisch zu Klassen*verbänden* und zum Klassen*kampf* - eine Vorstellung, die Marxisten mit ihrer Unterscheidung von „Klasse an sich" und „Klasse für sich" mindestens nahe legen.

Weber kam es vor allem darauf an, den Blick auf innere Differenzierungen sowie auf den Zusammenhang zwischen sozialer Zugehörigkeit und Lebensweisen zu lenken. Er unterschied einerseits die „Erwerbsklassen" (z.B. Händler, gewerbliche Unternehmer) von den „Mittelklassen" (Bauern und Handwerker) und der „Arbeiterklasse" (gelernte, angelernte und ungelernte Arbeiter), andererseits verwendete er den Begriff des „Standes" keineswegs allein als Bezeichnung für eine historisch versinkende Sozialordnung, sondern suchte ihn fruchtbar zu machen für die Gegenwartsanalyse: *„Im Gegensatz zur rein ökonomisch bestimmten Klassenlage wollen wir als ständische Lage bezeichnen jede typische Komponente des Lebensschicksals von Menschen, welche durch eine spezifische, positive oder negative, soziale Einschätzung der Ehre bedingt ist, die sich an irgendeine gemeinsame Eigenart vieler knüpft."* Damit ist die (objektive) Klassenanalyse durch eine (subjektiv-bewusstseinsmäßige) Analyse der „Lebensart" erweitert, mit deren Hilfe sich moderne Versuche von „Lebensstilforschung" (z.B. durch Pierre Bourdieu) begrifflich vorantreiben lassen.

Die „ständische Lage“, von der Max Weber in seiner Definition spricht, umschließt im Unterschied zur „rein ökonomischen Lage“ die Art der Lebensführung, die formale Erziehungsweise, wichtige soziale Traditionen (Sitten und Gebräuche) sowie das Abstammungs- und Berufsprestige großer Gruppen von Menschen. Weil nun zum Beispiel Erziehung und Lebensführung im Blickwinkel Webers nicht bloße Reflexe der ökonomischen Lage sind sondern sich relativ variabel gegenüber der Klassenzugehörigkeit verhalten, fallen Klassenlage (Strukturkomponente) und ständische Lage (Kulturkomponente) nicht automatisch zusammen. Webers Schlußfolgerung: *„Ständische Lage kann auf Klassenlage bestimmter oder mehrdeutiger Art beruhen. Aber sie ist nicht durch sie allein bestimmt.“*

Versuchen wir, uns die Reichweite dieser Aussage an Beispielen zu veranschaulichen. Nehmen wir den Fall, dass Menschen unverhofft zu Reichtum kommen (z.B. durch Erbschaft, Lottogewinn, Aktienspekulation im großen Stil). Sie mögen dadurch ihren sozialen Status im Sinn von Klassenzugehörigkeit nachhaltig verbessern, aber der Geldbesitz als solcher verweist noch nicht auf eine damit zwangsläufig korrespondierende „ständische Qualifikation“ im Sinne Webers. Der unverhoffte „Lottokönig“ aus der Arbeiterklasse mag das Geld „verjubeln“, weil er nicht gelernt hat, mit Vermögen sorgsam umzugehen. Bourdieu würde sagen, ihm fehlt vor dem Hintergrund seiner kulturellen Identität ein „spezifischer Anlagesinn für Kapital“. Der kleine, selbstständige Handwerksmeister dagegen investiert den überraschenden Gewinn in das Unternehmen, nicht zuletzt, um sich aus der Enge seines „mittelständischen Milieus“ nach oben hin befreien zu können. Den Großbürger dagegen lässt der unverhoffte Reichtum kalt. Als Repräsentant des „alten Geldes“ hat er sich bereits eine „ständische Lage“ erworben, die sich durch solche Ereignisse nicht verändert. Umgekehrt ist Vermögenslosigkeit nicht schon an sich und immer automatisch eine Art ständischer Disqualifikation. Man denke in diesem Zusammenhang an manchen sozialen Absteiger aus dem einst hoch geachteten Adel. Trotz seiner materiellen Deklassierung mag er krampfhaft oder mit der Grandezza des Seigneurs früherer Zeiten an jener „gut situierten Lebensweise“ mit ihren feinen Umgangsformen und dem Sinn für Distinktion festhalten, solange es immer geht. Solche Menschen können einen abgeschabten Frack wie ein Festtagsgewand tragen. Mit einem Wort: Die ökonomisch induzierte Klassenlage *disponiert* die Menschen zu einem bestimmten Lebensstil, aber sie *determiniert* sie dazu nicht.

Das folgende Schema versucht einen groben Überblick über den Zusammenhang zwischen historischer Veränderung und sozialer Schichtung zu vermitteln. Es deutet zugleich an, dass die von Soziologen in der Gegenwart gern vorgenommenen näheren Kennzeichnungen moderner Gesellschaften jeweils auf einen ihrer Ansicht nach wichtigen Strukturaspekt zugeschnitten sind.

Darstellung 10:
Historische Differenzierung sozialer Schichtung

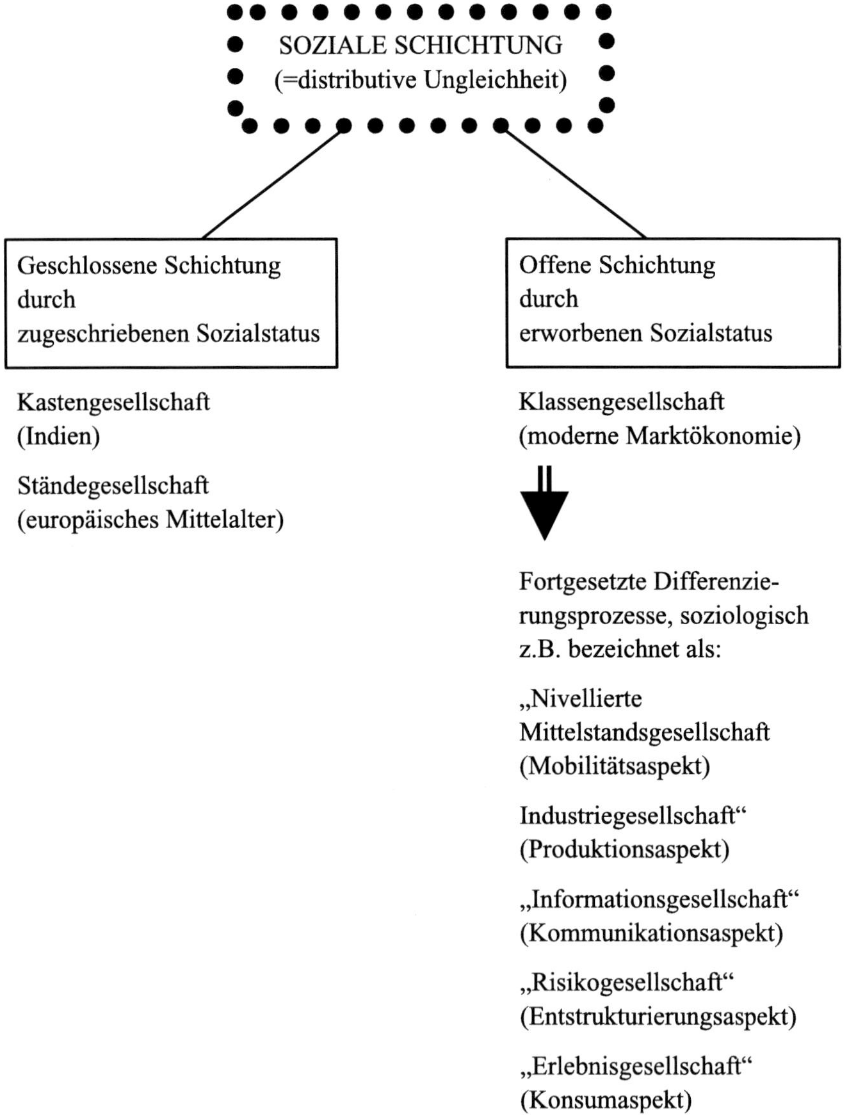

d) Kriterien und Typen sozialer Schichtung in modernen Gesellschaften

Auf der Grundlage definierter Begriffe und mit Hilfe verschiedener methodischer Operationen gelingt es der Soziologie, Modelle sozialer Schichtung ganzer Gesellschaften zu entwerfen. Es handelt sich dabei um Konstruktionen, die nicht als quasi spiegelbildliche und unkritisierbare Wiedergaben der sozialen Wirklichkeit fehlgedeutet werden dürfen. Durch solche Schichtmodelle versuchen Soziologen, die Gesamtbevölkerung nach ähnlichen Lebenslagen zu gruppieren, um ein anschauliches Bild des sozialen Gefüges zu erhalten.

Die Aussagekraft der jeweiligen Modelle hängt *erstens* ab von den methodischen Operationen bei ihrer Konstruktion. Vorzugsweise liegen den Modellen die folgenden Kategorien (oder Dimensionen) zugrunde: Einkommen, Bildung, Beruf, soziales Ansehen. Wir sprechen von einer „objektiven" Bestimmung der Sozialschichtung, wenn solche, vom individuellen Bewusstsein unabhängige Faktoren zur Konstruktion herangezogen und miteinander kombiniert werden. Dabei ist „objektiv" nicht als „neutral" mißzuverstehen. Vielmehr wollen wir damit sagen, dass die Schichtung nach von den Wissenschaftlern nach plausiblen Gesichtspunkten ausgewählten Kategorien vorgenommen wird, und zwar unabhängig davon, wie die Menschen in einer Gesellschaft selbst sich in ein soziales Gefüge einordnen. Dann nämlich sprechen wir von einer nach „subjektiven" Kriterien vorgenommenen Sozialschichtung. Je nachdem, welches Verfahren wir wählen, können wir zu recht unterschiedlichen Schichtungsbildern gelangen. Wenn beispielsweise aus Befragungen herauskommt, dass 80% der Angehörigen einer Gesellschaft sich der „Mittelschicht" zurechnen, sagt das zunächst nur etwas aus über in der Gesellschaft selbst verbreitete Schichtungsvorstellungen, die aber einer Einordnung nach „objektiven" Merkmalen durchaus widersprechen kann. Wenn beispielsweise ein Hausmeister sich ebenso zur „Mittelschicht" rechnet wie ein leitender Angestellter, werden die Differenzen in den Lebenslagen wie in den „ständischen Lagen" dieser Personen eher verdeckt als sichtbar. *Zweitens* ist die Aussagekraft von Schichtungsmodellen durch die jeweils angewendeten Verfahren zur Messung der Kategorien sowie der Kombination der Merkmale zu Schichten („Klassifikation") ebenso begrenzt wie durch den bestimmten Zeitpunkt der Messung. Schichtungsmodelle sind also eher historische Momentaufnahmen als zeitlos gültig.

In den sechziger Jahren haben beispielsweise deutsche Soziologen versucht, durch die Anwendung objektiver Verfahren den Statusaufbau der westdeutschen Nachkriegsgesellschaft in einem Modell zu fassen, das einer *Zwiebel* gleicht: Die schmale Spitze dieser Zwiebel fasst eine „Oberschicht" und eine

„obere Mitte“ zusammen, während am Fuß der Zwiebel ebenfalls nur kleine Gruppen („Unterschicht“, „Sozial Verachtete“) platzicrt sind. Der breite Bauch der Zwiebel wird von den verschiedenen Gruppen der „Mittelschicht“ gebildet. Zu ganz ähnlichen Resultaten führte das zur gleichen Zeit auf Dahrendorf zurückgehende *Hausmodell.* Er unterschied insgesamt sieben soziale Schichten voneinander, die sich im sozialen Raum des „Hauses“ teilweise überlagerten, ineinandergeschachtelt dargestellt waren, womit der Autor auf die Beweglichkeit der Schichtgrenzen hinwies:

(1) Die „Eliten“ (1%) sind gleichsam im Dachfirst des Hauses untergebracht. Es handelt sich dabei um „Funktionseliten“, die an den strategischen Schalthebeln von Ökonomie, Politik und Kultur operieren.

(2) Die „Dienstklasse“ (12%) strebt als stark wachsende Gruppe vor allem von Angestellten im Verwaltungsbereich (staatlich wie nichtstaatlich) in die oberen Etagen des Gebäudes.

(3) Der „alte Mittelstand“ (20%) der kleinen Selbstständigen verteidigt mit sinkendem Erfolg seine Verankerung in den höheren Stockwerken.

(4) Den „falschen Mittelstand“ (12%) bilden in erster Linie die Angehörigen einfacher Dienstleistungsberufe (z.B. Verkäuferinnen), die sich nach objektiven Kriterien kaum von Arbeitern unterscheiden, das aber gern wollen und deshalb oft ein illusionäres Sozialbewusstsein pflegen. Der „falsche Mittelstand“ rangiert deshalb in den unteren Stockwerken des Hauses.

(5) Die „Arbeiterschicht“ (45%) machte in den 60er Jahren den Hauptteil der industriellen Arbeitsbevölkerung aus. Sie ist parallel zum „falschen Mittelstand“ platziert.

(6) Die „Arbeitereliten“ (5%) rangieren nach Dahrendorf als hochqualifizierte Teile der Facharbeiterschaft mit aufsteigender Tendenz in der Nähe des „alten Mittelstandes“.

(7) Die „Unterschicht“ (5%) im Kellergeschoss des Hauses wird von Dahrendorf auch als „Bodensatz“ der „sozial Verachteten“ bezeichnet (z.B. Wohnungslose, Erwerbslose).

Dahrendorfs Schichtmodell liegt methodisch ein objektivierendes Verfahren zugrunde, das sich auf statistische Daten stützt, vor allem auf den Berufsstatus zurückgreift. Er fasst die Angehörigen von Berufsgruppen mit verwandter Lebenslage zu Schichten zusammen, die er in bestimmter Weise benennt (z.B. „Arbeiterschicht“ oder „falscher Mittelstand“). Wir sprechen in diesem Zusammenhang auch von Klassifizierung.

Später haben Soziologen ein verfeinertes Verfahren zur empirischen Bestimmung von sozialer Schichtung entwickelt. Es basiert auf dem *„socio economic status“ (SES)* einer Person und lässt sich, grob gesagt, in diesen methodischen Operationen nachzeichnen:

Zunächst müssen jene Dimensionen und Indikatoren gefunden werden, die im Sinn des zugrundeliegenden Begriffsverständnisses den Status (= sozialer Rang) einer Person ausmachen. Dann können „objektive“ Indikatoren (z.B. Einkommen, Schulbildung) mit „subjektiven“ Indikatoren (Sozialprestige) im Rahmen einer repräsentativen Erhebung der Bevölkerung kombiniert werden.

Diese Vorgehensweise wirft eine Reihe von zu lösenden Fragen auf: Ist „Einkommen“ ein ausreichend verlässlicher Indikator für die ökonomische Lage oder müssen nicht auch Vermögens-Dimensionen herangezogen werden? Ist der abfragbare Schulabschluss ein verlässliches Kriterium für das Bildungsniveau oder muss das durch Wissensfragen abgestützt werden? Werden nur „erworbene“ Momente des Sozialstatus erfasst oder spielen auch „zugeschriebene“ Momente wie Alter oder Geschlecht eine Rolle? Schon wenn wir solche Fragen stellen, wird deutlich, dass die Aussagekraft der ermittelten Statuspyramide durch den zugrundeliegenden begrifflich-methodischen Rahmen begrenzt ist.

Die Soziologen Scheuch und Daheim haben 1961 den SES durch eine unterschiedliche Gewichtung von lediglich drei Indikatoren sozialer Schichtung gewonnen:

- Nettoeinkommen des Hauptemährers (1 - 20 Punkte)
- Schulbildung (0 - 20 Punkte)
- Sozialprestige der Berufsgruppe (1 - 30 Punkte)

Die Logik ist verhältnismäßig simpel: Wer beispielsweise 70 Punkte erreicht (höchstes Niveau an Einkommen, Schulbildung, Berufsprestige), ist „oben“, wer nur wenige Punkte erreicht, ist „unten“ platziert.

Personen ähnlicher SES werden dann im Wege der Indexbildung zu folgendermaßen klassifizierten Schichten zusammengefasst:

Darstellung 11:
Schichtungsmodell nach Scheuch/Daheim

Schichtbezeichnung	Variation der „Punkte“	Bevölkerungsanteil
Untere Unterschicht	0 – 14	16%
Obere Unterschicht	15 - 22	30%
Untere Mittelschicht	23 - 29	17%
Mittlere Mittelschicht	30 – 39 Punkte	12%
Obere Mittelschicht	40 - 49	5%
Oberschicht	50 und mehr	2%

Nicht eingeordnet werden konnten mit diesem Verfahren insgesamt 18% der Befragten. Es liegt auf der Hand, dass dieser Konstruktion in mehrfacher Hinsicht etwas Künstliches anhaftet, das nur wenig vertiefende Aufschlüsse über die Eigenart einer sozialen Schichtung ermöglicht.

e) Schichtung und soziale Milieus: Zur Erklärung mentaler Unterschiede in differenzierten Sozialstrukturen

Die angedeutete Messproblematik hinterlässt gegenüber Versuchen der empirischen Sozialforschung, ein möglichst exaktes Gefüge nachzuweisen, aus mehreren Gründen einen unangenehmen Beigeschmack:

- Die Auswahl von Dimensionen und Indikatoren hat ebenso wie ihre Gewichtung bei der SES-Indexbildung etwas Willkürliches.

- Die Klassifikationen (z.B. „mittlere Mittelschicht“) wirken beliebig, jedenfalls erklären sie allenfalls, wie relativ erfolgreich Personengruppen ihren spezifischen Rang in der sozialen Pyramide zu finden oder zu behaupten verstanden.

- Vor allem aber: Die ermittelten Platzierungen sagen uns nur etwas über die Konstruktionskunststücke der Soziologen und - hinsichtlich des subjektiven Faktors Prestige - über die Gesellschaftsbilder der Individuen.

Offen bleibt ein wichtiger Punkt: Was hat der Sozialstatus mit dem Denken (Bewusstsein) und Handeln (Politik und Lebensstil) der Menschen in einer bestimmten Gesellschaft zu tun? Wenn wir diese Frage aus dem Zentrum der

Schichtungsanalyse zugunsten kunstvoller Konstruktionen herausdefinieren, läuft die Soziologie Gefahr, zur reinen Sozialstatistik zu verkommen. Nehmen wir die Frage dagegen ernst, erweitern wir die Schichtungsanalyse um die Dimension *sozialer Mentalitäten.*

Inspiriert von Max Webers Konzept der „ständischen Lage", hat beispielsweise Theodor Geiger („Die soziale Schichtung des deutschen Volkes") in der Weimarer Republik den Versuch unternommen, das in der Sozialstruktur verborgene Verhaltenspotential nachzuweisen. Geiger verstand dabei unter Mentalität als einer sozialpsychologischen Kategorie eine „geistig-seelische Disposition". Es handelt sich dabei um eine unmittelbar lebensweltliche Prägung des Menschen, also um Lebenserfahrungen und Deutungsmuster, die selbst wieder in der Sozialstruktur verwurzelt sind und auf diese zurückwirken. Im folgenden an Geiger angelehnten Schema ist Schichtung mit Mentalitätsunterschieden verknüpft.

Darstellung 12:
Soziale Schichtung und Mentalität nach Theodor Geiger

Soziale Schicht	**Anteil**	**Zugehörige Gruppen**	**Mentalität**
Kapitalisten	0,92%	Großunternehmer, Großgrundbesitzer, Großrentner	Von der „Krise des kapitalistischen Denkens" erfasst
Alter Mittelstand	18%	Mittlere und kleine Selbstständige in Handel, Handwerk und in der Landwirtschaft	Im Verteidigungszustand bei der Sicherung ihrer wirtschaftlichen Lage und ihres Sozialprestiges
Neuer Mittelstand	18%	Mittlere und untere Beamte und Angestellte	Ideologisch unsicher mit uneinheitlicher Mentalität
Proletaroide	12%	Abgeglittener alter Mittelstand, Tagewerker für eigene Rechnung	Uneinheitlich: Nazis, Stahlhelm, Kommunisten und Zentrum teilen sich diese Masse
Proletariat	51%	Arbeiter in der Industrie und in der Landwirtschaft	Marxistisch; bei Jungen deuten sich Wandlungen an

Wir sehen, dass Dahrendorf („Hausmodell") sich offensichtlich von diesem Ansatz inspirieren ließ, dem wiederum vorgeworfen wurde, dass er recht ungenau mit den quantitativen Abgrenzungen zwischen den sozialen Schichten verfahren ist. Von ähnlichen Absichten inspiriert, hat auch Pierre Bourdieu („Die feinen Unterschiede") in seiner Sozialstrukturanalyse der französischen Gesellschaft der sechziger Jahre den Nachweis eines engen Zusammenhangs zwischen Mentalität und Klassenzugehörigkeit geführt.

Doch eine auf einem strengen Schichtbegriff basierende Strukturanalyse kann nach Auffassung mancher Soziologen in jüngerer Zeit mentale Unterschiede und divergierende Lebensstile nicht länger hinreichend ans Licht bringen. „Klasse" (als ökonomische Lage) und „Schicht" (als exakt quantifizierbare Großgruppe) sind demzufolge Kategorien, die hinter den Prozess fortgesetzter Differenzierungen (z.B. durch vermehrte Rollenvielfalt, erweiterte lebensgeschichtliche Optionen) und Modernisierungen (Verflüssigung erstarrter Strukturen) zurückfallen. Auch empirische Befunde deuten auf eine Pluralisierung von Lebensstilen hin, die sich nicht ohne weiteres mit den überlieferten Strukturkategorien fassen lässt. Dadurch erfährt ein soziologischer Begriff eine unerwartete Renaissance, der bis weit in die 60er Jahre hinein, als die Schichtungsanalyse in Deutschland noch in voller Blüte stand, als zu unscharf geradezu verpönt war: der Begriff des *sozialen Milieus*. Der Kultursoziologe hat in einer umfangreichen Studie mit dem Titel „Die Erlebnisgesellschaft" versucht, nicht nur Differenzierungen von Lebensstilen in verschiedenen Räumen verdichteter sozialer Binnenkommunikation nachzuweisen; er hat sich zugleich bemüht, wie der folgende Text zeigen soll, den Begriff des sozialen Milieus genauer zu bestimmen.

Text 16:
Soziale Milieus nach Gerhard Schulze

Wenn in einer Gesellschaft überhaupt Existenzformen vorkommen, ist dies gleichbedeutend mit der Segmentierung der Gesellschaft in Ähnlichkeitsgruppen, denn das Typische (Existenzform) gibt es immer vielfach. Der Begriff sozialer Milieus, der nun eingeführt wird, nimmt auf die Gruppierung von Existenzformen Bezug, fügt jedoch noch ein weiteres Element hinzu: die Verdichtung sozialer Kontakte innerhalb der Gruppen. Soziale Milieus seien demnach definiert als Personengruppen, die sich durch gruppenspezifische Existenzformen und erhöhte Binnenkommunikation voneinander abheben.

Durch die Komponente der Binnenkommunikation unterscheiden sich soziale Milieus von bloßen Ähnlichkeitsgruppen beziehungslos nebeneinander lebender Personen. Nur in kleinen Gruppen kann Binnenkommunikation das Ausmaß einer vollständigen Vernetzung jedes mit jedem annehmen. In sozialen Großgruppen, um die es in dieser Arbeit geht, manifestiert sich Binnenkommunikation dadurch, dass in persönlichen Kontakten Angehörige derselben Gruppe mit erhöhter Wahrscheinlichkeit aufeinander treffen, insbesondere in Partner- und Freundschaftsbeziehungen, im Bekanntenkreis, in Vereinen, in Szenen. Erst durch Binnenkommunikation werden Ähnlichkeitsgruppen zu einem soziologisch interessanten Sachverhalt, weil sie erst dadurch Stabilität gewinnen – jeder schaut vom anderen ab, was normal ist, alle gleichen sich immer wieder neu aneinander an. Mehr noch: Binnenkommunikation bewirkt, dass die ständigen Veränderungen der Wirklichkeit, etwa politische, wirtschaftliche oder ökologische Entwicklungen, innerhalb sozialer Milieus ähnlich verbreitet werden, während sich zwischen sozialen Milieus Diskrepanzen auftun können. Durch Binnenkommunikation werden soziale Milieus zu segmentierten Wissensgemeinschaften, die auf öffentliche Ereignisse mit einem milieuspezifischen Kommentar reagieren. Schließlich ist Binnenkommunikation eine notwendige, wenn auch nicht hinreichende Bedingung für die Entstehung von Gruppenbewusstsein. Das Milieu kann zu einem Wissen um seine eigene Existenz gelangen, sich organisieren, als kollektiver Akteur auf der politischen Szene erscheinen.

Statt von Milieus zu sprechen, könnte man auch andere Ausdrücke verwenden, etwa Lebensstilgruppen, Subkulturen, ständische Gemeinschaften, soziokulturelle Segmente, erlebbare gesellschaftliche Großgruppen. Jede dieser Benennungen weckt besondere Assoziationen, die nicht davon ablenken sollen, worauf es in unserem Zusammenhang inhaltlich ankommt: partielle Gemeinsamkeit von Existenzformen und erhöhte Binnenkommunikation. Soziale Schichten sind immer auch Milieus in diesem Sinne, doch die Umkehrung gilt nicht, da der Schichtbegriff eine Voraussetzung enthält, die bei der Milieusegmentierung der Bundesrepublik Deutschland gerade fraglich ist: eine verhaltensrelevante und sozial wahrgenommene hierarchische Anordnung.

Quelle: Gerhard Schulze: Die Erlebnisgesellschaft – Kultursoziologie der Gegenwart; 5. Auflage, Frankfurt am Main, New York 1995, S. 174.

Im Verständnis von Stefan Hradil, einem der bekanntesten Soziologen auf diesem Gebiet, sind Milieus die „bei einer bestimmten Personengruppe typischerweise zusammentreffenden Grundwerte, Grundeinstellungen und Verhaltensweisen.“ Es handelt sich bei dieser Definition um eine problematische Gleichsetzung eines Strukturbegriffs mit subjektiven Dispositionen, denn nicht die „bestimmten Personengruppen“ sondern ihre Grundwerte etc. markieren den Kern des Begriffs. Unmissverständlicher bezeichnet demgegenüber Lepsius als Milieus „sozialmoralische und sozialkulturelle Gesinnungsgemeinschaften“, während Gerhard Schulze ja unter Milieus Personengruppen versteht, „die sich durch gruppenspezifische Existenzformen und erhöhte Binnenkommunikation voneinander abheben.“ Die angedeutete Analogie zum Gemeinschaftsbegriff verweist auf Phänomene sozialer Nähe und Vertrautheit, die sich vorzugsweise in überschaubaren Gruppen finden. Offenbar entfernen wir uns, wenn von sozialen Milieus die Rede ist, mindestens ein Stückweit vom „produktiven“ Sektor der Gesellschaft mit seinen beruflich Formen von Statusdifferenzierung und Arbeitsteilung. Stattdessen richten wir die Aufmerksamkeit stärker auf bindungskräftigere soziale Räume jenseits des ökonomischen Systems im engeren Sinne.

Michael Vester und andere haben versucht, beim Blick auf soziale Milieus den strukturellen Hintergrund eines vertikalen Klassengefüges nicht völlig aus den Augen zu verlieren, wenn sie Milieus als eine Art „lebensweltliche Klasse“ im Sinn eines locker strukturierten sozialen Horizonts beschrieben haben. Milieus sind in diesem Verständnis der „kulturelle Humus“, auf dem die „Klasse“ als politisch gedachte Handlungseinheit wächst: Wenn sich mental-kulturelles Handeln zielgerichtet, strategisch und organisiert verdichtet, konstituiert sich erst die Klasse aus dem Milieu. Damit geht das Milieu als „tradierte Form sozialer Bindung“ der Klasse gewissermaßen voraus. Die folgende Gegenüberstellung stellt den Milieubegriff in den Zusammenhang von Vergemeinschaftung und Vergesellschaftung.

Darstellung 13:
Formen des Beziehungshandelns nach Michael Vester und anderen

Vergemeinschaftung	**Vergesellschaftung**
Lebenswelt	System
Sitte, Kultur	Vertrage, Tausch
Zusammengehörigkeit	Systemintegration
Gemeinde	Erwerbs-, Besitzklasse
Milieu	Arbeitsteilung
Mentalität	Arbeitsethik
Alltagsethik	

Kommen wir noch einmal auf Stefan Hradil zurück. In seinem Buch „Sozialstruktur und gesellschaftlicher Wandel“ (1992) geht seine Strukturanalyse von der Erkenntnis aus, dass weder der Klassen- noch der Schichtbegriff in der Lage sind, die gegenwärtige gesellschaftliche Wirklichkeit hinreichend zu erfassen. Das liegt nicht zuletzt an neuen Dimensionen sozialer Ungleichheit, die sich in den Vordergrund geschoben haben: Unterschiede zwischen den Geschlechtern, den Generationen, den Nationalitäten und Ethnien. Hradil verweist auf neuartige Polarisierungsvorgänge, durch die sich eine breite „gesellschaftliche Mitte“ gegen Minderheiten „nach unten“ abschließt. Die soziale Ungleichheit äußert sich also nicht nur in „horizontalen Disparitäten“ (Claus Offe), sie wirkt auch in vertikaler Linie fort. Gleichzeitig aber verliert die berufliche Arbeitswelt mit ihren spezifischen, auch außerberuflich verbindlichen Normen an Prägekraft, was sich etwa in der „Erosion der Normalbiographie“ nachweisen läßt. Fortgeschrittene, „postindustrielle“ Gesellschaften befinden sich Hradil zufolge in einem Prozess der „Entstrukturierung“, worunter er die Auflösung starrer Schichtgrenzen versteht mit der Folge einer Entkoppelung von sozialem Status und sozialer Mentalität. Mit einem Wort: Unter den Bedingungen pluralisierter Milieus und Lebensstile liefert uns die Schichtzugehörigkeit der Menschen nicht länger verlässliche Anhaltspunkte für das Verständnis ihrer Lebensgewohnheiten im weitesten Sinne. Diesen Grundgedanken der Milieu-Analyse stützen auch seine folgenden Überlegungen:

(1) Die Verknüpfung zwischen äußeren, schichtspezifischen Lebens*bedingungen* und den milieuspezifischen Lebens*weisen* hat sich spürbar gelockert.

Zum Beispiel gehören Berufsgruppenangehörige verschiedenen Milieus an. Dabei gewinnen zugeschriebene Merkmale wie Alter und Geschlecht oder auch regionale Verwurzelung wachsende Bedeutung für die Milieubildung.

(2) Die Vielfalt der Gruppen mit jeweils typischen Werten, Einstellungen und Mentalitäten nimmt zu.

Zum Beispiel unterscheiden Milieuforscher wie Hradil zwischen mindestens einem Dutzend Milieus, die jeweils Lebensstile stärker prägen als etwa die abstrakt gedachte „Mittelschicht“.

(3) Die Menschen nehmen ihre subjektive Standortbestimmung im Sinn der Milieus vor, denen sie angehören, nicht so sehr im Sinn einer bestimmten „Klasse“ oder „Schicht“. Dieses subjektive Selbstverständnis begründet alltagspraktisches Verhalten ebenso wie politische Beteiligung oder Lebensplanung.

Zum Beispiel sind politische Deutungsmuster, Gesellschaftsbilder, Verhaltensdispositionen überwiegend nicht mehr aus der „objektiven sozialen Lage“ ableitbar, sondern sie gewinnen eine gewisse subjektive Beliebigkeit. Sozialisationsvorgaben im Sinn stabiler Prägekräfte auf dem Weg zum Erwachsensein werden überwindbarer.

Stefan Hradil fasst seine Überlegungen so zusammen: „Vielleicht stellt die mit der Berufshierarchie verknüpfte Schichtungsstruktur nach wie vor den „harten

Kern“ des Gefüges sozialer Ungleichheit in fortgeschrittenen Industriegesellschaften dar. Insgesamt kann es aber kaum mehr als Schichtungsgefüge beschrieben werden. Dazu spielen außerökonomische Ursachen, außerberufliche Determinanten, „neue“ Dimensionen, komplexe Soziallagen und nichtdeterminierte Milieu- und Lebensstilbindungen eine zu wichtige Rolle.“ (Hradil in Korte/Schäfers, S. 162)

In der empirischen Milieuforschung (z.B. Vester u.a.) ist beispielsweise herausgearbeitet worden, wie stark sich etwa individualistische Orientierungen in „neuen sozialen Milieus“ wie dem der „jungen Akademiker“ herauskristallisiert haben. Die Autoren nennen vor allem diese Elemente eines neuen kulturellen Selbstverständnisses als Ausdruck einer milieuvermittelten Mentalität:

(1) Das Recht auf individuelle Besonderheit. Es ist gegen Konformitätszwänge der traditionellen Milieus gerichtet und trägt stark narzistische Züge.

(2) Das Streben nach Authentizität. Es grenzt sich gegen jegliche Standardisierung und Entfremdung der Persönlichkeit ab.

(3) Die Suche nach Selbstbestätigung. Sie entzündet sich an negativen Erfahrungen von Ausgrenzung und persönlicher Missachtung.

(4) Der Wunsch nach Entpflichtung von verordneten Normen. Darin kommt die Ablehnung gesellschaftlich vorgeschriebener Solidaritäten zum Ausdruck.

(5) Eine gewisse Unbescheidenheit im Wunsch nach Teilhabe an sinnstiftender Arbeit, an Gemeinschaftserlebnissen in Kultur und Politik. In dieser Disposition äußert sich die Ablehnung überlieferter sozialer Sphärentrennung.

(6) Die besondere Wertschätzung „kulturellen Kapitals“. Gestützt auf den hohen Wert formaler Bildung, verhält man sich sensibel gegenüber Hierarchien und überlieferten Formen sozialer Ungleichheit.

f) Schichtung und Mobilität

Im Sommer 1997 untersuchten Soziologen der Universität Köln das soziale Verhalten von 10 000 leitenden Angestellten in Deutschland. Ihr manche verblüffender Befund: Die Manager in deutschen Chefetagen sind hochgebildet, aber häufig unzufrieden und - vor allem - wenig „mobil“. Darunter ist zu verstehen, dass viele von ihnen den Arbeitgeber nie gewechselt haben, die meisten einen Wechsel ins Ausland scheuten.

Unter Mobilität verstehen wir in der Soziologie ganz allgemein Positionsveränderungen von einzelnen oder größeren Gruppen innerhalb struktureller Merkmalszusammenhänge. Es ist also die Rede von „sozialer Mobilität" im Unterschied etwa zu bloß geographischer Beweglichkeit. Allerdings kann räumliche Mobilität viel mit sozialer Mobilität zu tun haben. Wenn ein Manager seinen Arbeitsplatz ins Ausland verlagert (räumliche Mobilität), mag er damit die Hoffnung verbinden, einen Sprung auf der Karriereleiter zu tun (soziale Mobilität); wenn ausländische Arbeitskräfte in großer Zahl ins Land kommen, wechseln sie nicht einfach den Wohnort, sondern sie versprechen sich davon auch eine Verbesserung ihrer Lebenschancen.

Wenn wir unter sozialer Mobilität Positionsveränderungen verstehen, haben wir damit gleichermaßen eine räumliche und eine zeitliche Dimension im Auge. Unter räumlichen Gesichtspunkten verstehen wir das Gefüge einer bestimmten Gesellschaft mit ihren Positionen, ihren Statusdifferenzierungen, die sich in Schichten oder Klassen, auch in sozialen Milieus niederschlagen mögen. In einem solchen „sozialen Raum" lassen sich nun die verschiedenartigsten Bewegungen denken und nachweisen. Wir sprechen von horizontaler Mobilität, wenn zwar die Position, nicht aber der die Position umgebende Statushorizont gewechselt wird. Das ist beispielsweise der Fall, wenn jemand mehrere berufliche Ausbildungen absolviert, aber insgesamt auf der gleichen Qualifikationsstufe verharrt. Oft sind solche horizontalen Mobilitätsbewegungen das Resultat enttäuschter Aufstiegserwartungen, also fehlgeschlagener vertikaler Mobilität.

Von vertikaler Mobilität sprechen wir, wenn sich Individuen auf der gesellschaftlichen Stufenleiter nach oben oder unten bewegen. Entsprechende Dispositionen haben viel mit Schicht- oder Milieuprägungen zu tun. Vielen Angestellten wird beispielsweise bis heute nachgesagt, sie wähnten sich im Besitz eines „Marschallstabs im Tornister", möchten es am liebsten vom „Tellerwäscher zum Millionär" bringen. Ihr Blick ist möglicherweise starr nach oben gerichtet. Sie konzentrieren viel Kraft auf das soziale Avancement, übernehmen vielleicht in einer Art vorauseilendem Gehorsam bereits die Normen und Wertmuster jener sozialen Schicht, in die sie Eingang finden möchten. Dabei lernen sie vielleicht, dass nur Erfolg hat, wer seine Ellenbogen einsetzt, sich nach oben duckt und nach unten Tritte austeilt („Radfahrermentalität"). Selbst wer erfolgreich aufsteigt, zahlt häufig einen hohen Preis für den steinigen Erfolgsweg. Er mag seine persönliche Identität verlieren und sich dennoch in den höheren Etagen des Schichtgefüges nie recht heimisch fühlen, weil die dort Etablierten den „Emporkömmling" als fremd oder gar „ungehobelt" ablehnen. Auf der anderen Seite begegnet uns der soziale Absteiger, der im gesellschaftlichen Wettbewerb um anerkannte Positionen nicht Schritt halten konnte und womöglich mit Deklassierungserfahrungen fertig werden muss, wie wir das am Beispiel des ehemaligen KfZ-Handwerkers zu Beginn dieses Abschnitts kennen gelernt haben.

Vertikale Mobilität in der Variante von Aufstiegsprozessen ist häufig ein langandauernder Vorgang, der die Grenzen einer individuellen Lebensgeschichte sprengt. Wir sprechen von Intragenerationsmobilität, wenn der Aufstieg (oder auch der unfreiwillige Abstieg) innerhalb einer Generation bewältigt wird (z.B. vom Krankenpfleger zum Krankenhausarzt, vom Facharbeiter zum Industriemeister). Intergenerationsmentalität will sagen, dass sich die vertikale Mobilität über mehrere Generationen hinweg verteilt. Vor allem im Zusammenhang mit großen Wanderungsbewegungen (z.B. im Zuge der Industrialisierung der USA) haben Soziologen eine solche Intergenerationsmobilität nachweisen können. Sie ist Ausdruck erheblicher sozialer Energien und kultureller Assimilationsbemühungen. Wenn beispielsweise ein Familienvater trotz großer Anstrengungen von seinen subjektiven Aufstiegshoffnungen Abschied nehmen muss, mag er diese Ziele auf seine Kinder übertragen. Wenigstens die, so sagt er sich, „sollen es einmal besser haben als ich“. Was aus einer solchen Lebenseinstellung für das Erziehungsmilieu folgen kann, lässt sich leicht ausmalen.

Wenn von sozialer Mobilität die Rede ist, haben wir es im Licht der oben gegebenen Definition jedoch nicht nur mit individuellen Vorgängen zu tun. Auch „größere Gruppen“ können ihre Positionen im sozialen Raum verändern. Wir sprechen dann von kollektiver Mobilität, wenn Schichten oder Klassen über einen mehr oder weniger langen Zeitraum hinweg ihre Stellung im Gefüge der Gesamtgesellschaft verändern, ob freiwillig oder unfreiwillig. Der kollektive Abstieg des „falschen Mittelstandes“ oder gar das weitgehende Verschwinden des Adels aus den oberen Etagen der Gesellschaft sind ebensolche Indizien für langandauernde Mobilitätsbewegungen wie der Aufstieg des „neuen Mittelstandes“ oder der „Arbeiterelite“ im Strukturverständnis von Ralf Dahrendorf.

Soziale Mobilität, ob kollektiv oder individuell, setzt in jedem Fall eine „offene“ Gesellschaft voraus, in der die statusrelevanten sozialen Positionen prinzipiell nicht zugeschrieben (Kastensystem, Ständegesellschaft) sondern erwerbbar sind. Das Ausmaß der in einer Gesellschaft angebotenen Mobilitäts*chancen* kann als Indiz für ihren inneren Zusammenhalt (Integrationsaspekt) gelten, während uns der Umfang der wahrgenommenen Mobilitäts*prozesse* wichtige Hinweise für den sozialen und kulturellen Wandel vermittelt (Konfliktaspekt).

In der abschließenden *Zusammenfassung* verknüpfe ich wichtige Erkenntnisse dieses Teilabschnitts mit einigen problemvertiefenden Überlegungen im Kontext von diskutierten soziologischen Schichtungsansätzen. Das Thema der sozialen Ungleichheit hat seit Marx ganze Generationen von Soziologen inspiriert, Licht in das Dunkel *sozialer Schichtung* zu bringen. Mit Hilfe recht unterschiedlicher theoretischer Ansätze haben sie versucht, Stabilität und Wandel des sozialen Gefüges begrifflich zu verstehen und mit Hilfe der empirischen Sozialforschung nachzuweisen. Die verschiedenen Analysen wurden gelegentlich zu Schaubildern der vertikalen Ordnung verdichtet, die sich in fast allen Einführungsbüchern in die Soziologie der sozialen Schichtung finden. Wenn ihr theoretisches Konzept besonders ehrgeizig war, haben sich die Soziologen nicht mit einem sozialstatistischen Nachweis des Umfangs einzelner Schichten oder Klassen begnügt, sondern sind in der Tradition von Marx der Frage nachgegangen, was die soziale Zugehörigkeit größerer Gruppen von Menschen mit ihren Denkgewohnheiten und Handlungsdispositionen, kurz: mit ihrer sozialen Mentalität zu tun hat. Ein besonders einflussreicher Ansatz gesamtgesellschaftlicher Analyse verdient an dieser Stelle besondere Beachtung. Es geht um Ulrich Becks These von der *„Risikogesellschaft"* in Deutschland. Der Münchner Soziologe vertritt in seinem Buch die Auffassung, dass wir Zeuge eines neuartigen „Individualisierungsschubs" mit recht widersprüchlichen Folgen sind. Einerseits erweitern sich die Möglichkeiten der Menschen zu selbstbestimmter Lebensgestaltung. Andererseits lösen sich lebensweltlich verankerte soziale Schichten mehr und mehr auf. Dadurch verlieren die Menschen Ressourcen der Solidarität, der Gemeinschaft, der gegenseitigen informellen Hilfe, der biographischen Planungssicherheit, die sie früher gegen Rückschläge in der individuellen Lebensgestaltung abfedern konnten. Diese „Entstrukturierung" der Gesellschaft ist zugleich Risiko und Chance bei dem beständigen Versuch, sich eine eigene Identität, einen autonomen Lebensweg zu „basteln". Struktureller Hintergrund dieser Entwicklung zu „prekären Lebensverhältnissen" ist nach Beck die nicht länger zu leugnende Tatsache, dass zwar nicht Klassen und Schichten an sich, wohl aber Klassen und Schichten als handlungsbestimmende Strukturtatsachen mehr und mehr abgedankt haben. Beck fasst diese umstrittene These in folgenden Worten zusammen: „Wir leben trotz fortbestehender und neu entstehender Ungleichheiten in der Bundesrepublik bereits in Verhältnissen *jenseits* der Klassengesellschaft, in denen das Bild der Klassengesellschaft nur noch mangels einer besseren Alternative am Leben erhalten wird. Auflösbar wird dieser Gegensatz, wenn man der Frage nachgeht, inwieweit sich in den vergangenen drei Jahrzehnten unterhalb der Aufmerksamkeitsschwelle der Ungleichheitsforschung die *soziale Bedeutung* von Ungleichheit gewandelt hat. Dies ist meine These: Auf der einen Seite sind die Relationen sozialer Ungleichheit in der Nachkriegsentwicklung weitgehend konstant geblieben. Auf der anderen Weite haben sich die Lebensbedingungen der Bevölkerung radikal verändert. Die Besonderheit der sozialstrukturellen Entwicklung in der Bundesrepublik ist der *„Fahrstuhleffekt"*: die „Klassengesellschaft" wird *insgesamt* eine Etage höher gefahren. Es gibt – bei allen sich neu einpendelnden oder durchgehaltenen Ungleichheiten – ein *kollektives Mehr* an Einkommen, Bildung, Mobilität, Recht, Wissenschaft, Massenkonsum. In der Konsequenz werden subkulturelle Klassenidentitäten und –bindungen aufgelöst. Gleichzeitig wird ein Prozess der *Individualisierung* und *Diversifizierung* von Lebenslagen und Lebensstilen in Gang gesetzt, der das Hierarchiemodell sozialer Klassen und Schichten unterläuft und in seinem Wirklichkeitsgehalt in Frage stellt." (Beck 1986, S. 121f.)

Der von Beck bezeichnete Vorgang der Individualisierung und Diversifizierung von Lebenslagen und Lebensstilen ist ein wichtiger Ausgangspunkt für die soziologische *Milieuforschung*. Nach Schulze lassen sich zwar nach wie vor individuelle Lebensstile in größeren Bevölkerungsgruppen nachweisen, doch die haben im Unterschied zu früher wenig mit den „klassischen" schichtdifferenzierenden Kriterien Einkommen und Beruf zu tun. Stattdessen schieben sich als milieudifferenzierende Elemente in der „Erlebnisgesellschaft" Bildungsstand und Alter in den Vordergrund. Im Unterschied zu sozialen Schichten sind Milieus seiner Ansicht nach locker zusammengefügte Gebilde, die sich durch ein bestimmtes Maß an Binnenkommunikation auszeichnen und sich im Selbstverständnis voneinander abgrenzen. Der Autor unterscheidet auf der Grundlage seines theoretischen Ansatzes wie seiner empirischen Erhebungen diese fünf Milieus voneinander, die keineswegs identisch sind mit sozialen Klassen oder Schichten früherer Jahrzehnte: Das *Niveaumilieu* umgreift vorzugsweise die älteren Menschen im traditionellen Bildungsbürgertum; das *Integrationsmilieu* enthält junge wie ältere Konformisten, die noch am ehesten dem Kleinbürgertum der Schichtungstheorie ähneln; das *Harmoniemilieu* setzt sich vorzugsweise aus familienorientierten Arbeitergruppen der älteren Jahrgänge zusammen; im *Selbstverwirklichungsmilieu* begegnen uns vorwiegend jüngere Menschen mit überdurchschnittlicher Bildung, während sich schließlich im *Unterhaltungsmilieu* junge Menschen mit geringer Bildung versammeln. Sofern es überhaupt Sinn macht, die Typologie von Schulze auf die Folie sozialer Schichtung zu übertragen, können wir verkürzt sagen: Niveaumilieu und Selbstverwirklichungsmilieu repräsentieren die hochrangigen Sozialschichten; Harmoniemilieu und Unterhaltungsmilieu sind am Fuß der sozialen Pyramide angesiedelt, während schließlich das Integrationsmilieu zwischen beiden Polen rangiert.

Übungsfragen

Worin unterscheidet sich eine „soziale Klasse“ von einer „sozialen Gruppe“, und was haben beide gemeinsam?

Warum ist soziale Schichtung eine Bedingung gesellschaftlicher Stabilität?

Was spricht für, was spricht gegen die Konstruktion einer sozialen Schichtung nach subjektiven Kriterien?

Was ist ein „SES“ und welche Probleme ergeben sich für die Gültigkeit der mit seiner Hilfe gewonnenen Vorstellung von sozialer Schichtung?

Was hat Max Webers Vorstellung von der „ständischen Lage“ mit dem „Milieu“-Begriff der modernen Soziologie gemeinsam?

Warum reichen „Milieu“-Studien zur Erklärung der vertikalen Struktur einer Gesellschaft nicht aus?

Was hat „vertikale Mobilität“ mit dem sozialen Wandel einer Gesellschaft zu tun?

Was versteht Schulze unter dem Begriff des „sozialen Milieus“, und was spricht seiner Meinung nach für die Verwendung dieses Begriffs im Rahmen der Sozialstrukturanalyse?

Worin unterscheiden sich hauptsächlich „soziale Milieus“ von „sozialen Schichten“?

Worin besteht der Vorteil der Milieuanalyse im Vergleich zur Klassenanalyse, wenn es darum geht, Differenzen im Lebensstil einer Gesellschaft zu untersuchen?

Warum kann es trotz der Aktualität des Milieuverständnisses in der modernen Schichtungstheorie dennoch sinnvoll sein, die Sozialstrukturanalyse auch mit Hilfe des Klassenbegriffs vorzunehmen?

Literaturverzeichnis

Arbeitsgruppe Soziologie: Denkweisen und Grundbegriffe der Soziologie, 14. Auflage, Frankfurt am Main/New York 1986

Barley, D.: Grundzüge und Probleme der Soziologie, Neuwied/Berlin 1975

Berger, J., Luckmann, P.: Die gesellschaftliche Konstruktion der Wirklichkeit, Frankfurt am Main 1980

Beck, U.: Risikogesellschaft – Auf dem Weg in eine andere Moderne, Frankfurt am Main 1986

Bolte, K.M.:, Hradil, S.: Soziale Ungleichheit in der Bundesrepublik Deutschland, Opladen 1988

Bourdieu, P.: Die feinen Unterschiede – Kritik der gesellschaftlichen Urteilskraft, Frankfurt am Main 1984

Dahrendorf, R.: Homo Sociologicus, Köln/Opladen 1964

Dahrendorf, R.: Gesellschaft und Demokratie in Deutschland, München 1965

Durkheim, E.: Regeln der soziologischen Methode, 2. Auflage, Neuwied/Berlin 1965

Elias, N.: Was ist Soziologie? München 1991

Etzioni, A.: Die (Wieder-)Entdeckung des Gemeinwesens. In: Frankfurter Rundschau vom 21.10.1995, S. 7

Feldmann, K.: Soziologie kompakt, Wiesbaden 2000

Geißler, R.: Die Sozialstruktur Deutschlands, Opladen 1992

Giddens, A.: Soziologie, Wien/Graz 1999

Habermas, J.: Theorie des kommunikativen Handelns, Band 2, Frankfurt am Main 1981

Henecka, H.P.: Studienbrief Grammatik Soziologie, Tübingen 1984

Honneth, A.: Individualisierung und Gemeinschaft. In: Frankfurter Allgemeine Zeitung vom 12.11.1991, S. 13

Horkheimer, M.: Autorität und Familie in der Gegenwart. In: Claessens/Millhofer (Hrsg.): Familiensoziologie – Ein Reader als Einführung, Frankfurt am Main 1973

Huber, J.: Geistig erstarrt, moralisch erschöpft. In: Süddeutsche Zeitung vom 21.10.1989, S. 36

Huinink, J.: Orientierung Soziologie – Was sie kann, was sie will, Reinbek 2001

Kaesler, D.: Max Weber. In: Kaesler/Vogt (Hrsg.): Hauptwerke der Soziologie, Stuttgart 2000

Knoblauch, H.: Religionssoziologie, Berlin 1999

Kreimeier, K.: Nähe-Kult. In: Frankfurter Rundschau vom 24.8.1996, S. 12

Lazarsfeld, P.: The Language of Social Research, Glencoe 1955

Litchev, A., Kegler, D.: Abschied vom Marxismus – Sowjetische Philosophie im Umbruch, Hamburg 1992

Marx, K.: Zur Kritik der Politischen Ökonomie. In: Marx-Engels-Werke, Band 13, Berlin 1974

Marx, K., Engels, F.: Manifest der Kommunistischen Partei. In: Ausgewählte Schriften, Band 1, Berlin 1966

Mills, C.W.: Kritik der soziologischen Denkweise, Neuwied 1963

Müller-Dohm, S.: Interdisziplinarität von unten. In: Frankfurter Rundschau vom 25.8.1992, S. 8

Parsons, T.: Beiträge zur soziologischen Theorie, Neuwied/Berlin 1964

Prott, J.: Massenmedien im Alltag von Arbeitslosen, Werkstattbericht, Düsseldorf 1986

Prott, J.: Beruf, Studium und Gewerkschaften, Düsseldorf 1999

Prott, J.: Betriebsorganisation und Arbeitszufriedenheit, Opladen 2001

Roderick, R.: Habermas und das Problem der Rationalität, Berlin 1989

Schoeck, H.: Geschichte der Soziologie, Freiburg 1974

Sennett, R.: Verfall und Ende des öffentlichen Lebens – Die Tyrannei der Intimität, Frankfurt am Main 1983

Sennett, R.: Der flexible Mensch – Die Kultur des neuen Kapitalismus, Berlin 1998

Türcke, C: Ausgrenzung – Die Aktualität eines Begriffs oder: Das andere Gesicht der Integration. In: Frankfurter Rundschau vom 2.11.1996, S. 9

Vester, M. u.a.: Soziale Milieus im gesellschaftlichen Strukturwandel, Köln 1993

Vierkandt, A.: Handwörterbuch der Soziologie, Stuttgart 1931

Weber, M.: Wirtschaft und Gesellschaft, vollständiger Nachdruck der Erstausgabe von 1922, Tübingen 1972

Wellmer, A.: Bedingungen einer demokratischen Kultur. In: Brumlik/Brunkhorst (Hrsg.): Gemeinschaft und Gerechtigkeit, Frankfurt am Main 1993

Weitere Veröffentlichungen im Autorenverlag K. M. Scheriau:

Karl Michael Scheriau
Kunstgenossen und Kollegen
Entstehung, Aufbau, Wirkungsweise und Zielsetzung
der Gewerkschaftsorganisation der deutschen Buchdrucker
von 1848 bis 1933
Berlin 2000
ISBN 3-8311-0211-2
313 Seiten, Format 17 x 22 cm, 38,00 DM / 19,43 EURO

Eine Untersuchung über den Einfluß von Tradition, technischer Entwicklung, branchenspezifischer Besonderheiten und politischer Grundhaltungen auf die Organisationsfähigkeit, die Organisationsform und den Organisationserfolg einer spezifischen Arbeitnehmergruppe.

Karl Michael Scheriau
Arbeitsverhältnis: Ist das noch normal?
Geringfügige Beschäftigung; Studentische Nebentätigkeit
Teilzeitarbeit und befristete Beschäftigung
Arbeitnehmerstatus und Scheinselbständigkeit
Gesetz zur Förderung der Selbständigkeit
Sozialversicherungspflichtige Selbständige
Berlin 2001
ISBN 3-8311-1506-0
116 Seiten, Format 14,8 x 21 cm, 17,60 DM / 9,00 EURO

Jeder vierte Arbeitnehmer ist nur noch teilzeitbeschäftigt. Millionen Menschen haben ein geringfügiges Beschäftigungsverhältnis. Fast zwei Millionen Menschen sind als sogenannte Soloselbständige erwerbstätig. Das vorliegende Buch ist ein Ratgeber für den Dschungel sozial- und arbeitsrechtlicher Regelungen für betroffene Erwerbstätige und Betriebsräte.

Vorankündigung: Voraussichtlich lieferbar ab Januar/Februar 2002

Karl Michael Scheriau
Grundlagen der Betriebsratsarbeit
Eine Einführung für neugewählte Betriebsräte und interessierte Beschäftigte
Berlin 2002
ISBN 3-8311-2984-3
ca. 120-140 Seiten, Format 14,8 x 21 cm, ca 12,00 EURO

Bestellungen im Buchhandel,
bei www.libri.de oder www.bod.de
oder direkt beim
Autorenverlag K. M. Scheriau
Spessartstraße 4, 14197 Berlin, e-mail: K.M.Scheriau@t-online.de